Gérard Mulliez
présente et commente

W0327180

LA DYNAMIQUE DU CLIENT

Une révolution des services

de

Richard Whiteley

MAXIMA
LAURENT du MESNIL • ÉDITEUR

Fondateur d'Auchan qu'il continue de développer, en France et à l'étranger, avec le souci constant de l'innovation et de la perfection du service, ***Gérard Mulliez*** préside aujourd'hui un groupe dont il a inspiré ou parrainé les diversifications dans plusieurs secteurs de la distribution et de la restauration. Ses enseignes sont parmi les plus familières de notre environnement quotidien. Auchan bien sûr, Alcampo, mais aussi Flunch, Pizza Paï, Picpain, Amarine, Boulanger, Decathlon, Kiabi, Leroy Merlin...

Richard C. Whiteley est « executive vice-president » de The Forum Corporation. Cette société qu'il a cofondée à Boston s'est spécialisée depuis plus de vingt ans dans les techniques de service aux clients.

MAXIMA
LAURENT du MESNIL • ÉDITEUR

192, bd Saint-Germain, 75007 Paris

La Dynamique du client présentée et commentée par Gérard Mulliez est adaptée de l'ouvrage : *The Customer Driven Company : Moving from talk to action,* de Richard C. Whiteley. The Forum Corporation. Original Publishers : Addison-Wesley Publishing Company, Inc., Reading, Massachusetts, USA. © 1991 by The Forum Corporation

Les propos de Gérard Mulliez ont été recueillis par **Jean-Pierre Thiollet**. Les textes de Richard C. Whiteley ont été traduits par **Isabelle Pillu**.
© Maxima, Paris, 1994, pour la traduction française.
ISBN : 2.84001.062.3

Toute représentation ou reproduction, intégrale ou partielle, faite sans le consentement de l'auteur, ou de ses ayants droit, ou ayants cause, est illicite (loi du 11 mars 1957, alinéa 1er de l'article 40). Cette représentation ou reproduction, par quelque procédé que ce soit, constituerait une contrefaçon sanctionnée par les articles 425 et suivants du Code pénal. La loi du 11 mars 1957 n'autorise, aux termes des alinéas 2 et 3 de l'article 41, que les copies ou reproductions strictement réservées à l'usage privé du copiste et non destinées à une utilisation collective d'une part, et, d'autre part, que les analystes et les courtes citations dans un but d'exemples et d'illustration.

SOMMAIRE

CHAPITRE QUATRE

CHAPITRE CINQ

CHAPITRE SIX

de ses clients pour une administration comme pour une entreprise suppose d'accepter d'avoir une relation avec des êtres humains et non plus avec un « public » ou un marché de zappeurs anonymes de produits et de services. C'est un changement de vocabulaire qui en dit long, plus difficile à accepter qu'on ne le croit.

Deuxième malentendu : la dissociation trop souvent existante entre le produit et le service. Comme s'il y avait d'une part des biens, concrets, inertes, quantifiables, et de l'autre des actions immatérielles, fluctuantes et difficiles à mesurer. C'est la plupart du temps le contraire. Il n'y a guère de produit qui ne devrait contenir une part de service : le contrat d'assurance comme la bouteille d'huile, le camescope comme le poisson vendu à l'étal. Regardons les choses sous cet angle et cessons de dissocier les activités dites primaires et secondaires des activités dites tertiaires. Nous verrons peut-être la formation des hommes et les problèmes de l'emploi sous un angle plus optimiste.

Troisième malentendu : la primauté du quantitatif sur le qualitatif. Nos économies sont plus habiles à mesurer ce qui est concret, ce qui s'exprime en tonnes ou en millions de francs que ce qui est subjectif et immatériel. Nous commençons à comprendre chez Auchan qu'après avoir permis à un client de réduire le temps passé à ses achats, nous pouvions aussi lui offrir la qualité du temps passé chez nous. Pas simple. Cette qualité est infiniment plus difficile à mesurer, à faire entrer dans des cases. La compétence, la chaleur humaine, l'atmosphère méritent autant d'avoir une valeur chiffrable et, à une plus grande échelle, de peser dans les grands équilibres de la nation, que la quantité.

Il n'y a aucune fatalité qui rende inconciliables dans la vie de tous les jours le nombre et l'individu, la foule et la personne. Certaines mairies ont réformé de fond en comble – c'est notamment le cas à Paris – l'accueil du public. C'est donc possible. Il y a dans cette émergence de la notion de qualitatif une fantastique opportunité de rebondissement pour toute activité économique, quelle qu'elle soit.

Quatrième et dernier malentendu : l'interprétation erronée de la notion de service. Comme s'il y avait dans le service des relents de servage, d'assujettissement, d'inféodation.

Comme si servir c'était s'abaisser. Là encore, rien n'est plus pernicieux. Car la satisfaction et la reconnaissance du client sont l'une des plus belles rémunérations du travail accompli. Moins quantifiables qu'un pourboire, qu'une augmentation de salaire ou de chiffre d'affaires, mais tellement plus satisfaisantes et motivantes.

Je n'hésite pas à aller plus loin. Je considère que la satisfaction du client ne saurait être un objectif en soi. Quand bien même cet objectif serait-il atteint, il ne se suffirait pas à lui-même. Le client ne doit pas être seulement un aboutissement. Il peut, il doit être le point de départ de multiples initiatives économiques. Il est le plus fantastique gisement d'idées, de création de nouveaux produits, de mise en œuvre de services innovants qui soit. Cette dynamique du client est l'un des principaux ressorts de vitalité économique d'un pays et de création de nouveaux emplois. La myopie en marketing comme dans l'administration des personnes consiste à prendre le client pour l'omega alors qu'il devrait en être l'alpha. Les entreprises qui l'auront compris avant les autres ne le regretteront pas.

INTRODUCTION

CE QUI MANQUE POUR QUE ÇA MARCHE

« Devancez les réclamations du client avant même qu'elles ne soient exprimées. »

Timothy Firnstahl,
Directeur général
Satisfaction Guaranteed Eateries [1]

Imaginez la situation suivante : vous arrivez à Singapour après un voyage de quinze heures. Vous sortez des douanes ébouriffé et désorienté, après avoir mal mangé, mal dormi. Vous êtes de mauvaise humeur.

Vous vous frayez un chemin vers la sortie, à travers la foule. Soudain, vous avez une vision : au milieu de tout ce chaos, brandissant une pancarte de bienvenue portant votre nom, une charmante hôtesse du Singapore Sheraton Towers est venue vous attendre et vous adresse un sourire radieux.

Elle vous accompagne jusqu'à un taxi réservé à votre intention, vous indique toutes les informations utiles relatives à la course : nombre de kilomètres, durée, prix et même le nom du chauffeur !

Lorsque vous arrivez à l'hôtel, le portier vous accueille en vous appelant par votre nom. Imaginez un peu, on vous connaît par votre nom ! « Bienvenue à l'hôtel Sheraton Towers, Monsieur Whiteley. »

Vous n'en croyez ni vos yeux ni vos oreilles, mais vous êtes ravi. Toutes ces marques d'hospitalité vous ont fait passer de l'état de grincheux fatigué et irascible

1. Les notes sont regroupées en fin de chaque chapitre.

à celui d'être humain. Vous voici transformé en client fidèle et fervent.

Mettez-vous maintenant à la place de l'un de mes amis qui a récemment réservé une chambre dans un hôtel de bonne réputation, situé dans le centre d'une ville universitaire.

Cet homme arrive lui aussi au terme d'une longue journée de voyage. Il est tard. Il est fatigué et de mauvaise humeur. Il atteint la réception de l'hôtel tel un homme assoiffé apercevant l'oasis. Il a hâte de pouvoir retirer ses chaussures et reposer ses pieds meurtris. D'interminables minutes s'écoulent : la réceptionniste est au téléphone. Elle finit par s'approcher de lui, un plan à la main. « Pourquoi ce plan ? » s'étonne-t-il. « C'est là que vous devez garer votre voiture » explique-t-elle avant de tourner les talons et de disparaître dans une pièce réservée au personnel.

Bougonnant, l'homme examine la carte et trouve le chemin du parking. Il finit par découvrir le code permettant d'en déverrouiller la grille et retourne à l'hôtel, titubant sous le poids de ses bagages. Le hall n'étant pas surveillé, il n'a pas osé les y laisser, la réceptionniste ne paraissant guère disposée à s'en occuper.

Mon ami a quitté l'hôtel dès le lendemain matin. Il a passé le reste de la semaine et dépensé une petite fortune dans l'Holiday Inn le plus proche.

L'hôtel du centre-ville était pourtant beau et propre. À de nombreux égards, il s'agissait bien de l'établissement de première classe qu'il avait espéré trouver. Mais il n'a pas mis longtemps à réaliser que la qualité du service y était tout à fait inacceptable.

« Cet hôtel ne pouvait manifestement pas disposer de bonnes conditions de parking m'a-t-il expliqué plus tard, mais ce que je n'ai pas accepté et ce que je ne comprends toujours pas, c'est que le personnel avait vraiment l'air de se moquer du client. »

La qualité, une simple question de survie

Que cela nous plaise ou non, les entreprises dont la qualité de service ne dépasse pas celle de la société gérant cet hôtel ont peu de chances de subsister jusqu'à la fin de cette décennie. Aujourd'hui, il n'est plus vraiment original de dire que nous sommes entrés dans une ère nouvelle de compétition féroce, une période où le fait de satisfaire vraiment le client, voire de l'enchanter, est absolument essentiel, non seulement pour le succès de l'entreprise mais même pour sa simple survie.

Après la Seconde Guerre mondiale et pendant une période relativement longue, les entreprises ont bénéficié d'un marché que nous ne sommes pas prêts de revoir de si tôt : un marché dont les règles étaient établies par le vendeur. De nombreuses entreprises ont alors perdu toute notion de service et de satisfaction des clients, lesquels, pourtant, semblaient toujours revenir.

Aujourd'hui, malgré un environnement économique peu favorable, certaines entreprises continuent à prospérer. L'avenir de l'hôtel Singapore Sheraton Towers est assuré dans la mesure où des milliers de clients ravis (dont je fais partie) n'hésiteront pas à y retourner. Mais si l'hôtel où mon ami fit un si bref séjour n'apprend pas à mieux traiter ses clients, ces derniers préféreront aller ailleurs. De même, si un fabricant livre un appareil dont la notice d'utilisation est incompréhensible ou qui tombe en panne dès qu'il est branché, il est très peu probable que le consommateur lui achète de nouveau du matériel.

En un mot, pour réussir, les entreprises d'aujourd'hui doivent servir au mieux chaque client. Voilà une belle idée, direz-vous, mais comment faire pour qu'elle devienne réalité ? De nombreux auteurs reconnaissent en effet la nécessité de modifications importantes dans nos méthodes commerciales. Malheureusement, ils ne nous disent pas comment opérer un tel changement. Bien que les débats sur le thème de la qualité se soient multipliés depuis une dizaine d'années, peu d'organisations ont effectué le travail de recherche et d'analyse nécessaire pour savoir exactement quels sont les comportements qui distinguent les entreprises capables d'atteindre l'excellence, de la grande majorité de celles qui échouent dans cette tâche.

Gérard Mulliez. Soyons optimistes, la qualité n'a jamais cessé de progresser depuis la nuit des temps.

Une entreprise qui fonctionne bien – ce constat vaut postulat – cherche en permanence à atteindre le niveau de qualité correspondant à l'attente du client. Concrètement, la difficulté n'est pas mince : le concept de « qualité » se révèle complexe, variable, indéfinissable... Les dirigeants de sociétés en ont souvent une perception limitée, comme s'il suffisait de se gargariser avec la notion de « zéro-défaut » ou de s'assurer que les produits sont conformes aux normes en vigueur.

Qu'est-ce que la qualité en réalité, sinon d'abord et avant tout la qualité du bonheur des salariés de l'entreprise ? Une personne qui n'est pas heureuse dans son travail, devient de moins en moins performante : elle ressent le stress, la fatigue, et peut même tomber malade... Avec parfois de redoutables conséquences commerciales, en particulier dans les secteurs de la distribution, de l'hôtellerie, et des services.

Si une vendeuse « mal dans sa peau » vous reçoit comme un chien, vous ne serez pas tenté de revenir dans le magasin ! Le bonheur du personnel est le moteur du bonheur du client. La réciproque ne joue que dans une certaine mesure. Pourtant, il est clair que le bonheur de l'un et celui de l'autre sont intimement liés.

Il est impossible pour le salarié qui ne connaît pas une certaine joie de vivre d'effectuer un travail de qualité et de rendre les clients heureux. En revanche, si tous les membres d'une entreprise deviennent des « pôles positifs », rayonnants d'énergie, si tous ont pour objectif commun et constant le bonheur des clients, ils auront une bien meilleure productivité. Ils assureront un service plus attentif, pour le plus grand bonheur du client – toujours assoiffé de reconnaissance... Ce qui différencie profondément deux entreprises concurrentes, c'est d'abord et avant tout le style du personnel. Dans notre pays, la gestion des « ressources humaines » s'opère hélas trop souvent au travers des résultats comptables, des « retombées » économiques du comportement, bien plus qu'en fonction du comportement lui-même.

Réfléchir et agir

Cet ouvrage a été conçu pour vous guider pas à pas dans l'apprentissage des méthodes permettant d'offrir *systématiquement* le meilleur service aux clients.

Au cours des dernières années, un petit nombre d'entreprises a pu procéder à des transformations essentielles pour constituer un type nouveau d'organisation, ou du moins une catégorie extrêmement rare jusqu'ici : l'entreprise pilotée par le client.

Les propositions que le lecteur trouvera ici sont fondées sur une série d'études conduites sur une période de cinq années par la société Forum Corporation. L'objectif de ce travail était de définir et d'évaluer les caractéristiques qui distinguent les entreprises rentables, mues par la « dynamique du client », de leurs concurrentes moins prospères. Quelques détails de ces travaux sont repris dans l'annexe (page 277).

Parmi ces études, celle qui s'appelle « évaluation de l'intérêt porté par les salariés aux clients » a été particulièrement importante. Elle a permis de mettre en évidence quarante paramètres caractéristiques des entreprises réellement concernées par la satisfaction du client. C'est à partir d'elles qu'ont été isolés les sept impératifs clés dont il sera question par la suite. Les résultats de cette étude peuvent bien entendu être utilisés pour analyser les performances de toute entreprise. Un test d'auto-évaluation conçu à partir des quarante paramètres est d'ailleurs reproduit page 280.

Toutes les recherches que j'ai menées avec Forum Corporation ont abouti à des résultats très clairs. Nous avons constaté que les entreprises qui satisfont le client diffèrent des autres à de nombreux égards, mais toujours de façon logique. La découverte la plus fondamentale est sans doute que ces entreprises fournissent un niveau de prestations qui ne s'appuie pas sur une définition de la qualité élaborée en interne, mais plutôt sur celle du client. Cette qualité est toujours à deux dimensions : la qualité du produit et la qualité des services, chacune faisant appel à des compétences et des stratégies distinctes. En effet, les différences existant entre ces deux dimensions de la qualité expliquent dans une large mesure pourquoi tant de campagnes en faveur de la qualité ou d'un service clients plus efficace produisent des résultats décevants. Le fait de proposer l'un sans proposer l'autre mène généralement tout droit à l'échec.

Par ailleurs, notre recherche sur le comportement du personnel des sociétés « pilotées par leurs clients » indique que les meilleurs professionnels ont assimilé, au cours des dix dernières années, un ensemble impressionnant de pratiques et de techniques fiables qui ont rendu la qualité des produits et celle des services plus facile à atteindre. Ces méthodes incluent à la fois des pratiques très structurées de résolution de problèmes, le « juste-à-temps » par exemple, et des techniques plus flexibles, mais non moins importantes, de bon « leadership ». La plupart des auteurs se concentrent donc, soit sur la qualité des produits, soit sur la qualité des services, c'est-à-dire soit sur des outils de résolution de problèmes très sophistiqués, soit sur cette activité humaine très exigeante du leadership. Aucun d'eux n'a su montrer comment concilier les deux.

Pourtant, notre recherche prouve qu'il est difficile de se forger un avantage concurrentiel à moins de travailler à la fois à la qualité des produits et à celle des services et d'associer les outils de résolution de problèmes à des techniques de « leadership ».

Autre conclusion : toutes les étapes suivies par les meilleurs hommes d'affaires pour créer des entreprises mues par la dynamique du client peuvent être synthétisées en sept impératifs qui constituent aujourd'hui les bases du succès de toute entreprise et dont la mise en œuvre est expliquée tout au long de cet ouvrage.

Ce livre se démarque ainsi de tous les précédents ouvrages traitant de la qualité et du service clients, car :

1. Il s'appuie sur une analyse minutieuse des comportements et actions qui aboutissent à la satisfaction du client.
2. Il indique, pas à pas, comment intégrer ces comportements et actions au sein de la culture d'entreprise ou du groupe de travail, afin d'en faire un avantage concurrentiel durable.

Les entreprises sont, dans une large mesure, elles-mêmes responsables des problèmes auxquels la plupart d'entre elles sont confrontées aujourd'hui ; du moins elles y ont contribué pendant des années. Dans les pages qui suivent, nous ferons le point sur la situation actuelle. Nous nous pencherons ensuite sur les différences qui existent entre la qualité des produits et celle des services en termes d'objectif à atteindre. Nous terminerons par une présentation des sept impératifs qui constituent, d'après notre recherche, les bases du succès.

Les chapitres suivants traitent de la mise en œuvre de chacun de ces impératifs. Chaque chapitre se termine par une liste d'actions pour vous aider à mettre la théorie en application et une liste de livres et d'articles que vous pouvez consulter pour un travail plus approfondi. À la fin du livre, vous trouverez une « boîte à outils » regroupant des techniques et outils spéciaux pour vous aider à comprendre et à résoudre les problèmes de votre organisation ou groupe de travail.

Vous pouvez lire ce livre de deux façons. Certains préféreront le lire du début à la fin, procéder au test (page 280) de la partie « outils » en annexe et s'efforcer de faire évoluer leur entreprise en fonction des résultats obtenus à ces tests.

D'autres préfèreront procéder directement au test. Il s'agit d'un bilan, fondé sur les résultats d'un travail de recherche décrit en annexe, et utilisé par Forum Corporation pour aider les entreprises à identifier leurs points forts et leurs points faibles. Les résultats de ce test peuvent vous inviter à lire plus particulièrement certains chapitres de ce livre avant de lire les premiers.

Quel que soit l'ordre de votre lecture, lorsque vous vous trouverez confronté à des problèmes spécifiques, vous pourrez vous reporter à la partie « outils » (pages 280 à 334) qui contient :

- une section expliquant comment développer une vision ;
- des outils spécifiques pour résoudre les problèmes les plus fréquents empêchant les entreprises de servir le client ;
- un guide vous aidant à sélectionner les outils les plus appropriés pour résoudre vos problèmes spécifiques.

NOTE

1. *Harvard Business Review* (juillet-août 1989).

1

QUALITÉ DES PRODUITS ET QUALITÉ DES SERVICES

Une brève histoire de la qualité

Revenons seulement quelques années en arrière. Il n'y a pas très longtemps de cela, les entreprises américaines traitaient la concurrence étrangère avec arrogance. Lorsque Volkswagen a lancé sa coccinelle aux États-Unis, l'industrie automobile américaine s'est contentée de sourire.

Depuis, les choses ont bien changé mais pas suffisamment encore. En 1980, les Américains faisaient l'expérience du chômage. Des entreprises aussi réputées que Ford ou RCA, pataugeaient. L'internationalisation et la déréglementation des marchés avaient cassé les barrières de la concurrence. En outre, l'État refusait de tirer d'affaire les entreprises en difficulté ou de regonfler l'économie par un accroissement des dépenses publiques.

Quelle attitude adopter ? La plupart des hommes d'affaires américains étaient indécis. Ils alternaient entre la panique et l'autosatisfaction, trouvant peut-être, occasionnellement, un certain réconfort dans la lecture d'articles relatifs à la super efficacité du management japonais. Publié en 1982, *Le Prix de l'excellence* [1] suggérait que les entreprises américaines devaient, elles aussi, tirer de l'exemple japonais certaines leçons. Vendu à plusieurs millions d'exemplaires, ce livre représentait en fait le phare de l'espoir au milieu d'une vaste nappe de brouillard faite de confusion et d'inquiétude.

Au milieu de tout ce trouble, un ensemble de stratégies regroupées sous le terme « mouvement de la Qualité » commençait à faire des adeptes. En 1980, le producteur de la chaîne de télévision NBC, Claire Crawford-Mason, avait découvert qu'au Japon la plus prestigieuse distinction en matière de qualité portait le nom du Dr. W. Edwards Deming, un statisticien américain alors âgé de 80 ans. Deming et un autre consultant américain qui avait aidé les Japonais dans les années 50, Juran, faisaient appel à de puissantes techniques analytiques, tout en exhortant les chefs d'entreprise à une attitude que Deming appelait la « constance des objectifs ». Les résultats de leurs recommandations étaient parfois spectaculaires.

Pourtant, pour la plupart des entreprises, le mouvement de la Qualité n'était pas en mesure de constituer un moteur suffisamment puissant. Cette école se concentrait en effet sur la perfection technique, un secteur dans lequel les méthodes de Deming et Juran pouvaient facilement être appliquées, et non sur les clients eux-mêmes, leurs attentes et leurs besoins.

Évidemment, partout où la bannière de la qualité était déployée, des améliorations considérables s'ensuivaient. Mais la plupart des entreprises s'attaquaient seulement à des problèmes évidents, considérés comme importants en interne, qu'il s'agisse ou non des principaux problèmes rencontrés par les clients. En d'autres termes, certaines entreprises ont réalisé des gains importants à court terme en récoltant les fruits des branches les plus basses que leur offrait la jungle de la concurrence. Cependant, très peu d'entre elles ont trouvé un chemin vers l'avantage concurrentiel à long terme. La plupart se contentaient de prendre des mesures pour que les clients les choisissent à l'avenir au lieu de leurs concurrents.

La qualité telle qu'elle est définie par le client

Rares sont les entreprises qui sont allées plus loin. Pourtant, celles dont les bénéfices sont les plus importants aujourd'hui, sont celles qui ont appris à fournir la qualité telle qu'elle est définie par le client.

Qu'il s'agisse de Walt Disney, de Wal-Mart ou encore de Honda Motor, ces sociétés ne sont jamais prisonnières d'une définition interne de la qualité. Prévoyantes, elles n'ont jamais cessé d'étudier, de tester et d'adapter leurs produits et services, avec un seul objectif à l'esprit : donner au client ce qu'il veut.

Hideo Sugiura, vice-président de Honda, a proposé l'analyse suivante :

« Nous ne devrions pas nous contenter d'écouler des biens sur le marché existant mais plutôt nous efforcer de créer de nouveaux marchés en essayant de comprendre les besoins potentiels des clients et de la société. » [2]

Seules les entreprises disposées à ce type d'écoute et de service peuvent systématiquement satisfaire leurs clients. Et c'est seulement en enthousiasmant les clients que vous pouvez assurer des bénéfices substantiels et croissants pour plusieurs dizaines d'années [3].

À cet égard, les conclusions tirées dans ce domaine, en l'espace de dix-huit ans de travaux de recherche, du projet PIMS (*Profit Impact of Market Strategy*) sont particulièrement révélatrices. Dans cette série d'études, le Strategic Planning Institute de Cambridge a travaillé en coopération avec Harvard Business School pour analyser quelque 3 000 unités stratégiques choisies dans 450 entreprises différentes.

Première constatation : lorsque la qualité perçue par le client est classée dans les cinq meilleures performances du secteur industriel considéré, l'entreprise concernée enregistre des retours sur investissement avant impôts de l'ordre de 32 % par an en moyenne. Lorsque la qualité est jugée en dessous de la moyenne constatée pour le secteur, les retours sur investissements sont inférieurs de 14 %. Il s'agit là d'une différence importante. Il est clair que les bénéfices élevés sont directement liés à la qualité perçue par le client plutôt qu'à la part de marché ou à toute autre variable [4].

Les entreprises ont obtenu ces retours sur investissements pendant une période où il était beaucoup plus facile qu'aujourd'hui de dégager des bénéfices. Il est donc facile de comprendre pourquoi l'existence même des entreprises incapables de satisfaire leurs clients se trouve aujourd'hui menacée.

Gérard Mulliez. Une bonne approche du client ne se conçoit pas sans une bonne perception de la société de consommation. Petit rappel de définition : la société dite de consommation est un système économique qui vise à mettre de plus en plus de biens à la disposition de plus en plus de personnes. Toute une organisation qui n'a d'autre but que de faire participer de plus en plus de monde à la création, dans le droit fil de la volonté du Seigneur. L'objectif de l'homme sur terre, c'est de grandir et de s'épanouir. Difficile d'y parvenir dans un univers économique et social où les blocages se multiplient à l'infini. Ce qui importe, c'est de pouvoir disposer de capacités de création et d'un espace de liberté dans les diverses structures. Il y va du progrès de l'homme et de sa motivation. La société de consommation n'est rien d'autre qu'une société de création, ayant comme moteur le client.

Les deux dimensions de la qualité

Proposer la qualité telle qu'elle est définie par le client implique une parfaite compréhension de deux impératifs : assurer la qualité des produits et celle des services.

Les techniques puissantes introduites par Deming et Juran concernent principalement la qualité des produits. Pour le client, seule la qualité des produits est véritablement tangible et, en général, quantifiable. Dans une entreprise de fabrication, elle se traduit par la fiabilité et la qualité générale de l'article qui sort de l'usine. Dans les entreprises qui commercialisent des services, la qualité des produits se compose également d'aspects tangibles et quantifiables : votre relevé bancaire contient-il des erreurs ? L'intérieur de l'avion est-il propre ? Votre chambre d'hôtel est-elle bien aménagée et les installations en place y fonctionnent-elles correctement ? Or, dans la plupart des entreprises, la qualité des produits est la « chasse gardée » de statisticiens et de scientifiques qui ont tendance à prendre en compte uniquement ses aspects internes, au sein de l'entreprise.

Si la qualité du bien acheté représente pour le client « ce que vous obtenez », la qualité du service peut être décrite comme le « comment vous l'obtenez ». La qualité du bien est tangible, mais celle du service qui l'accompagne peut être considérée comme intangible. Elle est, de fait, souvent plus difficile à mesurer. Il est relativement facile, par exemple, de calculer la fréquence des pannes d'un appareil pendant sa première année d'utilisation. Il est en revanche beaucoup plus difficile d'évaluer le niveau de clarté d'un manuel d'utilisation ou le degré d'amabilité à l'égard des clients. Ces questions n'en sont pas moins importantes pour autant.

Autrefois, la qualité du service se limitait essentiellement aux prestations fournies par l'entreprise en cas de défaillance du matériel. L'entreprise ne réfléchissait pas beaucoup au service jusqu'au moment où elle recevait l'appel d'un client mécontent, ce qui l'obligeait à envoyer quelqu'un pour réparer le produit. Il s'agissait donc d'une démarche curative, et les acteurs de la qualité du service passaient leur temps dans des dépanneuses ou assis à un bureau de réclamations.

L'environnement industriel d'aujourd'hui exige une

gestion bien plus créative et les organisations commencent à comprendre que la qualité du service, à condition d'être bien appréhendée, peut se transformer en une arme terriblement efficace pour établir et conserver un avantage concurrentiel.

Notre recherche a permis de mettre en évidence un point important : près de 70 % des motifs invoqués pour un changement de fournisseur sont sans lien direct avec le produit. Nous avons effectué une étude portant sur les clients de 14 entreprises importantes des secteurs de l'industrie manufacturière et des services, servant à la fois des marchés de gros et des marchés de particuliers basés sur le contact clients, tel que le secteur bancaire. Les motifs invoqués par les clients pour abandonner leurs fournisseurs sont détaillés à la figure 1.

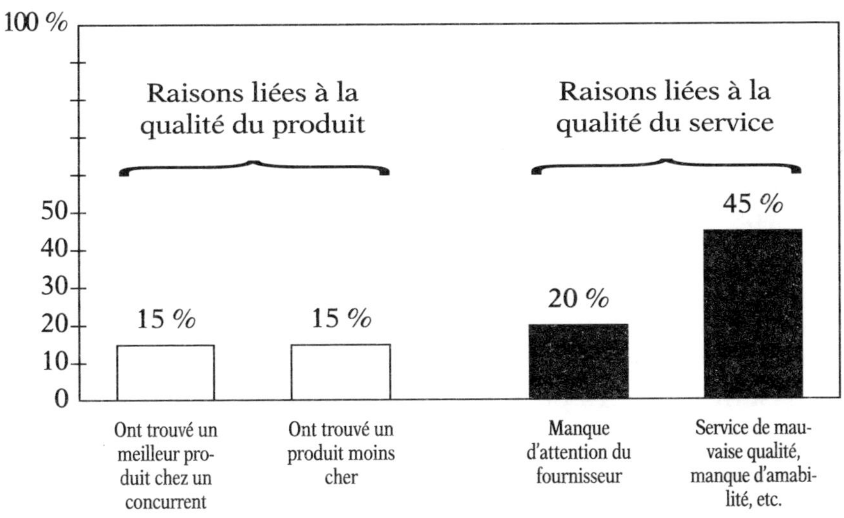

Figure 1. Raisons invoquées pour changer de fournisseur. Les valeurs ayant été arrondies, le total ne donne pas 100 %. (Source : Forum Corporation. [5])

Seulement 15 % des clients ont choisi de faire appel à un concurrent parce que ce dernier pouvait leur proposer un produit de qualité supérieure, et 15 % parce que ses prix étaient inférieurs.

En dehors de ces cas les principales raisons invoquées tiennent à la mauvaise qualité du service. En effet, 20 % des clients ont choisi un nouveau fournisseur pour des raisons de contacts insuffisants et d'un manque d'attention. Enfin, le plus grand nombre (45 %) évaluait les prestations comme étant de mauvaise qualité.

Voici un nouvel exemple expliquant pourquoi les entreprises pilotées par le client reconnaissent qu'elles doivent gérer la qualité des services au moins aussi « agressivement » que la qualité des produits : l'institut TARP (*Technical Assistance Research Programs*) de Washington est récemment arrivé à la conclusion que dans deux cas sur trois, lorsque le client se plaint, le problème n'a rien à voir avec le produit lui-même mais au contraire avec son utilisateur. Le client ne comprend simplement pas comment utiliser le produit pour atteindre l'objectif qu'il était censé remplir [6]. À qui la faute ? Pas au client. Au fabricant, bien sûr.

Ainsi, vous pouvez généralement prendre de l'avance sur vos concurrents en fournissant un produit fonctionnel (« ce que vous obtenez »), et en le proposant de façon à aider le client à l'utiliser et à l'apprécier (« comment vous l'obtenez »). Les entreprises capables de fournir *à la fois* des produits et des services de haute qualité finissent toujours par gagner la guerre concurrentielle.

La qualité du service fait appel à des gens tournés vers l'extérieur – des gens qui aiment les gens – disposant d'une vision du service, d'une bonne connaissance des besoins du client et d'un soutien interne efficace leur permettant de bien faire leur travail.

Malheureusement, les spécialistes de la qualité des produits ne comprennent généralement pas très bien la qualité des services. Ils éprouvent en effet des difficultés à résoudre des problèmes qu'ils ne peuvent pas mesurer objectivement.

Si l'on construit une matrice illustrant les principales différences entre qualité des produits et qualité des services (figure 2), vous constaterez que certaines entreprises fabriquent des produits d'excellente qualité mais fournissent des services médiocres.

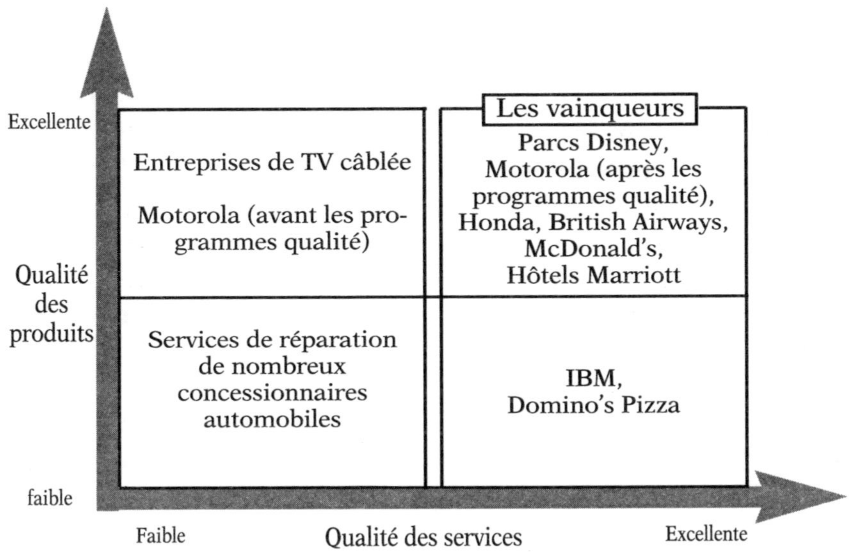

Figure 2. Matrice qualité des produits/qualité des services.

Motorola, l'une des premières entreprises américaines à recevoir le prix Malcolm Baldrige de la qualité, a été dans un premier temps particulièrement diligente dans l'amélioration de la qualité de ses usines. Mais elle reconnaît avoir fait preuve d'un certain laxisme en ce qui concerne la formation du personnel pour améliorer ses relations clients, un aspect qu'elle a décidé de faire évoluer par une série de mesures concrètes.

À l'inverse, IBM a été longtemps connue pour commercialiser des produits loin d'être brillants mais en assurer un service quasiment légendaire.

Aujourd'hui, pour connaître un véritable succès commercial, il est indispensable de fournir à la fois des produits et des services de qualité. La figure 2 est une illustration évidente de cette réalité.

Que font les gagnants ?

Je dois admettre que certaines entreprises centrées sur le client m'impressionnent vraiment. British Airways, par exemple, dont les vols à travers l'Atlantique ne symbolisaient pas pour moi les plaisirs du voyage en avion jusqu'à une période récente, me donne aujourd'hui l'impression d'être un Lord de l'Empire britannique et cela avec une constance remarquable. Globe Metallurgical, une société spécialisée dans les métaux, ne livre pas seulement des produits remarquables mais sait se mettre à l'écoute des fonderies du monde entier et assure des services tellement attentifs qu'elle remplace maintenant les fournisseurs japonais en Corée.

La chaîne hôtelière Marriott dispose non seulement d'excellents emplacements géographiques, mais également d'un service merveilleusement bien organisé. Marriott suit la qualité de ses services au moyen d'enquêtes intelligentes et représentatives auprès de sa clientèle et sait motiver ses employés par la méthode la plus fondamentale qui soit : en les traitant bien. J'ai demandé à plusieurs dizaines d'employés travaillant pour différents hôtels Marriott où j'ai eu l'occasion de séjourner ce qu'ils pensaient de leur entreprise. Leur enthousiasme sincère et leur loyauté envers elle, m'ont frappé. Je pense que les résultats obtenus dans d'autres chaînes pourraient être bien différents.

Certaines institutions à but non commercial essaient, elles aussi, de combiner la qualité des produits et celle des services. Le Methodist Hospital de Houston assure des services médicaux tout à fait exceptionnels. Les performances sont suivies au moyen de quatre-vingt-quatre mesures de qualité parmi lesquelles la diminution du nombre de patients, la réduction des délais d'élaboration des résultats d'analyses et de la fréquence des infections contractées dans l'hôpital.

Dans le même temps, le personnel logistique s'est doté d'un programme d'assurance qualité admirable, devant contribuer à garantir que les revêtements muraux, la climatisation, les lits, l'éclairage et les appareils électriques soient en excellent état.

Le Methodist Hospital assure ainsi des services qui rapprochent un peu le séjour en hôpital d'un séjour en hôtel de luxe : des employés sont chargés de garer les voitures des patients et de leurs familles, des oreillers et des couvertures supplémentaires sont prévus pour les visiteurs qui passent la nuit en salle d'attente pendant que leurs proches sont soignés, un homme d'étage est là pour aider les patients à regagner leur chambre, et au lieu de vous faire attendre devant un bureau, le personnel des admissions vous reçoit dans la salle même où se font toutes les démarches administratives.

La qualité des produits et des services garantira-t-elle le succès continu d'une organisation ? Non. Après tout, de nombreux autres facteurs entrent en ligne de compte : le contexte économique, les goûts des consommateurs, l'arrivée de concurrents plus compétitifs. Mais comme le dit l'écrivain Damon Runyon : « La course ne sera peut-être pas toujours en faveur des plus rapides ni le combat en faveur des plus forts. Il s'agit là d'un pari à faire ».

De toute évidence, ces organisations, ainsi que des dizaines d'autres citées dans le présent ouvrage, ont su constituer la force commerciale la plus sûre que l'on puisse bâtir dans le monde d'aujourd'hui. Il s'agit d'entreprises ayant pour priorité la satisfaction du client et aussi longtemps qu'elles la maintiendront, les mauvaises années occasionnelles dues à des tempêtes dans le monde des affaires ou même à une mauvaise évaluation des besoins des clients, ne seront que des obstacles temporaires sur le chemin du succès.

Prêtez-vous maintenant à un petit exercice. Prenez une minute pour représenter schématiquement la position de votre entreprise sur le graphe de la figure 3. Où vous situez-vous ? Représentez ensuite un ou deux de vos principaux concurrents. Où se situent-ils ?

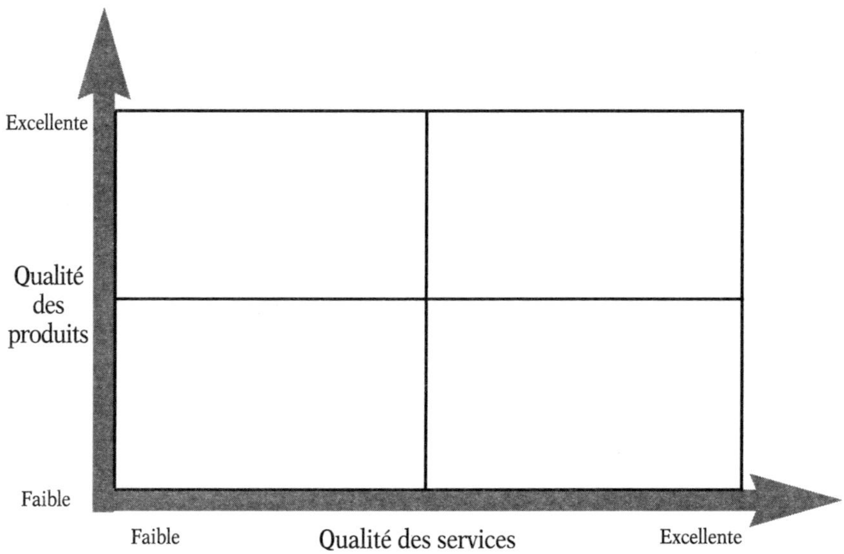

Figure 3. Votre grille de qualité.

Si vous ne vous trouvez pas dans le quadrant supérieur droit, vous êtes fortement vulnérable aux attaques de la concurrence. Le reste de cet ouvrage vous indiquera comment vous défendre. Si vous vous y trouvez, vous êtes une cible. Vos concurrents vous ont en ligne de mire. Pour gagner, ils chercheront à donner à leurs produits et services de nouvelles normes de qualité pour étendre ainsi l'axe de la qualité des produits et l'axe de la qualité des services au-delà des limites connues aujourd'hui. Il vous faudra faire appel à toutes vos compétences et à toutes vos capacités d'innovation pour rester en tête. Si vous appliquez correctement les véritables principes fondamentaux des affaires, vous pouvez y parvenir.

Les sept impératifs fondamentaux

Notre étude fait apparaître que sept impératifs se combinent entre eux pour transformer l'entreprise en une organisation cohérente, capable de fournir des produits et services de qualité. Ces impératifs sont profondément enracinés, d'une part dans les idées du management que l'Amérique a jadis enseignées aux Japonais et, d'autre part, dans un marketing « orienté clients » qui a aidé d'excellentes firmes à 'améliorer la vie de leurs clients dans les années 50. Les plus grands dirigeants d'entreprise réalisent aujourd'hui que ces impératifs sont aussi fondamentaux pour les relations commerciales que peuvent l'être les gammes pour un musicien, la barre pour un danseur ou l'entraînement pour un joueur de golf.

Or, ces sept impératifs fondamentaux font souvent défaut dans l'entreprise. Leur absence entraîne le désappointement des consommateurs et, par voie de conséquence, la faillite lorsque de nouveaux concurrents permettent aux clients un nouveau choix.

Dans la suite de cet ouvrage, nous verrons comment un petit nombre d'entreprises a réussi à maîtriser certains de ces impératifs et comment ces derniers peuvent contribuer à votre réussite et à celle de votre entreprise. Ces sept impératifs sont :

1. **Créer une vision proche de celle du client.** Il n'y a rien de tel qu'une vision claire pour transformer une entreprise. Depuis le président jusqu'aux standardistes, chacun, dans une entreprise dynamique, s'engage non seulement à faire gagner de l'argent à cette dernière mais aussi à remplir une mission envers le client.

Rappelez-vous que Ray Kroc, fondateur de McDonald's, a animé son entreprise tout entière avec une vision très simple : « Qualité, Service, Propreté, Valeur ». Les organisations qui proposent des objectifs communs bien définis réveillent leur bureaucratie endormie et commencent véritablement à se mettre au service du client.

2. **Faire entendre la voix du client dans l'entreprise.** En établissant une relation de confiance entre vous-même et vos clients vous révolutionnerez votre propre comportement et vous conforterez votre position concurrentielle. Binney & Smith, fabricant des crayons et marqueurs Crayola, a commencé par étudier de très près les lettres des clients – la plupart d'entre elles étant des témoignages enthousiastes du rôle joué par les crayons Crayola dans la vie des enfants.

Les managers constatèrent que les rares plaintes concernaient les traces laissées sur les vêtements. Binney & Smith consacra alors d'importants efforts à la recherche et, deux ans plus tard, lançait sur le marché des marqueurs lavables. Les ventes doublèrent et les bénéfices connurent une progression sans précédent. L'entreprise appliqua la même démarche sur le marché des établissements scolaires et obtint des résultats similaires après avoir introduit des peintures lavables.

3. **Prendre modèle sur les gagnants.** Les entreprises les plus brillantes peuvent difficilement dissimuler aux autres leurs méthodes commerciales et la plupart n'essaient même pas. Il suffit bien souvent d'étudier leurs méthodes et leur philosophie pour les mettre au service de ses propres clients et d'intégrer les techniques qui permettent de découvrir puis d'éliminer les causes d'insatisfaction de ces derniers. Les entreprises japonaises sont devenues concurrentielles après la Seconde Guerre mondiale parce qu'elles ont étudié les méthodes des meilleures entreprises occidentales. Des sociétés telles que Corning Works, Motorola et

Westinghouse ont retrouvé une excellente place sur leur marché respectif après avoir étudié dans le monde entier les raisons du succès commercial de certaines des entreprises les plus compétitives (parfois même à travers leurs propres joint ventures).

4. **Libérer les spécialistes du service clients.** La plupart des employés ont le désir de bien servir les clients. L'une de nos études a en effet montré, aussi surprenant que cela puisse paraître, que le facteur le plus étroitement lié à la fidélisation du personnel est simplement le suivant : ce dernier doit avoir la conviction que l'entreprise propose de bons services à ses clients [7]. Lorsque les employés croient vraiment en leur entreprise, la rotation du personnel est faible. Les managers doivent montrer que la tâche prioritaire de l'entreprise est de servir les clients et que les employés sont la clé du système tout entier.

5. **Éliminer les barrières nuisibles au bon fonctionnement de l'entreprise.** Plus nous apprenons de choses sur la qualité, plus nous réalisons que les systèmes que nous avons mis en place dans nos propres entreprises engendrent indirectement des obstacles qui nous empêchent de bien servir les clients. Les procédures de facturation multiplient souvent les risques d'erreurs, l'organisation actuelle des ateliers augmente les risques de chocs entre les pièces usinées, les services d'expédition, enfin, organisent leurs tournées de livraison en fonction de ce qui les arrange le mieux, sans trop se soucier du client. Voici autant d'opportunités de mieux servir le client en éliminant les sources d'erreurs. Les entreprises saines se lancent en permanence des défis à elles-mêmes pour mieux comprendre et améliorer toutes les procédures créatrices de valeur pour leurs clients et pour éliminer impitoyablement les autres. Corning a mis en place des équipes d'amélioration de la qualité dans chacun de ses services. Steuben Glass a reconnu qu'elle pourrait s'améliorer. Dans cette entre-

prise, Danny McNeal a animé un cercle de qualité qui s'est penché sur les raisons pour lesquelles un nombre inacceptable de clients ne réglait pas leurs factures à soixante jours. L'équipe a réduit les retards de paiement de près de 40 % tout en améliorant la satisfaction du client par une simple réorganisation du système de facturation. Le diagnostic paraît très simple *a posteriori* : les clients paient leurs factures rapidement si (et seulement si) ces dernières sont correctes et compréhensibles. Celles de Steuben le sont, à présent.

6. **Mesurer, toujours et encore mesurer.** Dans les entreprises qui enregistrent les améliorations les plus rapides, les employés mesurent presque tous les indices susceptibles de leur indiquer leur niveau de qualité avant de soumettre le produit ou service à ce juge ultime de leur efficacité qu'est le client. Ils analysent leurs performances non seulement en fonction de leur propre savoir-faire et des souhaits de leurs clients, mais également en fonction des performances des concurrents qui, dans tous les pays du monde, effectuent un travail comparable au leur. Aleta Holub, directeur assurance qualité chez First Chicago Corporation confie que son organisation effectue des évaluations comparatives (en utilisant la technique du benchmarking) par exemple entre son traitement des appels téléphoniques et celui d'American Express.

7. **Passer à l'acte.** Les meilleurs managers qui mettent en œuvre ces principes centrés sur le client, proposent une nouvelle vision du leadership. Ils placent eux mêmes le client au premier rang. Ils mettent en valeur leur vision de l'entreprise, sont devenus des « étudiants à vie » cherchant en permanence de nouvelles façons d'apprendre. Ils croient et investissent dans leurs employés. Ils forment des équipes qui se concentrent sur le client, célèbrent leurs succès et encouragent la collaboration. Ils dirigent « par l'exemple » en personnifiant les objectifs de l'entreprise.

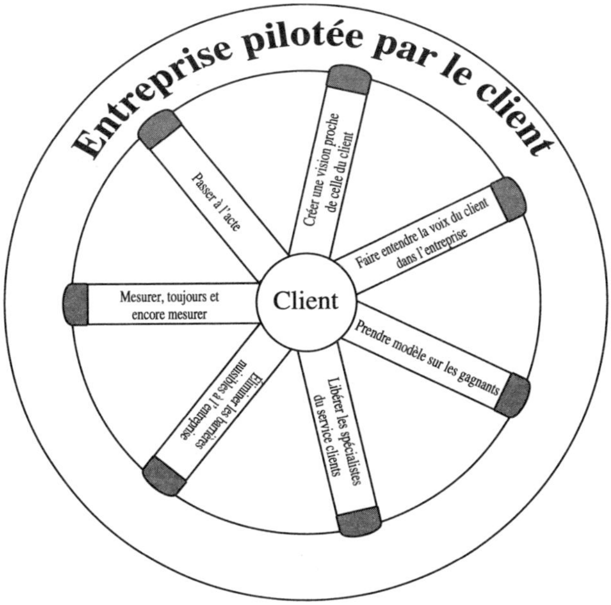

Figure 4. Les 7 impératifs fondamentaux.

Enfin, bien sûr, ces leçons de leadership sont applicables à tous les niveaux. Les spécialistes des différents secteurs de l'entreprise et les collaborateurs chargés d'encadrer de petits groupes peuvent être, à leur façon, des leaders dont l'influence s'étend sur l'ensemble de l'entreprise. Pour cela, ils doivent eux aussi devenir des étudiants à vie, être en contact avec les clients, proposer de grandes lignes de conduite, communiquer clairement et incarner l'objectif de leur organisation ou groupe de travail.

Les études actuelles indiquent que ces sept impératifs sont les principes fondamentaux dont dépend le succès de l'entreprise. Signalons toutefois que, pour l'instant, ces principes ne retiennent guère l'attention des écoles de commerce et de management. Nous privilégierons donc ici les travaux pratiques par rapport à la théorie et aux programmes universitaires, pour vous permettre de vraiment changer votre entreprise.

NOTES

1. Peters T., Waterman R., *Le Prix de l'excellence,* InterÉditions, 1983 pour la traduction française.

2. Tetsuo Sakiya, Honda Motor : *The Men, The Management, The Machines* (Tokyo : Kodansha International, 1982), pp. 19-21.

3. Au Japon, l'expression « Qualité totale » semble avoir une signification plus profonde qu'en Occident et le client semble y avoir été pris plus au sérieux depuis plusieurs dizaines d'années. Dans son livre *What is Total Quality Control ?,* Kaoru Ishikawa écrivait : « La pratique du contrôle de la qualité revient à développer, concevoir, produire et servir un produit de qualité qui est particulièrement économique, utile et toujours satisfaisant pour le client. » Il ajoute : « Nous nous engageons dans le contrôle de la qualité pour fabriquer des produits dont la qualité est en mesure de satisfaire les exigences des consommateurs... Nous devons mettre l'accent sur l'orientation client. » (*La gestion de la qualité : outils et applications pratiques*, Dunod, 1990.)

4. Buzzell R.D. et Gale T. – *The PIMS Principles* (New York, Free Press, 1897), pp. 107 et suivantes.

5. Ces pourcentages ont été calculés à partir de données présentées par Forum Corporation, dans *Customer Focus Research Study,* (1988), p. 19. Les secteurs considérés couvrent une gamme assez étendue, allant de la banque de détail et de la vente de carburant à la location de voitures et au transfert de titres.

6. Goodman J., Malech A. et Adamson C., « Don't Fix the Product, Fix the Customer », *Quality Review* (automne 1988), European Edition, pp. 6-11.

7. Forum Corporation, *Customer Focus Research Study* (1988), p. 35.

2

CRÉER UNE VISION EN ACCORD AVEC CELLE DU CLIENT

« Nous construirons ici de bons navires.
À profit, si possible.
À perte, si nécessaire.
Mais ce seront de bons navires. »

Collis P. Huntington,
fondateur de Newport News Shipbuilding
and Dry Dock Company, 1886.

De tout temps, chaque fois que l'entreprise a pris clairement le parti du client, elle a été gagnante. La déclaration de Huntington est un bel exemple d'engagement en faveur du client, dont il ne faut pas conclure que l'homme était insouciant des bénéfices. Au contraire il aimait beaucoup faire de l'argent et il le faisait très bien. Après des débuts plutôt humbles comme commis d'épicerie, Huntington était devenu fabuleusement riche en exploitant des lignes de chemin de fer. Il n'en reconnaissait pas moins qu'une vision orientée sur le client est essentielle pour conduire l'entreprise à l'excellence. En promettant de construire de bons navires « à perte si nécessaire », il ne cède pas aux tentations d'une conception plus poétique qu'économique des affaires, il ne fait que reconnaître une réalité essentielle : satisfaire le client est l'un des éléments qui assurent le succès.

Une bonne « vision » mène à un avantage concurrentiel. Pourtant, aujourd'hui, l'idée même qu'une entreprise puisse avoir besoin d'une vision semble avoir perdu une grande partie de son importance. Même lorsque les dirigeants déclarent que la vision importe, même lorsqu'ils insistent sur le fait qu'elle est vitale, ils semblent incapables d'en créer une, ou d'en suggérer la teneur aux membres de leur entreprise.

La vision est importante pour des raisons simples et concrètes. Elle stigmatise pour les collaborateurs de l'entreprise le pouvoir et le devoir de servir les clients. Sans cette vision, les collaborateurs ne se sentiront pas appelés à déployer toutes leurs possibilités. Il leur manquera cette idée unifiante qui aide le personnel des grandes entreprises à joindre ses efforts pour atteindre des objectifs communs qui peuvent sembler, à première vue, impossibles.

Le présent chapitre est destiné à réhabiliter la notion de vision. Nous y verrons l'influence transformatrice des notions taillées dans le roc par Huntington et les effets puissants des visions de quelques autres grands leaders. Nous discuterons ensuite des éléments constitutifs de la vision, bases nécessaires pour transformer votre entreprise ou votre groupe de travail :

- nous définirons la notion de vision de façon à vous aider à en élaborer une ;
- nous expliquerons les objectifs que devrait atteindre votre vision ;
- enfin, nous examinerons l'usage de cette vision pour qu'elle puisse inspirer vos collaborateurs et les entraîner vers les nouveaux sommets de l'excellence.

Une vision claire peut transformer l'entreprise

Prononcées à Newport News, en Virginie, les paroles et la vision de Collis P. Huntington ont eu des répercussions jusqu'à l'autre côté du Pacifique. En effet, après la Seconde Guerre mondiale, les officiers américains qui donnaient des cours de formation aux cadres supérieurs de l'industrie électronique japonaise, n'ont pas manqué de citer la déclaration d'Huntington en rappelant à leurs élèves attentifs que « toute entreprise devrait avoir comme politique fondamentale un énoncé simple et clair de ses intentions ».

Il s'agissait là d'un excellent conseil qui fut pris au pied de la lettre. La plupart des entreprises japonaises finirent par adopter elles aussi des déclarations « *kaisha hoshin* » (exprimant un principe fondamental). Finalement, elles firent en sorte que le comportement de l'organisation tout entière dépende de ces principes [1].

En revanche, aux États-Unis, les paroles de Huntington ont été largement oubliées. Après la Seconde Guerre mondiale, alors que les Japonais apprenaient à organiser leurs entreprises à partir d'une vision claire, les entreprises occidentales négligeaient complètement cette idée. Qui en avait besoin, d'ailleurs ? Ces dernières se concentraient essentiellement sur les bénéfices et les prévisions de vente, le côté « dur » des affaires. Après tout, les gains ne sont-ils pas le véritable objet de toute entreprise commerciale ?

Cette préoccupation des bénéfices considérés comme la dynamique de l'entreprise fut démontrée de façon particulièrement spectaculaire en 1968, lorsque le conglomérat Tenneco acheta Newport News Shipbuilding. La nouvelle direction décida immédiatement de faire enlever le monument de seize tonnes élevé à la gloire d'Huntington et qui portait, en gros caractères de bronze, sa fameuse déclaration, pour en faire don à un musée des environs.

Tenneco semblait ainsi vouloir dire : « Voilà tout ce que mérite cet homme qui faisait passer l'excellence avant les bénéfices », comme s'il s'agissait là d'un concept aussi démodé que les canons datant de la guerre de l'Indépendance, exposés dans le même musée. Tenneco aurait plus tard à regretter cet acte.

Les maux de tête du Tylenol : la vision de Johnson & Johnson

Seules quelques entreprises, aux États-Unis et ailleurs, ont su par leur attitude manifester la puissance d'une grande vision. Souvent, les organisations qui se sont souvenues de la nécessité vitale d'une déclaration fondamentale, exprimant une vision orientée sur le client, sont devenues des leaders dans leurs secteurs respectifs. Johnson & Johnson, le grand fabricant de matériel médical, fait passer le profit après l'intérêt des hommes dans sa déclaration de valeurs et sa vision : « Notre première responsabilité est de servir les médecins, les infirmières et les patients, les mères de famille et tous les autres utilisateurs de nos produits et services. »

Cette vision, à la fois exigeante et universelle, a aidé des centaines de départements, filiales et bureaux de Johnson & Johnson à travers le monde, à prendre conscience que leur première obligation était le service au client.

Cette déclaration d'intention fut d'ailleurs mise à l'épreuve lors de l'affaire du Tylenol, en 1982. Une personne atteinte de troubles mentaux (dont l'identité n'a jamais été découverte) avait introduit du cyanure dans certaines capsules de Tylenol, causant ainsi la mort de cinq personnes. Toute l'organisation Johnson & Johnson se mobilisa en l'espace de quelques heures pour retirer du marché le lot contaminé. Dès le deuxième jour de cette crise, lorsqu'un deuxième incident permit d'établir que l'empoisonnement n'était pas limité au lot rappelé, le Président de Johnson & Johnson, James Burke, tint toutes les demi-heures des conférences de presse télévisées pour informer le public.

Toutes les boîtes de Tylenol commercialisées aux États-Unis furent immédiatement retirées de la vente. Après la découverte de deux autres comprimés contenant du cyanure dans les lots rappelés, Burke déclara : « Notre entreprise pense avoir contribué à sauver des vies humaines. »

Johnson & Johnson aurait pu considérer que le problème était du ressort de la police mais elle ne l'a pas fait. Elle a tenu à assumer sa « responsabilité première envers les médecins, infirmières et patients ». En l'espace d'une semaine, des études étaient en cours pour concevoir un nouveau conditionnement du Tylenol, à trois niveaux de protection, afin d'empêcher qu'un tel incident se reproduise. Sa production commença dans le mois qui suivit. Dans ce combat, les responsables de Johnson & Johnson ne se préoccupaient guère des coûts.

Les conséquences de l'attitude adoptée par Johnson & Johnson dans ce moment difficile méritent réflexion. Après la crise, les analystes de Wall Street reconnurent que cette action rapide avait finalement joué en faveur de l'entreprise. Elle avait contribué à fidéliser plusieurs millions de clients alors que, peu après l'affaire, une étude menée auprès des consommateurs indiquait que la moitié des utilisateurs de Tylenol avaient déclaré qu'ils n'achèteraient plus jamais ce produit. Ce succès était donc autant dû à une vision prise très au sérieux qu'à un calcul de profits et pertes.

À l'inverse de Johnson & Johnson, rappelons l'attitude adoptée à la même époque par le constructeur automobile allemand Audi, dont les véhicules étaient accusés d'un problème « d'accélération soudaine » qui avait fait sept morts et quatre cents blessés. Des témoins racontaient à la télévision que les véhicules avaient soudain « rebondi contre un mur, sans raison apparente » alors que leurs conducteurs essayaient de les garer. Les études menées par Audi indiquaient que ce problème était dû à une erreur du conducteur. Les statistiques montraient que les voitures devenaient le plus souvent incontrôlables lorsqu'elles étaient conduites par des personnes possédant des caractéristiques physiques spécifiques (à savoir, des femmes de petite taille !). Les spécialistes d'Audi étaient arrivés à la conclusion que les conducteurs appuyaient sur l'accélérateur au lieu du frein. Du point de vue juridique, Audi n'était pas plus en cause dans cet incident que Johnson & Johnson dans le cas d'empoisonnement du Tylenol.

Bien que le constructeur soit ainsi mis « hors de cause », les ventes chutèrent, passant de 74 000 véhicules en 1985 à 26 000 en 1987. Les surveillants de parkings refusaient de garer les voitures de cette marque. Audi n'avait manifesté aucun principe fondamental, aucune vision. Le constructeur s'était contenté de publier un communiqué de presse suggérant qu'une erreur de conduite était la seule origine du problème. Les clients se sentaient insultés et trahis par une telle attitude. Ils avaient l'impression qu'Audi essayait d'échapper à ses responsabilités. À la demande du gouvernement américain, Audi finit par modifier ses mécanismes de commande de pédales et les incidents « d'accélération soudaine » prirent fin [2].

La vision de Federal Express

Le fondateur de Federal Express, Fred Smith, a su formuler une vision claire, centrée sur le client, et construire une grande organisation autour de cette vision. Peu après avoir créé cette entreprise, il en a résumé la philosophie en trois mots : Personnel-Services-Bénéfices : « Nous enregistrerons des bénéfices hors du commun en assurant un transport terrestre mondial parfaitement fiable et supérieur à celui des concurrents, pour toutes les marchandises urgentes et les documents nécessitant un acheminement rapide... Le transport des paquets sera géré en temps réel et son suivi informatisé. Un enregistrement complet de chacune des expéditions et livraisons sera fourni avec la facture. Nous serons efficaces, courtois et professionnels, en interne comme avec nos clients. Nous

nous efforcerons de contenter pleinement le client à chaque transaction. »

Federal Express a été fidèle à sa vision. Cette entreprise a travaillé en collaboration avec des sociétés informatiques afin de mettre au point la technologie nécessaire pour rendre son réseau et ses services de livraison parfaitement efficaces. Federal Express a incité également ses collaborateurs à aller très loin dans leur dévouement et leur professionnalisme. Un exemple : les ordinateurs du siège de Federal Express à Boston étant tombés en panne un jour férié, les services de suivi de Memphis ne pouvaient pas confirmer l'emplacement d'un paquet contenant du sang, destiné au Children's Hospital de Boston. Memphis appela alors un collaborateur de Boston à son domicile. Ce dernier se rendit immédiatement aux entrepôts où Federal Express stockait les articles à livrer mais constata que la serrure avait été changée et que sa clé ne fonctionnait plus. Il escalada le fil de fer barbelé, expliqua le problème à un agent de la sécurité, identifia le précieux paquet et le livra lui-même à l'hôpital [3]. En 1990, Federal Express a été la première grande entreprise du secteur des services à se voir décerner le prix Malcolm Baldrige de la qualité. Le personnel de Federal Express aurait-il été capable d'aller si loin en l'absence d'une vision claire ?

Qu'est-ce qu'une bonne vision pour l'entreprise ?

Que recouvre le terme « vision » ? Comment pouvez-vous animer votre entreprise d'une « vision » ? Voici une bonne définition : « une image vivante d'un état futur ambitieux, souhaitable, lié au client et sensiblement préférable à l'état actuel. »

Toutes les visions gagnantes ne sont peut-être pas conformes à cette définition. Mais celles qui le sont ont de bonnes chances de mobiliser des entreprises et des groupes de travail.

Au moment où les dirigeants élaborent la vision, ils se posent des questions telles que :

- Quel type d'entreprise (ou entité à l'intérieur de l'entreprise) voulons-nous être ?
- Quelle image voulons-nous avoir de nous-mêmes et donner à nos clients, une fois que cette vision sera réalisée ?
- En quels termes aimerions-nous être décrits à la fin de notre travail d'amélioration ?
- Quelles sont les valeurs qui nous semblent les plus importantes ?
- En quoi cette vision est-elle représentative des intérêts de nos clients et des valeurs qui nous semblent importantes ?
- Quelle est la place de chacun dans cette vision de l'avenir ?

Pour motiver un groupe de travail, le manager devra énoncer la vision en termes simples et la répéter souvent. L'énoncé idéal de la vision est :

- clair,
- motivant,
- facile à mémoriser,
- conforme aux valeurs de l'entreprise,
- lié aux besoins du client,
- difficile mais pas impossible à réaliser.

La vision ne doit pas être confondue avec la stratégie. La stratégie d'une organisation est, en quelque sorte, le premier schéma du circuit, c'est-à-dire un dessin très net, indiquant ce qu'il faut faire pour parvenir au succès. La vision est plutôt comparable à la représentation, par un artiste, d'un bâtiment en cours de construction. La vision peut motiver le personnel plus que ne le peut un schéma stratégique, même très bien dessiné.

La vision a deux fonctions essentielles. L'une est de servir de source d'inspiration. L'autre est de guider la prise de décision, en mettant en phase toutes les divisions de l'entreprise, afin que ces dernières travaillent ensemble vers un but commun, dans l'intérêt de tous.

La vision comme source d'inspiration

Pensez à quel point l'inspiration est nécessaire aux salariés d'aujourd'hui. Ils sont souvent moins fidèles à leur employeur et moins mobiles qu'auparavant. Ils sont plus cyniques au sujet de leur entreprise et, très honnêtement, ils ont des raisons de l'être. La concurrence exacerbée, la déréglementation, les fusions, les rachats et le souci permanent de réduction des coûts leur ont montré à quel point leurs emplois sont fragiles.

Mais par ailleurs, les salariés d'aujourd'hui cherchent à être utiles, à s'impliquer et à acquérir des responsabilités. Ces besoins sont aussi justifiés que la sécurité de l'emploi, le logement et la nourriture. En revanche, le salaire seul ne permet pas de rétribuer cette dimension du travail fourni.

La fonction première d'une vision est donc d'inciter ces collaborateurs à faire de leur mieux. Une vision véritablement intégrée, qui circule à l'intérieur de l'entreprise, donne de l'énergie aux salariés et peut motiver même des employés mécontents ou lassés par la routine. Elle constitue à la fois un véritable défi et un but. Elle permet à chaque personne de se sentir utile.

Si votre vision n'est pas une incitation à l'excellence, c'est qu'elle a échoué. Un grand constructeur de composants électroniques s'était fixé comme objectif de « rentabiliser au maximum les investissements de ses actionnaires ». Un membre de l'encadrement supérieur de cette entreprise s'exclama : « Pensez-vous réellement qu'une personne chargée de balayer les locaux puisse se sentir motivée à l'idée de rentabiliser les investissements des actionnaires ? » Irréaliste. Cette entreprise avait absolument besoin d'une nouvelle vision pour survivre.

Gérard Mulliez. Les salariés agissent de manière d'autant plus intéressante qu'ils sont intéressés... Mais il faut que leur motivation soit claire. Chez Auchan, nous avons instauré depuis longtemps une prime d'intéressement aux résultats, que nous versons chaque trimestre dans tous les magasins. Lorsque la participation est devenue une obligation légale, nous avons mis en place un système de déplafonnement qui permet à tout collaborateur d'être associé aux bénéfices à hauteur d'environ 50 % de l'amélioration des résultats. À partir de 1976, l'actionnariat du personnel a commencé à se développer.

Le salarié d'Auchan s'est senti intéressé au sens financier du terme. Il a compris que si l'entreprise dépensait ou économisait 100 F, c'était lui qui, au bout du compte, en payait la moitié ou qui allait partiellement en bénéficier. Très vite, il a examiné comment faire des économies, comment mieux acheter... Sa mentalité a sensiblement évolué.

Aujourd'hui, il est en général conscient que son portefeuille d'actions peut s'accroître : s'il travaille bien, la prime de participation trimestrielle et l'allocation versée au titre de la participation légale annuelle ont toutes les chances de progresser.

Plusieurs membres du personnel sont toutefois mobilisés en permanence pour favoriser une meilleure compréhension du système et convaincre les hésitants. Parallèlement, un cours de formation à l'économie, créé spécialement, permet aux salariés de maîtriser tous les aspects financiers des opérations. Grâce à ce dispositif, la participation au sein d'Auchan se hisse largement au-dessus de la moyenne observée dans les autres sociétés... avec d'heureux effets. Rien n'est pire que l'indifférence. Le pourcentage de collaborateurs motivés détermine dans une large mesure les chances de réussite d'une entreprise.

Tant mieux si chacun se sent propriétaire de l'outil de travail ! Tant mieux si un Auchan sur six, ou plus exactement un sixième de chaque magasin, appartient d'ores et déjà au personnel ! Et si 25 % des salariés détiennent l'équivalent de plus d'un an de salaire en actions de l'entreprise ! Sincèrement, mon rêve serait que ce pourcentage atteigne 50 %...

Un simple exemple, mais des plus authentiques, afin de montrer que mon discours ne relève pas de l'utopie : une caissière – une hôtesse de caisse comme nous les appelons chez Auchan –, qui, en plus de ce qu'elle percevait au titre de la participation légale, a économisé 25 % de son salaire depuis la mise en place de l'actionnariat du personnel, possède aujourd'hui un portefeuille de plus de deux millions de francs !

Au risque d'être taxé de « passéisme », je reste persuadé que la « race » des titulaires de portefeuilles boursiers et des propriétaires immobiliers n'est pas la même que celle des personnes qui vivent au jour le jour.

Si elle n'est pas un « marché de dupes », la participation répond au moins autant à un besoin de sécurité psychologique qu'à un souci légitime de justice. Mais il est fondamental de bien communiquer à son sujet, et de pallier les inévitables imperfections humaines par une organisation hors pair.

Aussi développé soit-il, l'actionnariat du personnel ne dispense pas le dirigeant d'entreprise d'adopter une politique industrielle et une stratégie économique. Il ne remplace ni l'intelligence, ni le talent. Appliqué avec soin et honnêteté, il a le grand mérite de provoquer une meilleure adhésion des salariés. ◥

La vision pour guider la prise de décision

En plus de son rôle d'inspiration, toute vision bien pensée assiste les hommes dans leur prise de décision. Elle aide les collaborateurs à couper court à des problèmes techniques complexes pour se consacrer en priorité à ce qui représente vraiment une valeur ajoutée pour le client. Elle sert de garde-fou lors de la prise de décision quotidienne. Enfin, elle devient une sorte de « constitution » pouvant servir de référence en cas de conflit.

Les objectifs financiers ne sont, pour l'entreprise, ni distinctifs, ni instructifs. La recherche d'un meilleur retour sur investissements ou d'une augmentation des parts de marché n'a rien de très original : elle peut justifier n'importe quelle action. Utilisées comme outils, les statistiques financières ne peuvent être que des indicateurs tardifs du degré de succès d'une entreprise. Ainsi, de nombreuses actions qui satisfont le client aujourd'hui n'auront aucune répercussion sur les parts de marché ou les bénéfices pendant des mois, voire des années. Enfin, une chose est sûre, les objectifs financiers n'apportent pas aux employés d'aujourd'hui le soutien dont ces derniers ont besoin.

En revanche, une définition commune de ce que l'entreprise devrait être stimule les initiatives personnelles, la sagesse, la délégation de pouvoir et la volonté de prendre des risques pour accomplir les actions qui semblent les plus adaptées. Dans un contexte où il est important d'agir vite, les entreprises ne peuvent pas se permettre d'attendre que les décisions soient avalisées à l'étage supérieur. C'est pourquoi tous les employés doivent disposer d'une vision très claire, susceptible de les guider dans la gestion de leurs propres actions, pour que ces dernières restent toujours en conformité avec les objectifs de l'entreprise.

Les meilleures visions inspirent et guident l'action

Songez à quelques visions bien pensées et voyez à quel point elles ont à la fois inspiré et aidé les employés à comprendre ce qu'ils devaient faire pour servir le client. Prenez, par exemple, la règle d'or de L.L. Bean, l'une des plus importantes entreprises américaines de vente par correspondance : « Vendez un produit de qualité, en réalisant une marge raisonnable, traitez vos clients comme des personnes à part entière, et ils reviendront vous voir. »

Ou encore la devise adoptée par Ford dans les années 1980 : « La qualité, objectif numéro un. »

Ces grandes visions expriment, en termes simples, l'objectif de l'entreprise. Leurs garants en feront comprendre toute l'importance en les répétant fréquemment et en les appliquant à toutes les situations.

La vision prend corps à mesure qu'elle s'infiltre dans l'organisation. Chaque service, chaque collaborateur doit appréhender et comprendre l'impact de la vision de l'entreprise sur le travail quotidien. Chacun doit créer sa propre représentation de la façon dont il va servir le client. Ces visions doivent non seulement renforcer la vision centrale de l'encadrement, mais aussi exprimer les différentes aspirations s'inscrivant dans la lignée du but premier de l'entreprise. C'est une démarche d'appropriation de la fonction et de recherche d'identité.

Pour montrer à quel point la vision peut transformer le travail quotidien, rappelons l'anecdote de cet homme de ménage recruté dans le cadre du programme Apollo, dans les années 60. Interrogé sur ce qu'il faisait, il s'était appuyé sur son balai et avait répondu : « Je nous aide à aller sur la lune. »

Une mutuelle d'assurances a un jour exprimé la vision suivante : « Les avantages mutualistes sont destinés aux hommes. Il ne s'agit pas tant de savoir si les formulaires sont remplis et les chèques encaissés que de savoir si les gens sont soignés lorsqu'ils sont malades, s'ils obtiennent de l'aide lorsqu'ils en ont besoin. »

Cette vision est très clairement centrée sur le client. Il n'y est question ni de l'administration, ni du traitement des dossiers, ni des tâches habituelles des employés des services sociaux. L'accent est mis sur l'aide. N'est-ce pas là le raisonnement que nous attendons des services qui gèrent notre protection sociale ?

Les employés de l'industrie aéronautique peuvent être inspirés par une autre vision : « Fabriquer les composants qui feront que les avions seront suffisamment fiables pour que nous y fassions voyager nos familles en toute confiance. »

Le directeur d'une entreprise de création graphique voit ainsi son métier : « Capturer l'essence de l'entreprise sous forme visuelle. »

Malgré tous leurs talents, les professionnels des données chiffrées sont rarement des poètes. Un groupe de financiers chargé d'élaborer une vision au cours d'un séminaire a ainsi exprimé sa raison d'être : « Parvenir avant trois ans à donner aux responsables les rapports qu'ils demandent au moment où ils le demandent. »

Leurs collègues leur ayant fait remarquer que sur l'échelle de l'inspiration, cette formulation serait probablement créditée d'un score négatif, ils firent une deuxième tentative. L'objectif de formuler une vision les a obligés à réenvisager la question : Pourquoi nous levons-nous le matin ? Ils cherchèrent, se disputèrent, voulurent abandonner et cherchèrent encore avant de produire le résultat suivant : « Nous sommes détenteurs d'informations ignorées de tous et qui peuvent constituer un véritable avantage compétitif. Non contents de fournir aux dirigeants les données qu'ils nous demandent, nous commercialiserons désormais la mise à disposition des informations qu'ils sont susceptibles d'utiliser pour s'assurer un avantage concurrentiel. »

Toujours pas beaucoup de poésie là-dedans, mais certainement une bonne raison pour se lever le matin ! Au moment où ces hommes se sont interrogés sur l'utilité de leur travail, il s'est passé quelque chose qu'aucun discours de la direction n'aurait pu produire. Leur nouvelle vision était née. Il s'agissait de leur propre vision, en accord avec le but de l'entreprise, mais non dictée par la direction. Ils ont fixé eux-mêmes leurs objectifs.

Mettre en œuvre la vision choisie

Le travail le plus difficile consiste à communiquer cette vision à tous les membres de l'organisation, afin qu'ils partagent un engagement profond. Le dirigeant est l'acteur qui fait de la vision une réalité. Il doit :

- la communiquer en permanence ;
- établir des objectifs concrets, des défis qui peuvent sembler impossibles et qui sont pilotés par cette vision ;
- encourager les autres à créer leur propre vision en cohérence avec le secteur de l'entreprise qui les concerne ;
- mettre en pratique la vision dans son comportement de tous les jours.

La compagnie British Airways est ainsi parvenue au succès, en exprimant clairement sa vision puis en la répétant constamment. Colin Marshall, son président, a amorcé la transformation de la compagnie, alors paralysée par une bureaucratie inefficace, en une championne du service clients, grâce à un séminaire sur sa nouvelle vision intitulée « le client avant tout » (*Putting People First*). Les 35 000 employés de l'entreprise ont suivi ce séminaire.

Un an plus tard, une autre formation a été organisée sur le même sujet. Marshall sait à quel point il est important de répéter inlassablement sa vision pour montrer que l'on pense vraiment ce que l'on dit. Les employés de British Airways ont assisté en 1990 à la cinquième version du programme « le client avant tout ». Le message est passé [4].

À long terme, les entreprises et leurs dirigeants réussissent à concrétiser leur vision en mettant l'accent sur un aspect différent chaque année, en fonction des différents défis qui se présentent. Lors de sa privatisation, la société Nippon Telephone a fait appel à un ancien responsable de la construction navale, Hisashi Shinto, pour transformer l'organisation en entreprise privée. La vision de Shinto était celle d'une entreprise qui servirait ses clients au lieu de servir sa propre bureaucratie. Pendant la première année, il a envoyé à chaque employé un petit parchemin avec un message de quatre caractères écrit de sa propre main : « *kyakka shoko* » (réflexion sur nos imperfections). Plus tard, la privatisation étant bien avancée, il choisit un slogan anglais, symbole de l'ampleur internationale qu'il voulait donner à l'entreprise : « Best Service ».

Il s'agit sans doute de l'un des meilleurs slogans possibles, compte tenu de sa concision et de sa clarté.

Affirmer la vision choisie pour fédérer les énergies

Lorsqu'une entreprise déclare ouvertement ses principes et que son personnel partage cette vision, un réseau efficace est créé parce que les employés ont fixé des objectifs liés les uns aux autres.

Ce fonctionnement en réseau est sans aucun doute la forme la plus efficace dont puisse se doter une organisation, quelle qu'elle soit. Les employés directement en contact avec les clients peuvent ainsi prendre des décisions sans attendre leur approbation par la hiérarchie. Et lorsqu'ils se trouvent confrontés à un problème, qu'il s'agisse d'un défaut de fabrication, d'une plainte d'un client, ou d'un nouveau contact commercial, vous pouvez être sûrs que les différents membres du réseau réagiront de façon similaire.

Aux États-Unis, la situation des compagnies aériennes au cours des années qui ont suivi la déréglementation de 1978 illustre de façon vivante, d'une part ce qu'il en coûte de ne pas parvenir à créer une organisation soudée et homogène et, d'autre part, le dynamisme qu'il est possible de rétablir dès lors qu'un dirigeant incarne une vision claire. N'importe quel manager peut en tirer aujourd'hui des enseignements.

Les premières années de la déréglementation ont engendré des guerres tarifaires douloureuses. Il est devenu évident que seuls les acteurs les plus efficaces survivraient. Or, les acteurs les plus efficaces sont généralement les plus gros. En effet, seule une grande compagnie pouvait réaliser des économies d'échelle tout en conservant sa clientèle sur de nouvelles voies aériennes.

Les dirigeants des compagnies aériennes pensaient que la redistribution des cartes était évidente : il fallait constituer des compagnies de plus en plus grosses, du jour au lendemain, soit en achetant d'autres compagnies, soit en se laissant acheter. Une véritable orgie de fusions s'ensuivit. Ce fut une époque démente.

Malheureusement, les fusions n'ont pas abouti à la création de nouvelles organisations unies par une vision commune centrée sur le client. Bien au contraire, elles ont engendré une grande confusion. Des employés habitués à opérer différemment devaient se battre tous les jours pour réussir à travailler ensemble. Les clients avaient à supporter de véritables affronts et personne ne semblait s'en soucier. Les pannes informatiques, les problèmes de communication et l'agressivité des employés leur rendaient la vie de plus en plus dure. Les économies d'échelle escomptées devenaient rarement réalité.

American Airlines a adopté une démarche différente. Au-delà des avantages illusoires des fusions, cette compagnie a cherché à maîtriser la complexité du service client à une époque caractérisée par l'instabilité. Elle refusa de prendre part au jeu des fusions.

American Airlines avait préparé un « plan de croissance » ne nécessitant aucune fusion. Elle cherchait à créer une compagnie qui serait non seulement plus importante mais également mieux perçue par les clients.

La vision de Robert Crandall, son Président, était claire. American Airlines devait être un transporteur capable de mettre en place un système complet de liaisons aériennes, commercialement rentable, et associé à une organisation irréprochable dans les moindres détails liés au service des clients. Par la même occasion, il prévoyait de commander de nouveaux avions et d'assurer de nouvelles liaisons. Il engagerait de nouveaux membres d'équipage qui pourraient être initiés aux méthodes commerciales d'American Airlines et dont les salaires seraient, au départ, inférieurs à ceux imposés par les syndicats.

Crandall n'exprimait pas sa vision dans un style concis et suggestif dans lesquelles le plan de croissance était exposé en trois pages. American Airlines soutenait qu'une force de travail partageant une vision commune pourrait travailler plus efficacement et fournir un meilleur service qu'un ensemble confus obtenu par voie de fusions. Les dirigeants d'American Airlines s'efforçaient sans cesse d'apprendre à chaque employé comment se concentrer sur l'image future de l'entreprise.

Ce plan de croissance n'est pas un véritable plan au sens où nous l'entendons habituellement. Il peut être considéré comme une vision, une sorte d'image de ce que l'entreprise devrait être. Il est placé en exergue du livret remis à chaque collaborateur et ne fixe aucun objectif quantifiable. Il commence ainsi :

« Plan de croissance :

La stratégie d'American Airlines pour faire face aux enjeux de la déréglementation des compagnies aériennes est appelée plan de croissance. Les principaux composants du plan de croissance sont le développement d'un système de routes complet et rentable et la réduction des différences entre nos prix et ceux des transporteurs les moins chers.

Pour soutenir et étendre le leadership établi par American Airlines dans le secteur du transport aérien, chaque employé doit se concentrer sur le plan stratégique de la compagnie.

Plan stratégique :

Nous devons maintenir les bases mêmes de nos activités, ce qui signifie :

- exploiter la flotte caractérisée par la plus haute sécurité, la meilleure maintenance et la plus haute fiabilité du secteur ;
- soutenir le rythme du plan de croissance ;
- capter la plus grande part du chiffre d'affaires du secteur ;
- préserver notre réputation par l'excellence des services ;
- gérer efficacement nos ressources et avantages concurrentiels ;
- réduire en permanence nos coûts et éliminer les gaspillages.

American Airlines est un prestataire de services. C'est pourquoi nous devons nous efforcer par tous les moyens de conserver les bonnes grâces de tous nos clients. Nous devons être performants et être perçus par le public comme le leader de la qualité grâce à :

- l'adoption de normes élevées, que nous nous efforcerons de dépasser ;
- le respect de notre engagement en matière de sécurité, de qualité et de fiabilité ;
- la compréhension que le succès d'American Airlines, et donc les succès individuels de ses employés, dépendent de la satisfaction du client. »

Ce plan appelle également à la dignité et au respect, à tenir les engagements envers les employés et à améliorer les conditions de travail , à une écoute attentive, et à l'encouragement des suggestions.

Comme toute autre vision, le plan de croissance d'American Airlines aurait pu être rejeté par les employés. Beaucoup ont d'ailleurs réagi de cette façon, mais ils ont finalement appris à se comporter, dans une large mesure, comme le plan de croissance le leur suggérait. Crandall et les autres dirigeants de la compagnie travaillaient en effet sans relâche pour refléter dans leur propre comportement chacun des aspects de ce plan. À l'heure où d'autres présidents de compagnies aériennes étaient occupés à s'acheter les uns les autres, Crandall s'adressait fréquemment à ses 70 000 employés. La compagnie organise encore chaque année vingt-cinq à trente séminaires, dirigés par le président. La plupart des employés assistent à au moins une réunion par an et aucune de ces rencontres ne se termine sans qu'une réponse ait été apportée à chacune des questions. La compagnie envoie également un bulletin quotidien d'informations à tous les employés. Efficace ? Il le semble. De récentes enquêtes ont indiqué que les employés considèrent les annonces officielles de ce bulletin comme plus fiables que tous les bruits informels circulant dans les couloirs.

Crandall est un patron très dur. Probablement trop dur parfois. Mais il peut être considéré comme un grand meneur d'hommes. Du fait de la concentration d'American Airlines sur quelques principes fondamentaux d'organisation, le personnel collabore efficacement. American Airlines a été la plus ponctuelle de toutes les compagnies aériennes américaines et celle qui a annulé le moins de réservations pour cause de surbooking. Tout aussi important, le tarif moyen rapporté au nombre de sièges par kilomètre a baissé depuis 1982 tandis que celui de ses concurrents, United Airlines et Northwest Airlines notamment, a augmenté. La puissance de la vision d'American Airlines se traduit, d'une part, par la satisfaction des clients et, d'autre part, par celle des collaborateurs occupant les emplois les plus modestes.

Retour aux sources : Newport News retrouve ses racines

Même si la plupart des entreprises d'aujourd'hui ne savent pas comment faire de leur vision une réalité pour leurs employés, nous assistons néanmoins à une reconnaissance croissante de l'importance de la vision. En effet, à la fin des années 80, même Tenneco, le conglomérat qui avait fait disparaître le monument élevé par Newport Shipbuilding à la mémoire de Collis P. Huntington, avait fini par le comprendre.

En 1985, Tenneco enregistrait un taux moyen de rentabilité peu spectaculaire de 8,2 % [5]. En 1987, amorçant une transition impressionnante, cette société récupérait le monument Huntington dont elle avait fait don à un musée et le réhabilitait à l'entrée du chantier naval.

L'enseignement est clair : la vision fait toute la différence.

PLAN D'ACTION

- Revoir toutes les affirmations d'intention et les slogans que votre organisation ou votre groupe de travail a utilisés au cours des dernières années. L'un d'entre eux permet-il de faire passer une image vivante, illustrant bien ce à quoi votre organisation est censée ressembler et la façon dont elle devrait servir le client ? Si ce n'est pas le cas, utilisez avec vos collègues la section « Les outils permettant de créer une vision » de la page 285 et formulez, à nouveau, la vision. Une personne extérieure au groupe de travail peut souvent être de très bon conseil.

- Rappeler en permanence votre vision à votre organisation, à vos collaborateurs et à vos fournisseurs. Ne laissez pas passer un seul jour sans y faire référence.

- Aider les autres membres de votre entreprise à créer leur propre vision, compatible avec la vision globale, mais adaptées aux fonctions qu'ils occupent.

- Interrogez-vous régulièrement sur votre propre comportement. Traduisez-vous vos paroles dans vos actes ? Vos actions incarnent-elles la vision ?

NOTES

1. L'histoire des cours dispensés dans le cadre du *Civil Communications Section* est racontée par Kenneth Hopper dans « Creating Japan's New Industrial Management : The Americans as Teachers », *Human Resource Management* (été 1982), pp. 13-14, et Robert Chapman Wood, *A Lesson Learned and a Lesson Forgotten*, Forbes, pp. 70-78.
2. Peter Kuykendall, 22 février 1990 (inédit).
3. Bohl, Don Lee, ed., *Close to the Customer : An American Management Association Research Report on Consumer Affairs* (New York, 1987).
4. Naturellement, le programme est connu chez British Airways par ses initiales PPF. Pour plaisanter, les employés prétendent que ces initiales ne signifient pas « Putting People First » mais plutôt

« Pounding People Flat » c'est-à-dire « épuiser les gens », tant ces sessions de formation sont intenses. Cette déformation indique qu'un travail en profondeur est nécessaire pour que chacun comprenne ce que la qualité du service impose aux salariés. Chez British Airways, ce programme a indubitablement aidé les employés à créer leur propre vision et les a incité à mieux servir les clients.

5. Ces données et d'autres données relatives à la rentabilité des différentes compagnies aériennes dans les années 80 sont tirées de *Forbes Annual Report on American Industry* (8 janvier 1990).

3

FAIRE ENTENDRE LA VOIX DU CLIENT DANS L'ENTREPRISE

« Contentez-vous d'être à l'écoute du client et apprenez à agir en fonction de ce qu'il vous a dit. »

Charles Lazarus,
Directeur général, Toys 'R' Us [1]

Trop d'entreprises pensent que leurs clients sont capricieux, difficiles à contenter et que leur « égocentrisme » indique simplement qu'ils ne savent pas apprécier les bons produits. Il s'agit là d'une façon de penser dangereuse dont les études ont montré qu'elle peut être absolument désastreuse. Les recherches indiquent que, dans un nombre croissant d'entreprises, une grande partie des clients est suffisamment insatisfaite pour faire appel à un concurrent. Toutefois, 4 % seulement des clients insatisfaits se plaignent. Ainsi, pour une réclamation reçue, quatre-vingt-six clients insatisfaits n'expriment jamais leur mécontentement !

Mauvaise nouvelle, certes. Mais pire encore : entre 65 % et 90 % des clients insatisfaits ne faisant pas de réclamation ne font plus jamais appel au fournisseur. Ils disparaissent ainsi, sur la pointe des pieds, sans mot dire. Si vous perdez de cette façon des clients apparemment dociles, qui ne se plaignent jamais, toute votre entreprise est vouée à l'érosion puisque vous ne saurez jamais ce qui leur a déplu, ni comment remédier aux erreurs [2].

En fait, les meilleurs dirigeants ont découvert une tactique extrêmement précieuse. Ils investissent dans les réclamations, ou plutôt dans leur traitement. Pourquoi ? Une étude a permis d'établir que le fait d'inviter les clients à se plaindre pourrait bien être la meilleure tactique commerciale qui soit. 9 % seulement des clients qui taisent leur mécontentement (pour une valeur d'achat de l'ordre de 400 francs ou plus), seraient prêts à faire à nouveau appel au fournisseur. En revanche, lorsque les clients se plaignent effectivement, et que leurs problèmes peuvent être résolus rapidement, un pourcentage impressionnant de 82 % est prêt à faire de nouveau appel au fournisseur [3]. Enfin, à condition d'être bien gérées, les réclamations des clients contiennent des informations précieuses sur les problèmes de l'entreprise et les éventuels nouveaux produits pour lesquels une demande est perceptible.

Le professeur Jagdish N. Sheth, de l'Université de Caroline du Sud, estime que le remplacement d'un client moyen entraîne, pour l'entreprise, des coûts cinq fois supérieurs à ceux qui auraient permis de garder ce client. Les entreprises qui ne savent pas entendre la voix du client dépensent donc des millions en actions commerciales et en marketing pour remplacer les clients qu'elles perdent. Elles n'en comprennent pas mieux pour autant pourquoi leur entreprise traverse des difficultés.

Gérard Mulliez. Contrairement à une idée encore trop répandue, la personne mécontente d'un produit ou d'un service rapporte de l'argent à l'entreprise, à condition qu'elle fasse l'effort d'expliquer le motif de son insatisfaction. En fait, le point essentiel réside dans le comportement du personnel. S'il est de qualité, il saura prendre en compte les réactions du client.

Si une entreprise prend en considération les plaintes de ses clients, elle accroît ses chances de réussite. L'ennui, c'est que le consommateur exprime rarement ses doléances. On aurait bien tort de s'en réjouir : la plainte est le révélateur d'une imperfection dans le système de production ou de distribution. À condition, bien sûr, de veiller à distinguer la réclamation motivée de la récrimination fantaisiste ou abusive.

L'hôtellerie américaine met un formulaire à la disposition de chaque client afin qu'il puisse faire part de ses remarques et suggestions. Une excellente démarche commerciale, qui n'est malheureusement pas suivie d'effets satisfaisants : au lieu d'apporter une réponse précise et appropriée aux problèmes soulevés, la direction des établissements se contente souvent d'adresser une lettre standard, attitude qui n'est pas de nature à encourager les réclamations. À grand tort, car il ne faut jamais manquer une occasion d'inciter le client à revenir. ◪

Les exigences du client, moteur de toute l'organisation

La seule façon correcte, et la plus rentable, de gérer une entreprise consiste à ériger en priorité les exigences de la clientèle. Vous éviterez ainsi de mécontenter les utilisateurs. En écoutant ceux qui sont satisfaits et ceux qui ne le sont pas, vous utiliserez les informations recueillies pour améliorer vos prestations. En fait, les entreprises soucieuses du client adoptent cette définition transformatrice de l'entreprise, recommandée par Theodore Levitt, de Harvard Business School : « L'industrie est un processus de satisfaction du client et non un processus de production de biens. »

Apprenez à connaître votre client aussi bien que votre propre famille, donnez-lui entière satisfaction et vous réussirez.

Cela vous paraît impossible ? Vous n'y croyez pas ?

N'importe qui peut accorder au client un rôle prépondérant dans l'entreprise. Le secret du succès est que chaque membre de la société sans exception, à commencer par le chef d'entreprise, doit évaluer chaque action en fonction des besoins, des attentes et des exigences du client. Toute action ne représentant pas de valeur ajoutée pour le client doit être éliminée.

Vous pouvez ainsi aboutir à des attitudes orientées vers le client, à condition de réunir trois conditions, certes difficiles, mais pas irréalisables.

- Tout d'abord, ciblez votre clientèle. Dans la plupart des entreprises, cette décision est prise par la direction. Par la suite, en fonction de la vision de l'entreprise et de la compréhension, par les dirigeants, du marché le plus adapté, les différents groupes de travail doivent, à leur tour, identifier leurs clients internes. Il s'agit des membres de l'entreprise qui utilisent le produit de leur travail et qui doivent eux-mêmes être satisfaits pour que l'entreprise puisse, en bout de chaîne, contenter ses clients externes.
- Deuxième point : apprenez à connaître vos clients mieux qu'ils ne se connaissent eux-mêmes. Toute votre entreprise doit s'efforcer d'identifier ce dont les clients ont besoin, ce qu'ils attendent, à court et long termes.
- Troisième point : incitez chacun des membres de votre entreprise à mesurer chaque action en fonction des besoins et des attentes du client, en s'efforçant en permanence de dépasser ces attentes.

Qui sont vos clients ?

Toute personne dont les décisions déterminent la réussite de votre entreprise est votre client. Il peut s'agir d'un groupe complexe, composé de nombreux niveaux hiérarchiques, mais il est indispensable, pour assurer votre réussite commerciale, de les connaître et de les servir sans exception. La plupart des services de l'entreprise travaillent en réalité pour trois types de clients :

1. Le client final. Les utilisateurs réguliers de vos produits ou services, dont vous espérerez qu'ils seront enthousiasmés.

2. Le client intermédiaire. Il s'agit le plus souvent de distributeurs ou concessionnaires qui commercialisent vos produits et services auprès du client final.

3. Le client interne. Ce sont les membres de votre entreprise qui utilisent le travail que vous avez fourni et exécutent la fonction suivante dans la chaîne, au service des clients intermédiaires et finaux. Le client interne peut être l'opérateur suivant sur la chaîne de montage ou, si vous êtes chef d'entreprise, quelqu'un qui se trouve en dessous de vous dans l'organisation hiérarchique. Le client interne d'un P-DG est souvent son collaborateur principal ou sa secrétaire. Si les instructions préparées à l'intention de ces derniers ne sont pas suffisamment claires, elles ne pourront pas être correctement exécutées.

Gérard Mulliez. S'il y a débat sur la commercialisation d'un produit ou d'un service, c'est toujours le client final qui a le dernier mot... C'est lui qui décide des achats et de la marche des affaires. Le satisfaire relève donc de l'obligation absolue. Néanmoins, le client intermédiaire peut aussi se montrer très utile : s'il est heureux de l'article fourni ou du service rendu, il y a fort à parier que le client final le sera davantage encore...

Prenons l'exemple du textile. Compte tenu des contraintes du circuit de fabrication traditionnel – filature, teinture, tissage, confection, stockage, livraison en magasin –, on était jadis obligé de commander les tissus très longtemps à l'avance. Il s'écoulait un an ou plus avant la réception de la marchandise !

Aujourd'hui, on préfère le « circuit court » qui consiste à lancer les produits sous forme de séries limitées : on détermine la gamme de tissus et de coloris qui plaisent à la clientèle, et on réduit les délais de livraison à quelques semaines. Grâce à la diminution des frais financiers, le client intermédiaire y trouve son compte et peut baisser les prix de vente... Le client final n'est pas le dernier à s'en réjouir. Dans un contexte très concurrentiel où l'offre est supérieure à la demande, les économies de gestion finissent toujours par profiter au client final. En totalité ou en partie seulement, selon qu'on lui rétrocède l'ensemble des gains réalisés ou qu'on en réserve un pourcentage au développement de l'entreprise. Les dirigeants de chaînes spécialisées sont souvent passés maîtres dans l'art d'utiliser cette marge de manœuvre. Benetton fabrique des chandails en écru et ne les teint qu'au dernier moment, en fonction de la demande. Il raccourcit ainsi le circuit de production, améliore la productivité industrielle et rétrocède une bonne part des gains réalisés. Aujourd'hui, il propose des produits nettement moins chers qu'il y a vingt ans... pour le plus grand bonheur de ses clients. ◪

Pour certaines entreprises, les clients intermédiaires sont tout aussi importants que les clients finaux. Un banquier spécialisé dans les hypothèques pourra, par exemple, constater que ses clients les plus importants sont les agents immobiliers qui recommandent aux acquéreurs des banquiers spécialisés dans les hypothèques. Un fabricant de produits alimentaires tel Campbell's Soup doit satisfaire les responsables des supermarchés qui attribuent la surface de vente et les linéaires aux différentes lignes de produits.

À l'inverse, bien que les clients intermédiaires soient absolument vitaux, il arrive parfois qu'une attention démesurée leur soit accordée. Ne laissez pas vos clients intermédiaires (ou vos clients internes) vous faire perdre de vue le client final. Si vous ne satisfaites pas le particulier qui veut acquérir une maison ou le client qui achète vos boîtes de soupe, votre rentabilité est vouée à l'échec. Vous risquez même de détruire votre entreprise. Dans les années 1960 et 1970, les constructeurs automobiles américains avaient tendance à considérer les concessionnaires comme les clients les plus importants. Il s'agissait là d'une attitude à courte vue. En effet, les concessionnaires ne voyaient pas de raison de se plaindre de défauts de fabrication, dans la mesure où ils gagnaient aussi de l'argent sur les réparations. Pour leur part, les utilisateurs finaux n'étaient pas aussi tolérants, en particulier lorsqu'ils avaient l'occasion de faire la comparaison avec des voitures importées de plus haute qualité.

Pour un chef d'entreprise, identifier ses clients est une étape décisive. En 1981, Jan Carlzon a révolutionné la compagnie aérienne Scandinavian Airlines (SAS) qui enregistrait des pertes importantes, en arrivant à la conclusion que les hommes d'affaires étaient les seuls clients à fidéliser. Au milieu d'une récession mondiale rapide, il avait en effet constaté que les hommes d'affaires constituaient la seule source stable de revenus sur les lignes desservies par SAS. Il annonça alors que l'objectif de SAS était de devenir la meilleure compagnie aérienne du monde pour les voyages d'affaires. SAS devait donc comprendre intimement les attentes de ces clients et inciter les employés à mesurer chaque action en fonction de leurs besoins spécifiques. Carlzon communiqua sa conception du voyageur d'affaires à toute l'entreprise. Par la suite, SAS élimina certains services qui ne répondaient pas aux besoins de la clientèle ciblée, y compris le département qui assurait la promotion des vols les moins fréquentés. La compagnie organisa à l'intention de 12 000 employés, des cours de formation sur les services destinés aux hommes d'affaires et veilla à de petits détails : servir par exemple sur tous ses vols des olives pour accompagner les martinis, apéritif le plus souvent commandé par cette clientèle. L'EuroClass

SAS, la « première classe affaires » devint l'une des meilleures de la profession. Les bénéfices de la compagnie augmentèrent de 80 millions de dollars à une époque où la plupart des compagnies enregistraient des pertes considérables [4].

Choisir qui vous voulez servir est un défi à la fois subtil et exigeant, le premier d'importance auquel se trouve confrontée une entreprise qui cherche à se remettre sur pied. Vous pouvez vous dire que vous avez bien choisi vos clients si les conditions suivantes sont remplies :

1. Les clients ont des exigences que vous pouvez satisfaire et ils sont en mesure de s'assurer que vos prix sont en conformité avec le service que vous fournissez.
2. Votre entreprise dispose d'avantages fondamentaux (ou est en mesure de les créer) qui lui permettront de s'assurer une part de marché rentable, en répondant à ces besoins mieux que quiconque.

Apprendre à connaître son client

Une fois que la direction a défini qui seront les clients, l'organisation tout entière doit se mobiliser pour ce travail sans fin qui consiste à comprendre ces clients. Les hommes d'affaires avisés comprennent souvent leurs clients de la même façon (et parfois mieux) qu'ils se comprennent eux-mêmes.

L'entreprise désireuse d'accroître ses parts de marché doit alors se lancer constamment des défis pour répondre à quatre questions :

1. Quels sont les besoins et les attentes des clients et, parmi ces besoins ou attentes, quels sont ceux qui sont prioritaires pour eux ?
2. Dans quelle mesure répondons-nous à ces besoins et à ces attentes ?

3. Dans quelle mesure nos concurrents y répondent-ils ?
4. Comment pouvons-nous aller au-delà du minimum qui satisfera nos clients, pour vraiment les enthousiasmer ?

La première étape est simple. Demandez à vos clients dans quelle mesure vous répondez à leurs attentes pour l'instant. Donnez-leur l'occasion de vous dire ce qu'ils veulent, les points sur lesquels vous vous trompez et ceux où vous réussissez. Les entreprises qui procèdent régulièrement de la sorte et agissent en fonction des résultats obtenus, en tirent des avantages considérables.

Prenons l'exemple de Red Lobster, la plus grande de toutes les chaînes américaines de restaurants spécialisés dans le poisson et les fruits de mer. Red Lobster réalise un chiffre d'affaires de plus d'un milliard de dollars chaque année et sert près de 35 000 tonnes de poissons et fruits de mer. Chaque mois, un questionnaire est envoyé à 15 000 clients, leur demandant de comparer Red Lobster à quinze concurrents. Si les goûts des clients changent et que ces derniers souhaitent voir ajouter un nouveau plat au menu, cette nouvelle tendance est, en principe, mise en évidence par les enquêtes. Les restaurants Red Lobster serviront ce plat pratiquement du jour au lendemain. Cette société pense disposer ainsi d'un avantage concurrentiel.

Si vous souhaitez un exemple concret de ce que peut être une communication approfondie avec les clients, reportez-vous au questionnaire destiné aux clients des hôtels Marriott, reproduit à la page 97. Aujourd'hui, Marriott n'utilise plus ce formulaire. La chaîne préfère envoyer directement des questionnaires encore plus détaillés à un petit échantillon de clients, choisis au hasard. Toutefois, il donne un bon aperçu de l'ensemble d'informations dont une entreprise peut avoir besoin. À partir de ces données, provenant chaque mois de milliers de clients différents, Marriott est beaucoup plus à même de prendre des mesures permettant d'améliorer sa qualité.

L'esprit d'écoute permanente

Les meilleurs professionnels ne cessent jamais d'être à l'écoute de leurs clients. Dans le chapitre 7, nous verrons comment créer un système quantitatif rigoureux, permettant de déterminer ce que veut le client, si vous répondez déjà à ses attentes, et dans quelle mesure chacune des procédures de votre entreprise contribue à vos succès ou à vos échecs. Toutefois, les professionnels qui écoutent vraiment la voix du client commencent à poser des questions bien avant la conception de toute enquête scientifique. À chaque occasion, ils demandent « Que pensez-vous de nos prestations ? », « Comment pourrions nous faire mieux ? »

La psychologue Ellen Langer explique que nous sommes souvent tellement prisonniers de nos habitudes que nous sommes incapables d'entendre de nouvelles informations. Écoutez attentivement certains hommes d'affaires parler à leurs clients et vous constaterez à quel point cela est vrai. Ils ont tellement souvent entendu les clients dire que le service était « bon », qu'ils hochent la tête sans réfléchir plutôt que d'écouter attentivement et de poser des questions tests lorsqu'un client répond par une phrase laissant entendre qu'il n'est pas vraiment satisfait, par exemple : « Vos services sont corrects, mais... » Ils deviennent intellectuellement paresseux.

Les commerciaux vraiment soucieux du client apprennent à ne jamais répondre sans réfléchir. Ils préparent toujours, à l'avance, de nouvelles questions. Ils s'arrangent pour poser, au cours d'un même entretien, celles qui leur semblent les plus importantes et également certaines questions ouvertes, comme par exemple : « Comment pouvons-nous rendre votre séjour plus agréable encore ? » De cette façon, les clients ont l'occasion de formuler activement leur propre version de leurs besoins. Si leurs commentaires laissent envisager des opportunités pour un nouveau produit, ou des problèmes sur un produit standard, l'entreprise pourra prendre des mesures en conséquence.

Les commerciaux les plus habiles poursuivent leur enquête, même lorsque leur entreprise a mis au point des études hautement scientifiques. Car même dans les meilleures d'entre elles, il manque généralement certaines informations qui peuvent être importantes. Par ailleurs, les attitudes des clients changent fréquemment, invalidant ainsi à chaque fois les hypothèses sur lesquelles les études sont fondées. Enfin, un client particulier peut très bien avoir une observation « pertinente » à faire, qu'une étude formelle ne permettrait pas de connaître. Le manager qui, loin de se contenter de la lecture des rapports, pose de nombreuses questions, saura comment le marché évolue et comment réagir.

La qualité des services étant difficile à quantifier, les entreprises omettent souvent de demander l'opinion de leurs clients à ce sujet. Le modèle structuré proposé par les chercheurs de Texas A&M University peut servir de guide en ce domaine. Ces chercheurs ont déterminé qu'en matière de qualité des services, l'expérience du client pouvait être découpée en cinq aspects, faciles à mémoriser par l'acronyme FAIRE :

- **Fiabilité :** la capacité à fournir ce qui a été promis, de façon précise et fiable.
- **Accueil :** la compétence et la courtoisie des employés et leur capacité à inspirer confiance.
- **Image :** les locaux, les équipements et la présentation extérieure du personnel.
- **Réactivité :** la volonté d'aider les clients et de fournir un service rapide.
- **Empathie :** le degré d'attention individuelle accordée aux clients [5].

Si vous savez dans quelle mesure vous donnez satisfaction à vos clients sur chacun des cinq aspects du service (FAIRE), et si vous êtes conscient de la valeur ajoutée (proportionnelle au prix) que vous créez, vous connaissez le niveau de qualité de votre service et vous disposez ainsi d'un excellent guide pour l'améliorer.

Demandez-vous également :

- Quelles sont les performances de vos concurrents sur chacun de ces points ?
- Si vos clients ont d'autres idées quant à la façon dont vous pourriez encore ajouter de la valeur à leur expérience.

Évitez les questions trop directes de type « Êtes-vous satisfait ? ». Les clients disent souvent qu'ils sont satisfaits pour éviter de vous heurter ou parce qu'ils pensent qu'ils n'obtiendront rien de plus s'ils se plaignent. Parfois, ils ne disposent d'aucune norme permettant les comparaisons. Une étude effectuée par Forum Corporation pour le compte d'une banque californienne a révélé que 40 % des clients ayant qualifié un service de « correct » ou « insuffisant », se sont dits satisfaits malgré tout. Que se passerait-il si une autre banque leur proposait un service qu'ils puissent considérer comme « excellent » ? Ils changeraient immédiatement de fournisseur !

« Je suis satisfait » signifie simplement « Je trouve vos prestations acceptables ». Il ne s'agit pas là d'un bon point de départ pour la fidélisation du client.

D'autres types de méthodes peuvent être utilisés pour préparer des entretiens avec le client et organiser les données relatives à la qualité recueillies auprès de ce dernier. Pour des exemples, reportez-vous à la partie « Les outils de la dynamique du client » page 280.

Pourquoi les clients ne se plaignent-ils pas ?

Si vous pensez effectuer du bon travail simplement parce que vos clients ne se plaignent pas, réfléchissez un peu. La plupart des gens se plaignent rarement lorsqu'ils auraient des raisons de le faire. Voici pourquoi ils ne le font pas :

1. **Ils pensent que leur réclamation ne changera rien.** Ils savent que la majorité des employés n'est pas formée pour gérer des réclamations. Dans la plupart des cas, lorsque vous manifestez votre mécontentement, la personne que vous avez devant vous reste impassible et n'a rien à répondre. Alors, à quoi bon se fatiguer ? N'avez-vous jamais eu cette attitude, notamment devant un employé d'un service public ?
2. **La plainte demande du temps.** Essayez de vous rappeler la dernière fois que vous avez voulu vous plaindre à une entreprise, ou faire des compliments à son patron. Vous avez sûrement remarqué que, pour que votre intervention soit efficace, vous deviez connaître le nom du collaborateur, celui de son supérieur hiérarchique, vérifier l'adresse, rédiger la lettre puis l'affranchir et la poster. Tout cela représente du travail.
3. **Cette situation les met mal à l'aise et leur démarche risque d'être ressentie comme de l'arrogance.** La plupart des clients n'aiment pas se plaindre. Peu de gens sont de vrais spécialistes de la réclamation, c'est-à-dire des personnes qui veulent que vous sachiez ce quelles pensent, sans se soucier de ce que vous pensez d'elles.

Autre raison, enfin : la concurrence est devenue si dure et permet un tel choix, qu'il est plus facile de changer de fournisseur que de se plaindre.

Au-delà des principes de base : vivre avec ses clients

Pour comprendre ses clients, il faut aller au-delà des simples questionnaires, entrer dans leur vie, les voir utiliser les produits ou les services, découvrir leurs aspirations et leurs habitudes, leurs espoirs et leurs craintes. De cette façon, nous serons en mesure de répondre rapidement à leurs besoins essentiels, de les devancer même.

La chaîne d'hôtels Marriott parvient souvent à cette relation étroite avec le client. Elle recherche en permanence de nouvelles façons de communiquer avec lui. Voici quelques-unes des tactiques qu'elle utilise :

- Marriott investit le temps de ses cadres dans **la sollicitation et l'analyse des commentaires des clients**. En 1988, le Président Bill Marriott Jr. a personnellement lu 10 % des 8 000 lettres et 2 % des 750 000 questionnaires retournés chaque mois par les clients [6].
- Marriott a procédé à des dizaines d'études de marché. Elle envoie chaque année **des milliers de questionnaires extrêmement détaillés**. Elle invite ses clients à venir visiter des chambres témoins pour en arrêter la décoration.
- Marriott consulte et étudie ses clients pour savoir comment la chaîne peut réagir face à la concurrence. Si Holiday Inn propose un petit déjeuner continental complet dont le prix est inclus dans celui de la chambre, Marriott saura, en l'espace de quelques semaines, si ses clients aimeraient bénéficier d'un service équivalent. [7]
- Marriott a analysé la population qui fréquente ses hôtels et **réparti les clients en différentes catégories**. Les spécialistes de Marriott peuvent, par exemple, prédire comment chaque type de voyageurs réagira face à un service donné. Comment une nouvelle politique adoptée en matière de gestion du personnel sera per-

çue par des hommes d'affaires voyageant seuls, dans quelle mesure elle plaira aux clients qui viennent en séminaires ou à ceux qui fréquentent ses hôtels en touristes.

Les entreprises les plus performantes, dont Marriott fait partie, sont sans cesse à l'écoute. Elles réalisent qu'elles sont engagées dans une lutte sans fin.

Les résultats chez Marriott ? Le taux d'occupation des chambres est généralement supérieur de 10 %, en moyenne, à la norme du secteur [8] et la chaîne a eu une rentabilité supérieure de 20 % à la moyenne au cours des dix dernières années.

De nombreuses techniques peuvent aider une entreprise à connaître les souhaits profonds de ses clients. Nous en étudierons quelques-unes dans les pages qui suivent. Vous pourrez les utiliser pour aider votre entreprise ou votre groupe de travail à s'adapter à ses clients.

Investir dans les réclamations

Les entreprises les plus habiles encouragent les réclamations puis utilisent ces dernières pour s'attaquer aux causes de l'insatisfaction du client. Elles proposent par exemple des numéros d'appel gratuit. Un client peut appeler vingt-quatre heures sur vingt-quatre pour poser une question, se plaindre ou faire des compliments.

Dans certains secteurs, les entreprises téléphonent aux clients pour solliciter des réclamations. Nissan téléphone à chaque client ayant fait l'acquisition d'un véhicule neuf ou qui l'amène à l'atelier pour des réparations ou des contrôles sous garantie. L'objectif est de remédier à toutes les insatisfactions dans les vingt-quatre heures [9].

General Electric effectue également, dans ce domaine, un travail remarquable. Le manuel de l'utilisateur livré avec tous les appareils de cette marque indique un numéro d'appel gratuit pour obtenir une assistance de toute nature. Au départ, General Electric craignait de ne pas pouvoir gérer tous les appels et de ne pas pouvoir supporter les coûts d'une telle opération mais il n'en fut rien. Au contraire, General Electric a, par ce moyen, non seulement réalisé des économies mais accru son chiffre d'affaires.

Comment cela est-il possible ? Tout d'abord, les numéros d'appel gratuit donnent à General Electric la possibilité de suivre la façon dont ses produits sont utilisés et pourraient être améliorés. L'entreprise a donc l'occasion de prendre des mesures préventives. Au centre national de traitement des appels de General Electric, à Louisville, chaque spécialiste qui répond dispose d'un ordinateur relié à une base de données contenant les réponses à plus de 750 000 questions. Admettons que vous ayez appelé au sujet d'un réfrigérateur. Votre appel n'est pas mis en attente pendant que le personnel du centre essaie de trouver un gourou du réfrigérateur. La personne qui vous répond affiche directement à l'écran un certain nombre d'informations relatives à votre modèle et commence le diagnostic par téléphone.

General Electric fait ainsi preuve d'une attitude positive face au client et évite beaucoup de dérangement et de coûts inutiles. L'écoute du client est sans doute la façon la moins coûteuse et la plus rentable de gérer une entreprise.

Le numéro d'appel gratuit permet également de traiter les demandes d'informations sur les produits. Grâce au système informatique, l'opérateur peut identifier le concessionnaire agréé General Electric le plus proche, indiquer au client les heures d'ouverture et donner des instructions spécifiques au magasin.

L'entreprise estime que General Electric dépense entre 2,50 et 4,50 dollars pour un appel classique et que les avantages en termes d'économie (moins de retours sous garantie) et de ventes supplémentaires sont deux à trois fois supérieurs. Comme le dit le directeur du centre de Louisville : « La plupart des entreprises ne comprennent pas que le service client contribue aux ventes. » [10]

Les liens directs avec le client

Quelquefois, et surtout depuis l'avènement des nouvelles technologies, vous pouvez établir avec le client des liens directs, encore plus efficaces qu'un numéro d'appel gratuit.

Toute vente intervenue dans un magasin de confection Benetton, de n'importe quelle ville du monde, est aussitôt enregistrée de façon à préciser sa catégorie, sa couleur et sa taille. Ces données sont transmises si rapidement, grâce à l'informatique, à la maison mère de Trevino, en Italie, que chaque centre régional peut passer des commandes aux usines pour fabriquer en plus grands volumes tel ou tel article qui se vend bien, donnant par exemple l'ordre de teindre des pull-overs dans les coloris les plus à la mode et faire en sorte que ces derniers soient disponibles en magasin, à des milliers de kilomètres de là, avant la fin de la saison.

Ces retours d'informations directs, s'appuyant sur de nouvelles technologies, peuvent être particulièrement utiles à des groupes de travail pour communiquer avec des clients internes situés dans un autre établissement de l'organisation. Subaru of America enregistre sur cassette vidéo les problèmes constatés sur les véhicules au moment de leur débarquement sur les docks. Si, par exemple, une batterie est déchargée, on enregistre sur la cassette la description du problème, en anglais et en japonais, et l'on filme le numéro de série du véhicule. La cassette est dupliquée puis immédiatement envoyée par avion au Japon où les techniciens qui ont travaillé sur les véhicules la visionnent [11]. Ainsi, ils ne risquent pas d'oublier les erreurs détectées.

Courtiser le client

Une fois que vous avez décidé que le client doit être votre priorité numéro un, vous pouvez découvrir des dizaines de façons de vous rapprocher de lui.

« Groupes cibles » et cassettes vidéo des clients. Un « groupe cible » est un groupe de clients ordinaires, interrogés sur votre entreprise et ses concurrents. Les discussions menées dans de tels groupes permettent souvent d'obtenir des réponses à des questions qu'il serait difficile d'inclure dans des questionnaires écrits. Binney & Smith, fabricant des crayons Crayola, réunit régulièrement des « groupes cibles » d'enfants, âgés de huit ans et plus. Pour maximiser les effets sur l'entreprise, il est possible de filmer les clients puis de faire connaître leurs commentaires et les émotions qu'ils ont manifestées en faisant circuler la cassette dans toute l'entreprise. Le « groupe cible » a probablement un plus grand impact lorsque les dirigeants y assistent et entendent les plaintes des clients. Rien ne peut faire changer aussi radicalement l'attitude d'un cadre.

Visites des dirigeants chez les clients. Dans toutes les entreprises, le dirigeant peut apprendre beaucoup en rendant régulièrement visite aux clients. Le fait d'entendre directement le client produit plus d'effet sur les gens qu'un millier de rapports et de courbes, aussi précis soient-ils.

Visites des employés chez les clients. Bethlehem Steel a envoyé certains de ses opérateurs de laminage visiter les usines des clients. Les clients étaient ravis. Une usine sur le point d'annuler une commande s'était plainte à la direction de Bethlehem de défauts dans une plaque d'acier, mais sans aucun résultat. Lorsque les membres de l'équipe de laminage eurent eux-mêmes constaté les défauts, les problèmes furent résolus dès le lendemain.

Apprendre aux « premières lignes » à écouter et à retransmettre. Les collaborateurs qui prennent connaissance d'exigences non satisfaites des clients et se donnent la peine de faire remonter ces informations au sein de l'organisation, doivent devenir des « héros ». Faites comprendre à votre personnel que l'un des principaux aspects de son travail consiste à écouter le client et à retransmettre à la direction les informations obtenues, même si ce n'est pas ce qu'elle aime le plus entendre. Lorsque Honda Motors a lancé ses premières motos aux États-Unis en 1959, son président avait décrété que l'entreprise se concentrerait sur les grosses cylindrées, comparables à celles que les constructeurs américains vendaient alors. Toutefois, lorsque les commerciaux constatèrent que les Californiens s'adressaient à eux pour acheter les petits scooters Supercub, les moins onéreux, ils ont réussi à faire passer le message auprès des cadres supérieurs, ce qui a abouti finalement à un renversement complet de la stratégie commerciale. Les scooters Honda connurent un grand succès dans les années 1960 [12].

Faire vivre l'expérience du client à vos collaborateurs. Trouvez des moyens de vous forcer à regarder votre produit à travers les yeux du client. Ken Olsen, directeur et fondateur de Digital Equipment, a un jour décidé d'emmener ses cadres sur les docks où avaient lieu les expéditions d'ordinateurs. Il remit alors à chacun une pince à levier, puis leur demanda de déballer un ordinateur et de le monter. Ce petit exercice permettait de simuler l'expérience du client qui reçoit un produit Digital.

Aidez vos clients à vous comprendre

Certaines entreprises ont tendance à gaspiller leur argent en formulant des promesses qu'elles ne pourront pas tenir et qui ne peuvent que décevoir leurs clients. Pensez seulement au slogan de Delta Airlines « Delta Is Ready When You Are » (Delta est prêt quand vous l'êtes), ou à celui d'Holiday Inn « No Surprises Guaranteed » (Pas de surprises, c'est promis). Comment une entreprise peut-elle tenir ce genre de promesses ? Du reste, ces deux sociétés ont fini par trouver de nouveaux slogans mais combien de ressources humaines et financières ont-elles été gaspillées à force de trop promettre [13].

Si la direction approuve de tels messages, il n'est pas étonnant que les employés mentent aux clients en promettant plus que l'organisation n'est en mesure de fournir. Des études effectuées par Forum Corporation indiquent que les clients attendent de leurs fournisseurs de la fiabilité avant toutes choses [14]. En promettant trop, l'entreprise s'expose à perdre ses clients. De même, fournir à ses clients des modes d'utilisation incompréhensibles empêche l'entreprise de faire apprécier ses produits comme ils le devraient. Il faut donc apprendre à communiquer de façon honnête et précise pour améliorer les perspectives commerciales à long terme.

Comme nous l'avons vu au début de cet ouvrage, une étude réalisée par Technical Assistance Research Programs, a permis d'établir qu'un tiers seulement des motifs d'insatisfaction des clients était dû à des défauts inhérents aux produits et services (c'est-à-dire des défauts de fabrication et des erreurs de traitement administratif que les programmes de qualité essaient généralement de corriger). Les deux autres tiers sont dus à l'incapacité de communiquer [15].

La communication avec les clients devrait pourtant être simple. Elle consiste à :

- Fixer des attentes réalistes.
- Admettre explicitement les limites du produit.
- Expliquer clairement comment utiliser le produit ou le service.

En procédant de la sorte, vous pouvez dépasser les attentes que vous avez vous-même fixées. Ainsi, au lieu de se mettre en colère en découvrant que le produit ou le service n'est pas conforme à ce qu'il espérait, votre client sera agréablement surpris de vos performances et vous sera fidèle.

Comités consultatifs de clients. La Bank of America a organisé des comités consultatifs de clients, c'est-à-dire des groupes de clients se réunissant régulièrement pour conseiller l'entreprise. À cette occasion, des collaborateurs de la banque ont bombardé les clients de questions pendant plus d'une heure. La banque demandait aux différentes équipes chargées de prendre des mesures de se réunir immédiatement après les sessions afin de planifier les changements nécessaires pour répondre aux exigences formulées. Elle a également envoyé des enregistrements vidéo des sessions à toutes ses agences.

Évaluations après-vente. Suivez vos clients pendant les quatre-vingt-dix jours, l'année ou les trois ans qui suivent l'achat de votre produit. Ford effectue même des études portant sur les acheteurs de ses véhicules d'occasion, jusqu'à cinq ans après la fabrication.

Questionnaires sur les produits et services des concurrents. Efforcez-vous de demander à vos clients non seulement si vous répondez à leurs attentes mais aussi si vos concurrents le font. Essayez de savoir si vos concurrents font mieux que vous.

Réclamations sur cassette vidéo. À l'aéroport d'Heathrow à Londres, et à l'aéroport Kennedy à New York, British Airways a mis en place des salles spéciales pour permettre aux clients d'effectuer des réclamations par vidéo. Au lieu d'aller trouver un agent de la compagnie (dont le client sait qu'il n'a pas envie de l'entendre se plaindre et qu'il est peu susceptible d'agir), un passager mécontent peut simplement entrer dans l'une de ces salles, appuyer sur un bouton et faire part de son mécontentement.

Formation à la compréhension du client. Dans le cadre de leur formation professionnelle aux « relations clients », certains employés de Meridian Bancorp ont dû chausser des lunettes dont les verres avaient été enduits de vaseline puis remplir des bordereaux ou compter de l'argent avec deux doigts seulement, les trois autres étant immobilisés avec du sparadrap. La direction voulait leur donner une idée de ce que peuvent ressentir leurs clients âgés souffrant d'un glaucome ou d'arthrite [16].

Enfin, votre famille, vos amis, vos connaissances peuvent vous donner des conseils. Ils peuvent vous expliquer, plus clairement qu'une personne qui vous est étrangère, les bons et les mauvais côtés de votre produit. Michael Eisner, président de Walt Disney Company, a fait de sa femme et de ses trois fils un « groupe cible ». Eisner a imaginé le dessin animé du samedi matin, « Gummi Bears », après avoir remarqué que l'un de ses fils manifestait une passion particulière pour les bonbons gélifiés, en forme d'ours, qui portaient ce nom [17].

Autre point important : les membres de votre organisation peuvent utiliser toutes ces techniques pour améliorer leur compréhension de leurs clients internes autant que du client final.

Mettez-vous à la place du client

Toutes ces méthodes pour connaître le client peuvent néanmoins s'avérer insuffisantes. Elles contribuent certes à transformer votre entreprise, mais un concurrent est toujours susceptible de faire mieux en allant un peu plus loin encore. Pour servir au mieux vos clients et surpasser les concurrents, vous devez vous efforcer d'entrer en contact avec le client puis de bien réfléchir à ce que vous avez vu et entendu afin de déceler d'éventuels besoins auxquels le client n'a peut-être même pas pensé.

Nintendo est devenue la société la plus rentable du Japon en commercialisant un jeu informatique qui était considéré comme technologiquement obsolète dès son introduction sur le marché. L'approche de Nintendo différait en tout de celle des autres constructeurs de jeux et ordinateurs. Cette société a pris le temps d'étudier ses clients potentiels pour savoir comment obtenir un succès soutenu. Nintendo a réfléchi à l'utilisation qui serait faite de sa machine par les particuliers et s'est assurée qu'elle serait en mesure de leur proposer, à des prix abordables, tous les produits complémentaires qu'ils pourraient souhaiter. Bien que ces machines présentent peu d'avantages techniques par rapport aux produits concurrents d'Atari, de Coleco ou même d'IBM PC Jr., Nintendo a ainsi créé le meilleur produit électronique grande consommation depuis le magnétoscope. Cette société a donc marqué des points pour avoir écouté *et* réfléchi.

Le psychologue français Clotaire Rappaille, président de Archetype Studies, suggère que les hommes d'affaires doivent comprendre les archétypes de la pensée d'autrui. Il s'agit là des idées fondamentales que les êtres ont sur les choses, des idées résultant de leur éducation. Si un produit correspond à ces idées fondamentales, il peut trouver une place dans leur vie. S'il n'y correspond pas, il ne vous reste plus qu'à faire évoluer le client pour qu'il puisse apprendre à utiliser le produit.

Rappaille cite le cas d'un fabricant français de fromages dont le produit se vendait mal aux États-Unis. Les Américains qui le goûtaient l'aimaient mais, en dépit des instructions figurant sur l'étiquette, ils conservaient ce fromage au réfrigérateur, ce qui en détruisait le goût. En Europe, l'entreprise n'avait jamais rencontré ce problème. Que faire ? Rappaille a aidé ce fabricant à prendre en compte ce que les Américains et les Européens pensent du fromage. Ils ont découvert que les Européens considèrent le fromage comme une matière vivante alors que pour les Américains, le fromage est une denrée alimentaire comme une autre. La société française a donc développé, à l'intention des consommateurs américains, un fromage « mort » qui peut être conservé au réfrigérateur.

Le professeur Theodore Levitt, de Harvard Business School, propose une autre façon d'envisager les besoins du client et a imaginé le concept de « produit total » représenté à la figure 1, page 83.

Levitt met l'accent sur le fait que, même si votre produit semble être une simple matière première (il prend l'exemple du benzène), il est bien plus qu'un simple produit chimique. Le « produit attendu », que les clients achèteront, doit être associé à certains plans de livraison, conditions de paiement et, dans la plupart des cas, à un support technique portant sur son utilisation. Le « produit augmenté » se compose d'éléments autres que le produit attendu.

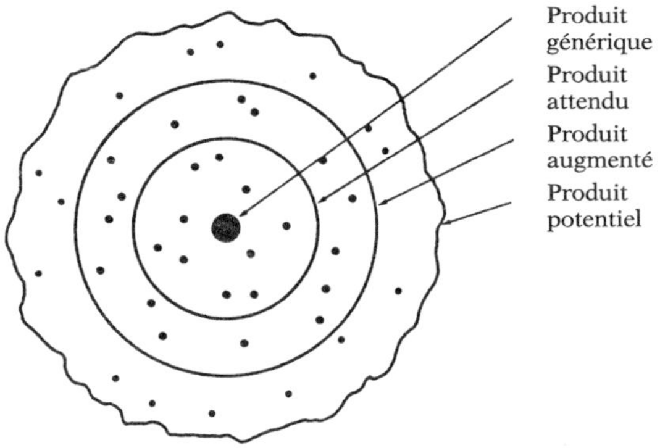

Figure 1. Le concept de produit total

Remarque : Les points, à l'intérieur de chaque cercle, représentent des activités ou attributs tangibles spécifiques. Par exemple, à l'intérieur du produit attendu, vous trouvez les conditions de livraison, les services d'installation, le service après-vente, la maintenance, les pièces détachées, la formation, l'aspect pratique du conditionnement et autres caractéristiques du même type.

Le produit augmenté inclut des « extras » spécifiques, créés par les services commerciaux pour le rendre plus attrayant, en particulier des services d'information sur les produits chimiques. À mesure que les commerciaux proposent de nouvelles valeurs ajoutées, les exigences des clients augmentent, elles aussi.

Le « produit potentiel » est une mine d'or. Non content de demander aux clients de quoi ils ont besoin, vous devez aller plus loin encore, pour découvrir chez eux des besoins latents, dont ils ne sont peut-être pas conscients eux-mêmes. Le produit potentiel est l'occasion de répondre à ces nouveaux besoins. Un collègue du professeur Levitt, E. Raymond Corey, dit que : « Le produit est égal à la somme de ses résultats. Il est l'ensemble des avantages dont le client bénéficie après l'achat... [18] »

Étant donné que le produit potentiel répond à des besoins dont les acheteurs sont inconscients, il représente un dilemme.

En effet, si ces derniers n'ont pas l'impression d'avoir un tel besoin, il est peu probable que le fait de les interroger sur leurs exigences ou attentes par un questionnaire ou un « groupe cible » puisse vous conduire au produit potentiel. Pour percer le secret, une méthode plus sûre consiste à observer vraiment vos clients lors de l'utilisation de votre produit ou de celui d'un concurrent. De cette façon, vous pourrez déceler des problèmes ou des opportunités dont ils sont totalement inconscients.

Gérard Mulliez. L'arrogance a souvent des effets dévastateurs chez un chef d'entreprise ou chez des cadres dirigeants des sociétés, comme chez des salariés qui, chargés de certains produits ou services, opèrent en contact direct avec la clientèle.

Pour les uns comme pour les autres, accepter de « se mettre à la place » du client ne signifie pas déchoir, mais suppose – il faut le reconnaître – une certaine dose d'humilité. Participant à la direction d'un ensemble d'entreprises qui emploie plus de 60 000 personnes, je pourrais fort bien, en ce qui me concerne, « prendre les choses de haut » et me contenter de gérer à partir des résultats... Seulement voilà : des résultats, on n'apprend pas grand-chose !

Il me paraît beaucoup plus essentiel de savoir si les équipes de direction de l'entreprise ont les bons réflexes.

Pour en être sûr, je vais « sur le terrain ». Je me rends dans les magasins Auchan. J'y fais mes courses comme n'importe quel client. Et très régulièrement, je tombe soit sur un prix mal indiqué soit sur une présentation contestable... Je crois à l'existence d'une sorte d'état de grâce pour les chefs d'entreprise. Surtout pour ceux qui, à la différence des financiers, vivent intensément leur passion.

Je désire si profondément, si sincèrement voir mon client bien servi que j'ai fini par développer une connaissance intime de ce qui doit lui être proposé. S'il existe une anomalie quelque part, c'est inévitable, je tombe dessus. On dira sans doute que mon approche est mauvaise puisqu'elle relève d'un management négatif. Je suis conscient qu'il serait préférable de pratiquer davantage le management positif, de saluer ce qui marche bien, de louer le personnel quand il le mérite, pour l'inciter à « se mettre en permanence à la place du client » et à refuser toute décision négligeant l'intérêt de la clientèle. Mais c'est une méthode efficace et j'y tiens. À la seule visite d'un magasin, je suis en mesure de déterminer approximativement le degré de satisfaction du consommateur, en fonction de paramètres certes subjectifs... mais terriblement concrets !

Ai-je pu garer ma voiture sans difficulté ? Sans attendre ? Aller jusqu'au magasin sans salir mes chaussures ? Sans patauger dans les flaques d'eau ? Trouver sans le chercher un caddie qui roule bien ? L'intérieur de l'hypermarché est-il vraiment propre ? Les articles sont-ils en bon ordre sur les rayons, les affichages clairs, cohérents ? Si je ne trouve pas le produit que je suis venu chercher, l'employé à qui je m'adresse se montre-t-il spontanément attentif, indifférent, ou franchement désagréable ? Autant de questions qui peuvent paraître « terre-à-terre » et secondaires, mais qui, en réalité, sont essentielles. Une entreprise comme Auchan se doit de faire gagner du temps au client, certainement pas de lui en faire perdre par des affichages compliqués, inappropriés, ou tout simplement trop anciens.

Si dix personnes font la queue à l'entrée de l'un de nos restaurants « Flunch », par exemple, je sais que le gérant de l'établissement fait mal son travail. Pourquoi n'a-t-il pas mobilisé du personnel supplémentaire ? Pourquoi l'hôtesse de caisse n'a-t-elle pas demandé du renfort, appelé à l'aide ?... On pense souvent qu'il s'agit là de questions mineures. On se trompe lourdement, et en ce cas, on n'a pas sa place dans le monde commercial des affaires.

Qu'est-ce qu'une entreprise, sinon une multitude de détails accolés les uns aux autres ? Qu'est-ce qu'une entreprise qui marche, sinon une société où tous ces détails sont réglés, au moins dans une proportion de 900 pour 1 000 ? La firme concurrente qui n'en prend que 800 en considération connaît, elle, des difficultés à répétition !

Chaque détail a son importance : c'est lui qui va faire la différence entre ceux qui gagnent de l'argent et ceux qui en perdent... Le nombre de personnes qui se sentent mal traitées est souvent beaucoup plus important qu'on ne l'imagine.

Entrez dans une boutique qui propose des camescopes. La plupart du temps, le vendeur vous explique en long et en large le mode de fonctionnement de ces merveilleux appareils, mais il en oublie la raison d'être... Ce n'est pas une mécanique qu'il faut vendre, mais un besoin : le bonheur de filmer les premiers pas de votre enfant, de lui faire cadeau ensuite de cette cassette « historique »... Ce bonheur-là n'a pas de prix. Même les vendeurs d'Auchan ont trop tendance à se focaliser sur des considérations d'ordre technique. Ils ont affaire à des industriels férus de science et soucieux de faire valoir les progrès de la technologie, les qualités de leur matériel, sa petitesse, sa légèreté... Ils se comportent comme si l'usage du produit allait de soi.

Tout chef d'entreprise a l'obligation absolue de « se mettre à la place du client ». Sinon, il est condamné : il n'a aucune possibilité de vérifier si ses collaborateurs jouent le jeu. L'une des principales difficultés de l'univers professionnel, c'est d'apprendre aux salariés à rechercher l'attitude la mieux adaptée à la clientèle. À eux de vérifier, chaque fois qu'ils prennent une décision, que le consommateur aura tout lieu d'être satisfait.

Doit-on privilégier la productivité ou le « confort » de la clientèle ? Le dilemme est quotidien dans le secteur de la distribution. Le directeur de magasin, s'il est doté d'une courte vue, choisira de maintenir des files d'attente aux caisses. Il aura l'impression de préserver sa sacro-sainte productivité par salarié. Sans s'apercevoir qu'il risque de perdre ses clients, faute de s'être mis à leur place, d'avoir compris que dix minutes d'attente après deux heures de courses mettent les nerfs à rude épreuve.

Si une file d'attente se forme à la caisse d'un hypermarché, l'hôtesse de caisse, désireuse de « presser le mouvement », s'énerve. Loin de gagner du temps, elle ne réussit qu'à en perdre... Le client, qui a déjà patienté un bon moment, se trouve dans un état de forte tension. Il lui envoie des « ondes négatives » et elle-même, à force de subir ce type d'agression, finit par manifester son irritation !

Chez Auchan, pour échapper à l'engrenage de ces réactions en chaîne, nous avons institué le « BAM » – bonjour, au revoir, merci –, devenu par la suite le « SBAM » – sourire, bonjour, au revoir, merci » – et nous en avons fait l'objet d'une véritable formation. Certains membres du personnel suivent même des cours d'analyse transactionnelle qui leur sont aussi très utiles dans la vie familiale. Résultat : la tension nerveuse des hôtesses de caisse a diminué. Quand elle comprend que sa fonction ne consiste pas seulement à enregistrer les paiements mais aussi à diffuser un rayonnement positif auprès de la clientèle, l'hôtesse de caisse retrouve un sens à son travail. Mais le « SBAM » a aussi un effet « déstressant » sur les clients. Certains en arrivent à dire bonjour les premiers ! Une victoire. Victoire plagiée par la concurrence ! Ce qui prouve que nous sommes sur la bonne route.

Actuellement, notre règle d'or, c'est de faire en sorte qu'il n'y ait jamais plus d'un client en situation d'attente à la caisse. Nous avons mis au point une organisation sophistiquée qui tient compte du nombre d'entrées et du temps moyen passé dans le magasin. Et nous nous efforçons de respecter ce principe de base : ne jamais laisser se former une queue.

Ce que nous avons à vendre, tant aux clients qu'au personnel de l'entreprise, c'est aussi du bonheur. Ce n'est ni une clause de style, ni une idée en l'air, encore moins une boutade. C'est au contraire une idée force, d'une extrême importance. Pourquoi avons-nous été mis au monde sinon pour donner du bonheur et en recevoir, donner de l'amour et en recevoir ? Qu'est-ce que le commerce, sinon précisément donner et recevoir ?

Ainsi, dans nos établissements de restauration, la disparition des files d'attente s'est traduite par un augmentation sensible de la clientèle. Tout simplement parce que la qualité de ce que nous offrons, ou plutôt la qualité de ce « détail » de notre offre, l'a emporté sur celle de nos concurrents.

Dans ce cas, comme dans d'autres, le plus difficile réside bien dans la formation de chacun des membres de l'entreprise. Prendre ses décisions en fonction de la clientèle, et pas seulement en fonction du compte d'exploitation, suppose un certain niveau de sensibilisation et d'exigence sur le détail. Il s'agit d'obtenir que l'organisation soit toujours à la hauteur de la situation. Il y faut à l'évidence une certaine passion, constante, opiniâtre. La passion du client !

Les besoins du client comme norme pour évaluer le succès

Dès lors que vous êtes proches de vos clients, vous êtes sur la voie de l'avantage concurrentiel réel. Lorsque leurs besoins et attentes deviennent des normes de référence, en fonction desquelles toute votre organisation mesure ses efforts et sa volonté, les clients constateront que vous dépassez toujours leurs attentes. Ils feront alors l'expérience de l'enthousiasme et répondront d'une façon formidable : par la fidélité.

Toutefois, pour inciter les employés à mesurer leurs efforts et leurs résultats en fonction des besoins et des attentes du client, il est important de les leur faire connaître et de leur montrer que vous croyez profondément qu'il est possible et important d'y répondre. La plupart des entreprises omettent cette étape, partant du principe que leur personnel connaît déjà les besoins du client. Pourtant, les employés des « premières lignes » risquent, dans ce cas, de passer à côté de certains points apparemment évidents. Or, lorsque les entreprises n'abordent pas les besoins du client, il est rare que les employés prennent l'initiative de poser des questions.

Même sans connaître tous les détails, un simple aperçu des besoins de l'utilisateur peut faire une grande différence. Au début des années 80, les opérateurs de soudage travaillant sur la chaîne d'assemblage des Chevrolet Camaos, oubliaient souvent une soudure permettant de fixer une petite attache au-dessus du pare-brise. Or, sans cette soudure, les pare-soleils de la voiture ne pouvaient pas être installés. En fin de ligne, un ouvrier devait donc enlever la moquette et le garnissage, mettre la pièce de fixation en place puis replacer la moquette et le garnissage. Cette opération coûtait d'autant plus cher à General Motors, que la réparation en question permettait rarement un parfait montage de la pièce de fixation et du pare-soleil, et une parfaite remise en place de la moquette et du garnissage. Dès qu'un ingénieur put montrer aux opérateurs de soudage de la chaîne d'assemblage le but de la pièce de fixation et la difficulté de réparation, le problème cessa [19]. Ainsi, le simple fait d'expliquer pourquoi un travail est important et utile au client peut souvent transformer l'attitude de l'employé et la qualité de son travail.

Les besoins des clients doivent être constamment enseignés, mis en valeur et rendus concrets pour le personnel.

Réaffirmez leur importance en toute occasion. Toutes les réunions d'employés sont autant d'opportunités de parler du client. Les sessions de formation sont également une occasion appropriée, même si le thème principal de la formation n'est pas directement lié au client, par exemple s'il s'agit d'informatique ou de procédures de conformité à la réglementation. Ryder Systems à Miami (Floride) a ainsi rebaptisé son centre de formation en « centre d'études du client ». Presque tous les cours mettent désormais en avant ce que l'entreprise connaît des besoins des clients [20].

Vous et votre client : l'histoire d'un partenariat

Les entreprises utilisent trois termes pour décrire les firmes auprès desquelles elles s'approvisionnent : vendeurs, fournisseurs ou partenaires. Quel est aujourd'hui celui qui décrit le mieux votre relation avec votre client ?

- Les **vendeurs** commercialisent un produit standard et décrochent souvent leurs contrats en proposant les prix les moins élevés. Lorsque j'achète des serviettes en papier ou de l'aspirine, je considère les différents fabricants de ces produits comme des vendeurs. Ne remarquant pas de différence entre eux, j'achète en fonction du prix. Les vendeurs sont comparables à des distributeurs automatiques. Leur travail est mécanique et ils sont facilement remplaçables. Si votre client vous considère comme un vendeur, vous avez peu de chances de fournir un service à forte valeur ajoutée ou de réaliser des marges intéressantes.

- Les **fournisseurs** proposent des produits ou des services qui ne sont pas standard, comme par exemple des circuits intégrés d'ordinateur ou des pigments pour peintures. Le client s'appuie sur leur expertise. Les fournisseurs sont donc générateurs d'une plus grande valeur ajoutée et peuvent réaliser des marges plus importantes que les vendeurs. Le client obtient davantage parce que, pour maintenir leur position, les fournisseurs doivent sans cesse innover en fonction de leur compréhension des besoins du client. Les entreprises deviennent souvent des fournisseurs rentables et dignes de confiance aux yeux des clients sensibles aux prix, à partir du moment où elles savent démontrer en quoi leur produit ou service est unique. Toutefois, le statut de fournisseur ne permet pas aux entreprises de tisser les meilleures relations commerciales possibles. Ces dernières ne pourront s'établir que si le vendeur et l'acheteur deviennent des partenaires.
- **Partenaires.** En devenant un partenaire, vous brisez les murs existant entre vous-même et le client. Vous vous engagez de façon durable et vous mobilisez toutes vos ressources pour connaître à fond votre client et les clients de votre client. Votre entreprise peut alors vraiment s'enorgueillir de donner au client une place primordiale. Vous encouragez ce dernier à comprendre précisément ce dont vous êtes capable et vous créez une « chaîne de valeur ». Une entreprise travaillant en partenariat avec ses clients, s'intéressera aux clients du client. Les fabricants de vêtements qui se fournissent chez des fabricants de tissus par exemple, ou bien les agriculteurs qui travaillent avec des fabricants d'engrais. L'entreprise pourra ainsi mieux comprendre les besoins de son client direct.

La relation de partenariat est fondée sur la confiance, une vision commune de l'avenir, un libre échange d'informations, la franchise et des perspectives à long terme. Elle est donc un excellent point de départ pour concevoir, créer et fournir des produits ou services d'envergure mondiale.

Même si votre client ne vous fait pas suffisamment confiance pour vous considérer comme un partenaire, il faut essayer d'établir ce type de relations. Ford a invité ses clients à conduire le Ford Explorer avant son lancement sur le marché afin de suggérer des améliorations. Si Ford, par ses programmes de contact avec les clients, ou General Electric, via son centre de traitement des appels, considèrent leurs clients comme des partenaires, leurs efforts auront toutes les chances d'être payés de retour par la fidélité d'un nombre plus important de clients. Un client qui vous considère comme un partenaire attentif et talentueux sera un client à vie.

Analyse des messages du client

De nombreuses entreprises reçoivent, chaque jour, des centaines de « messages » du client. Ces dernières peuvent prendre la forme de demandes de réparation pour des produits endommagés, de demandes de modification de produits ou de cartes-réponse déposées dans une boîte « suggestions ».

Dans les entreprises les mieux gérées, ces messages sont suivis d'actions. Le personnel répond aux demandes du client et les managers règlent les problèmes dont ils ont connaissance. Toutefois, s'il ne se passe rien de plus dans votre entreprise, vous passez à côté d'une grande partie des avantages dont vous pourriez bénéficier à partir des informations que vos clients vous envoient.

Un système de suivi permet, par exemple, d'enregistrer les remarques des clients et d'identifier les problèmes récurrents et les priorités d'amélioration qu'il n'est pas possible de repérer par une simple écoute occasionnelle.

Pour analyser les commentaires des clients, vous devez :

1. Apprendre à distinguer les sentiments (colère, frustration...) des faits réels. Dans votre analyse, vous enregistrerez :

- les émotions exprimées,
- les attentes exprimées,
- les perceptions du produit ou service,
- d'éventuelles suggestions d'amélioration.

2. Grouper ces informations au moyen d'une technique informelle, par exemple en comptant les commentaires positifs et négatifs et en les classant en fonction de l'aspect de votre travail auquel ils se réfèrent. Ainsi, un patron de restaurant pourra grouper les commentaires positifs et négatifs selon qu'ils concernent les plats, la salle, le service, etc.

3. Une fois que vous aurez procédé à ces enregistrements pendant une période donnée (un mois par exemple), essayez d'utiliser l'une des techniques présentées dans la partie « outils » pour procéder à une analyse plus formelle. Par exemple :

- **courbe de tendance** (page 298) indiquant le nombre de réclamations ou de compliments enregistrés chaque semaine.
- **analyse du champ de forces** (page 292) utilisant les réclamations des clients comme force motrice et les causes réelles des réclamations comme élément modérateur.
- **stratification** (page 333), en comparant le nombre moyen de réclamations lorsque, par exemple, un chef est chargé de la cuisine, avec le nombre moyen de réclamations lorsqu'un autre chef est en fonction.

La courbe de tendance obtenue peut ressembler à ceci :

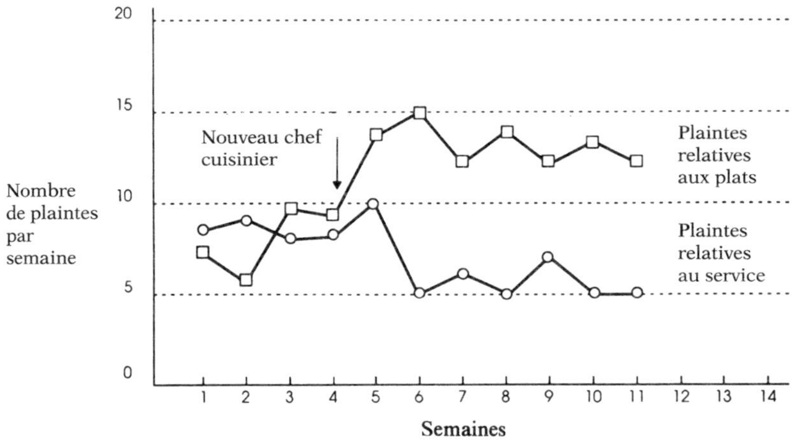

Figure 2. Courbe de tendance des plaintes.

Ce type de suivi et de représentation des commentaires du client facilite l'exploitation des informations et fait ressortir les améliorations nécessaires.

PLAN D'ACTION

- Si, au cours des dernières vingt-quatre heures, vous n'avez pas eu l'occasion de demander à un client ce qu'il pense de vos services, décrochez dès maintenant votre téléphone et appelez-en un.
- Assurez-vous que vous avez soigneusement identifié les clients intermédiaires et finaux sur lesquels votre entreprise doit se concentrer et que chaque membre de votre organisation en a été informé.
- Identifiez vos « clients internes ». Le travail que vous leur fournissez est-il utile au client final ?

- Demandez sans cesse à vos clients ce qu'ils pensent de votre service. Aidez-les à vous fournir des réponses détaillées qui aideront tous les membres de votre organisation à s'améliorer. Demandez-leur aussi ce qu'ils pensent de vos concurrents et ce que vous pouvez faire de plus.
- Allez au-delà des questionnaires pour trouver d'autres formes de communication plus créatives permettant de rester en contact, depuis des visites de membres de l'encadrement jusqu'à un enregistrement électronique, en temps réel, des tendances commerciales (utilisez les exemples repris dans ce chapitre pour vous donner des idées).
- Investissez dans les réclamations des clients. Encouragez-les à se plaindre lorsqu'ils sont insatisfaits et utilisez les informations fournies à cette occasion pour améliorer vos opérations.
- Mettez en place un système vous permettant de faire connaître à travers toute l'organisation, à mesure que vous les découvrez, les besoins et attentes du client.
- Réorientez vos programmes de motivation du personnel afin de récompenser systématiquement les comportements servant les intérêts du client. Eliminez les primes pouvant aller à l'encontre des intérêts du client.

NOTES

1. « Ideas for the 1990s », *Fortune* (26 mars 1990), p. 40.
2. Voir Technical Assistance Research Program Inc., *Consumer Complaint-Handling in America : Final Report*, White House Office of Consumer Affairs, NTIS PB-263-082, 1980.
3. *Travelers Tribune* (février 1989).
4. Jan Carlzon, *Moments of Truth* (New York : Harper & Row, 1987). L'histoire de la réussite de Carlzon est un guide d'une exceptionnelle clarté sur le souci du client.
5. A. Parasuraman, V. Zeithaml et L. Berry, « Servqual : A Multiple-Item Scale for Measuring Customer Perceptions of Service Quality », Étude du *Marketing Science Institute Research Program*, Cambridge, Mass. 1986.
6. *Fortune,* 10 octobre 1988.
7. *Intrapreneurial Excellence,* août 1986.
8. « How Master Lodger Bill Marriott Prophesied Profit and Prospered », *Fortune*, 5 juin 1989, pp. 56-57.
9. « Focusing on the Customer », *Fortune* (5 juin 1989), p. 226.

10. Patricia Sellers, « How to handle Customers' Gripes », *Fortune* (24 octobre 1988).

11. Milind M. Lele, *The Customer Is Key* (New York : John Wiley, 1987).

12. Cette histoire est racontée en détail par Richard T. Pascale, « Perspectives on Strategy : The Real Story Behind Honda's Success », *California Management Review* (printemps 1984), pp. 47-71.

13. Ces exemples sont extraits d'une présentation de A. Parasuraman.

14. Étude de Forum Corporation portant sur 2 374 clients de quatorze entreprises différentes. Voir *Customer Focus Research : Executive Briefing, The Forum Corporation* (avril 1988).

15. John Goodman, Arlene Malech et Colin Adamson, « Don't Fix the Product, Fix the Customer », *Quality Review* (automne 1988), Édition européenne, pp. 6-11.

16. Harry Bacas, « Make It Right for the Customer », *Nation's Business* (novembre 1987), p. 49.

17. Christopher Knowlton, « How Disney Keeps the Magic Going », *Fortune* (4 décembre 1989), p. 113.

18. Theodore Levitt, *The Marketing Imagination* (New York : Free Press, 1983), pp. 72-85.

19. Maryann Keller, *Rude Awakening* (New York : William Morrow, 1989), p. 127.

20. *Customer Service Management Bulletin* (25 septembre 1987), n° 115.

Hôtel Marriott - Casa Marina Resort - OCA 539

1. Où avez-vous trouvé le présent questionnaire ?
   - ☐ Dans ma chambre d'hôtel
   - ☐ À la réception, au moment de mon départ (départ express, réception ou concierge)
   - ☐ Autre (précisez) : ______

2. Quelle appréciation globale attribuez-vous à notre hôtel ?
   - ☐ excellent ☐ bon ☐ moyen
   - ☐ acceptable ☐ mauvais

3. Comment avez-vous effectué votre réservation ?
   - ☐ Service réservation de l'hôtel
   - ☐ Numéro d'appel gratuit
   - ☐ Agence de voyage
   - ☐ Carte de réservation
   - ☐ Agence de réservation hôtelière
   - ☐ Autre : ______

4. À votre arrivée à l'hôtel, les informations relatives à votre réservation avaient-elles été correctement enregistrées ?
   - ☐ oui ☐ non

   Si vous répondez Non, cochez ci-après les informations incorrectes :
   - ☐ Nom
   - ☐ Adresse
   - ☐ Date d'arrivée
   - ☐ Date de départ
   - ☐ Type de chambre demandée non disponible
   - ☐ Prix
   - ☐ Nombre de participants (groupe)
   - ☐ Réservation non enregistrée
   - ☐ Autre : ______

5. Attribuez à chacun des aspects ci-après une appréciation :

	excellent	bon	moyen	acceptable	mauvais
Rapidité d'enregistrement	☐	☐	☐	☐	☐
Propreté et service des chambres	☐	☐	☐	☐	☐
Rapport qualité/prix de la chambre	☐	☐	☐	☐	☐

6. Comment qualifierez-vous *l'attitude* du personnel *d'une façon générale* ?
   - ☐ excellent ☐ bon ☐ moyen
   - ☐ acceptable ☐ mauvais

Veuillez évaluer séparément l'amabilité de chacune des catégories de personnel ci-après :

	excellent	bon	moyen	acceptable	mauvais
Personnel de réservation	☐	☐	☐	☐	☐
Réception	☐	☐	☐	☐	☐
Femmes de chambre	☐	☐	☐	☐	☐
Standardiste	☐	☐	☐	☐	☐
Boutique	☐	☐	☐	☐	☐
Services techniques	☐	☐	☐	☐	☐
Caissiers	☐	☐	☐	☐	☐
Concierge :					
Loge du concierge (*)	☐	☐	☐	☐	☐
Hall de l'hôtel (*)	☐	☐	☐	☐	☐

(* dans certains hôtels uniquement)

Figure 3. Exemple de formulaire d'enquête-clients

7. Tous les équipements de votre chambre fonctionnaient-ils correctement ? (Aspects relevant des services techniques) :

☐ oui ☐ non

Sinon, précisez ceux qui ne fonctionnaient pas :

☐ Climatisation
☐ Chauffage
☐ Écoulement baignoire
☐ Écoulement lavabo
☐ Température de l'eau
☐ Pression de l'eau
☐ Autre problème de plomberie de la salle de bains
☐ Téléviseur
☐ Réception chaînes de télévision
☐ Lampe chauffante
☐ Serrure porte
☐ Rideaux/Double-rideaux

8. Tous les autres appareils fonctionnaient-ils correctement dans votre chambre ?

☐ oui ☐ non

Sinon, précisez ceux qui ne fonctionnaient pas :

☐ Ampoules électriques
☐ Horloge/Radio-réveil
☐ Autre : ______________________
☐ Téléphone
☐ TV interne hôtel

9. Parmi les rubriques A à D ci-après, qualifiez celles que vous avez utilisées pendant votre séjour :

Comment qualifiez-vous les repas en général ?

☐ excellent ☐ bon ☐ moyen
☐ acceptable ☐ mauvais

A. Restaurant

Indiquez le(s) nom(s) du/des restaurant(s) :

____

☐ Petit déjeuner ☐ Déjeuner ☐ Dîner

	Oui	Non
Avez-vous rapidement obtenu une table ?	☐	☐
Votre commande a-t-elle été prise rapidement ?	☐	☐
Le service a-t-il été rapide ?	☐	☐

	excellent	bon	moyen	acceptable	mauvais
Amabilité des serveurs	☐	☐	☐	☐	☐
Qualité des plats	☐	☐	☐	☐	☐
Variété du menu	☐	☐	☐	☐	☐
Rapport qualité/prix	☐	☐	☐	☐	☐

B. Repas servis dans les chambres

☐ Petit déjeuner ☐ Déjeuner ☐ Dîner ☐ Soirée

	excellent	bon	moyen	acceptable	mauvais
Prise de commande (par téléphone)	☐	☐	☐	☐	☐
Amabilité des serveurs	☐	☐	☐	☐	☐
Rapidité du service	☐	☐	☐	☐	☐
Qualité des plats	☐	☐	☐	☐	☐
Variété du menu	☐	☐	☐	☐	☐
Rapport qualité/prix	☐	☐	☐	☐	☐

C. Bar/Cocktail

☐ de 11 à 17 h ☐ de 17 à 20 h ☐ de 20 h à la fermeture

Figure 3 *(suite)*

	excellent	bon	moyen	acceptable	mauvais
Rapidité du service	☐	☐	☐	☐	☐
Amabilité	☐	☐	☐	☐	☐
Minutie du service	☐	☐	☐	☐	☐
Qualité des boissons	☐	☐	☐	☐	☐
Rapport qualité/prix	☐	☐	☐	☐	☐

D. Banquet/Repas spéciaux
Veuillez indiquer le nom de la manifestation à laquelle vous participiez :
____

Si certains des membres de notre personnel ont été particulièrement serviables, veuillez indiquer leurs noms et fournir quelques indications sur l'aide fournie pour que nous puissions faire connaître votre appréciation :

Nom : ______________________________
Titre/Commentaire : ______________________________

10. Quel était l'objet principal de votre visite ?
☐ Loisirs ☐ Convention/Réunion de groupe/Banquet ☐ Affaire

11. Aviez-vous déjà séjourné dans cet hôtel ?
☐ Oui ☐ Non

12. Si vous vous trouviez à nouveau dans la région, retourneriez-vous à l'hôtel Marriott ?
☐ Oui ☐ Non

Si vous répondez Non, indiquez le principal motif :

☐ Autre hôtel plus pratique
☐ Qualité des chambres
☐ Qualité du service
☐ Autre :
☐ Qualité des restaurants
☐ Qualité des salles de réunion
☐ Prix

13. Combien de voyages d'affaires de plus d'une journée avez-vous effectués au cours des douze derniers mois ?
____

14. Faites-vous partie des hôtes privilégiés de Marriott (« Marriott Honored Guest Award Program ») ?
☐ Oui ☐ Non

15. Commentaires supplémentaires relatifs à votre séjour :
____
____

VEUILLEZ ÉCRIRE EN MAJUSCULES

Date d'arrivée : Date de départ :
Durée du séjour : Numéro de chambre :
☐ Monsieur ☐ Madame ☐ Mademoiselle
Nom : ______________________________
Adresse : ______________________________
Code Postal : ______________________________
Entreprise : ______________________________
Téléphone : indicatif : ______________________________
numéro : ______________________________

Nous vous remercions d'avoir pris la peine de remplir ce questionnaire qui nous permettra d'améliorer notre service

4

PRENDRE EXEMPLE SUR LES GAGNANTS

> *« En fait, je suis une bonne éponge. J'absorbe des idées et je les utilise. »*
>
> Thomas Alva Edison [1]

En 1982, les cadres d'Harley-Davidson furent sidérés lorsqu'ils visitèrent l'usine américaine de leur concurrent le plus féroce, Honda, qui avait pris 44 % du marché américain. Les amateurs de motos trouvaient que les machines moins onéreuses de Honda étaient beaucoup plus fiables que celles de Harley.

Le groupe Harley s'attendait à faire des découvertes sur la technologie perfectionnée utilisée par leur concurrent pour les surpasser. Au lieu de cela ils trouvèrent une usine sans ordinateur, sans robot, sans système sophistiqué de gestion de la production. Ils trouvèrent un personnel administratif de 30 personnes seulement, en plus des 470 ouvriers, et des salariés tout à fait satisfaits de leurs conditions de travail, à tous les niveaux.

Honda triomphait en appliquant rigoureusement le bon sens, quelque chose que Harley aurait bien fait de mettre en application dans ses propres usines. Comparant les usines d'Honda et les siennes, le président d'Harley, Vaughn Beals, déclara : « Nous avons eu du mal à croire que nous pouvions être aussi mauvais, mais nous devons avouer que nous l'étions effectivement. » [2]

Cinq ans plus tard, Harley était l'exemple même du succès. Sa part du marché américain passa de 23 à 46 % et le groupe enregistrait des bénéfices record. Que s'était-il passé ? La visite de l'usine Honda avait entraîné une révolution dans les comportements. Harley-Davidson, symbole du macho américain, devint un modèle d'humilité et de capacité à apprendre. L'entreprise décida d'étudier les meilleures pratiques utilisées dans le monde industriel, et de les adopter. Elle opta ainsi pour les meilleurs systèmes de gestion du personnel, les meilleures méthodes d'amélioration de la productivité et les meilleures stratégies de contrôle de la qualité qu'elle put trouver dans d'autres entreprises. Ces mesures remirent la société sur pied.

L'une des premières études porta sur le système de gestion des stocks de l'entreprise qui, d'après certains standards américains, était presque parfait. L'informatique gérait le processus complet, assurant le suivi des matières premières et des pièces détachées depuis leur réception jusqu'au stockage dans le gigantesque magasin central, puis leur transmission à l'intérieur de l'usine au moyen de tapis roulants.

Toutefois, après avoir étudié des usines japonaises, Beals réalisa que ce système générait des déchets. Le système japonais était fondé sur un secret très simple : Honda et ses fournisseurs produisaient chaque jour chaque catégorie de pièce en petites quantités, au lieu de fabriquer plusieurs fois par an d'énormes séries dont la production durait plusieurs mois. Lorsque les pièces étaient produites « juste à temps », en vue de leur utilisation immédiate, les entreprises économisaient des millions en évitant la dévalorisation et les frais de gestion des stocks.

Ils éliminaient ainsi les problèmes de détérioration dus au stockage, gagnaient de la place et simplifiaient le fonctionnement de l'usine entière. Lorsqu'une pièce défectueuse était découverte, sa fabrication ne remontait guère qu'à un ou deux jours. Il était donc bien plus facile d'identifier et de corriger la cause de la défaillance.

Harley emprunta à Honda son système de gestion des stocks et mit en place des systèmes de motivation du personnel et de contrôle statistique de la qualité. L'entreprise combina ces stratégies avec ses propres points forts : capacité à communiquer avec les utilisateurs américains de motos et à concevoir des machines adaptées aux besoins de ce marché. Harley devint un champion d'envergure mondiale, hautement concurrentiel non seulement dans le secteur des motocycles, mais également sur d'autres marchés. Lorsque l'armée américaine entreprit son programme de certification *(Contractor Performance Certification Program)* pour identifier les fournisseurs permettant de réduire les dépenses de l'État, Harley fut le premier agréé [3] !

L'entreprise apprenante

Les futurs champions ont un dénominateur commun : pour devenir les meilleurs, ils sont obligés d'accepter les leçons des maîtres de leur discipline. C'est également vrai des entreprises « leaders » qui procèdent à des évaluations sans pitié de leurs propres objectifs et de leurs limites. Elles s'appliquent ensuite à imiter, adapter, transformer les systèmes qui leur servent de modèles et parfois, si elles sont excellentes, à surpasser les exemples qui leur ont servi de sources d'inspiration.

Pourtant, seules quelques entreprises ont compris ce qui pouvait être accompli en repérant les méthodes qui donnent les meilleurs résultats, en les étudiant, puis en se demandant : « Comment pouvons-nous faire mieux ? » Et cette attitude n'a été acquise qu'au prix de dures leçons, infligées par des concurrents plus habiles ou plus rapides.

Le « benchmarking », ainsi qu'on l'appelle aujourd'hui, est donc une recherche attentive de l'excellence qui consiste à prendre le plus performant dans tel ou tel domaine comme norme de référence et à essayer de faire encore mieux. Peu d'entreprises sont susceptibles de réussir dans cette démarche au cours des dix prochaines années, à moins de le vouloir vraiment. Toutefois, l'expérience de toutes les entreprises qui s'y sont essayées indique que vous pouvez considérablement améliorer la qualité de vos produits et services ainsi que votre efficacité en prenant les mesures suivantes :

- Trouver des professeurs : partout dans le monde, des gens réalisent vraiment un excellent travail, dans chacune des tâches faisant partie de vos activités.
- Étudier les méthodes et les techniques de ces professeurs avec un esprit ouvert et disposé à apprendre.
- Ne jamais partir du principe que vous avez trouvé le meilleur modèle ou que vous êtes devenu le meilleur. En d'autres termes, continuer en permanence à chercher de meilleures méthodes.

Il s'agit là d'une recette très simple mais efficace.

Le succès est à vous si vous voulez bien le prendre

Le benchmarking est un outil puissant. Dans ma propre entreprise, dix responsables administratifs sont partis pour une mission d'étude intensive de deux semaines au Japon. Entre autres choses, nous nous sommes rendus compte que les meilleures entreprises ne cessent jamais d'apprendre au contact des gagnants. Des entreprises japonaises devenues des leaders mondiaux comme Toyota, Nissan ou Komatsu, continuent à passer plus de temps que la plupart des entreprises occidentales à apprendre et de toutes les sources.

La force de l'apprentissage acquis au contact des meilleures entreprises est énorme. Ce qui est arrivé à Robert Toni, ancien président de Coopervision Cilco, fabricant de lentilles de contact jetables, en est un bon exemple. Robert Toni n'a jamais connu de crise comparable à celle qui avait entraîné Harley-Davidson au bord de la faillite, mais le fait d'apprendre au contact des gagnants, en particulier Advanced Cardiovascular Systems, a transformé son entreprise de façon tout aussi radicale. Chez Advanced Cardiovascular, Robert Toni a découvert une gestion de la production parfaitement réfléchie, orientée vers la qualité, qui a mené l'entreprise à un leadership mondial dans le domaine des appareils médicaux et notamment des catheters. Toute son approche industrielle s'en est trouvée modifiée.

« Lorsque vous voyez cela, explique Robert Toni, vous vous dites que vous pouvez le faire, vous aussi, parce que lorsque vous parlez au personnel de ces entreprises, vous vous apercevez que ce sont des gens ordinaires, comme vous et moi. Ils sont simplement très fiers de ce qu'ils ont accompli.

« La disposition du centre de production d'Advanced Cardiovascular était complètement différente et notoirement plus efficace que celle de Cilco. Dans nos usines, nous avions un atelier de façonnage au tour, un atelier de fraisage, une section de nettoyage et une section de polissage. Bien sûr, en cas de malfaçon, la question de la responsabilité se posait toujours ». Chez American Cardiovascular chaque série d'opérations était regroupée dans des « cellules » généralement disposées en forme de U.

« Les huit ou dix personnes qui constituent la cellule sont entièrement autonomes, explique Robert Toni. Ainsi, du début à la fin de la production, tout se passe à l'intérieur de la cellule. Ces personnes effectuent la maintenance de leurs machines, essaient de résoudre elles-mêmes les problèmes et planifient également la production. Ce sont des équipes multidisciplinaires. Aucun des membres de l'équipe n'est limité à une fonction unique de tourneur ou d'inspecteur. »

De retour chez Coopervision Cilco, Robert Toni a entièrement revu son approche du management. « L'impact sur le nombre de défaillances, la durée du cycle de production et la réduction des coûts, en l'espace de six mois seulement, a été incroyable » raconte-t-il. En 1986, Coopervision Cilco avait un taux de rentabilité de 20 % et une part de marché de 18 %. Elle était numéro deux dans le secteur de la lentille jetable. Dix-huit mois plus tard, elle devenait numéro un avec un taux de rentabilité de 26 % et une part de marché de 22 % [4].

Il est évident qu'il a fallu à Robert Toni bien plus que de simples visites d'usine pour transformer son entreprise. Toutefois, il met l'accent sur le fait que la théorie en elle-même n'aurait pas eu le même impact. Il ajoute que les réalisations qui l'ont enthousiasmé chez American Cardiovascular n'étaient pas spécifiques au secteur des appareils médicaux. Robert Toni s'est également inspiré des méthodes de plusieurs autres « gagnants », en particulier Harley-Davidson et Huffy Corporation, un spécialiste des bicyclettes bon marché.

« Plus vous procédez à des évaluations comparatives de type benchmarking, explique James Sierk, un cadre de chez Xerox, plus vous acceptez facilement le fait que les autres sont très bons dans certains domaines et même meilleurs que vous. » Aucune entreprise n'excelle dans tous les domaines sans exception, mais si vous vous inspirez des meilleures pratiques du monde entier, votre entreprise pourra être extrêmement bien placée.

Gérard Mulliez. Les Japonais n'ont rien inventé. On connaît depuis des lustres le parti que l'on peut tirer de l'exemple de meilleurs que soi. Avant de créer mon premier magasin en libre-service, en 1961 je suis allé aux États-Unis pour observer les méthodes américaines. Puis j'ai rencontré Édouard Leclerc à Landernau. Il m'a montré son hangar agricole, ses marchandises posées à même le sol, ses quelques employés qui remplissaient toutes les fonctions. Au passage, j'ai même visité le petit magasin de textiles dont s'occupait son épouse...

Plus tard, j'ai été l'un des premiers sinon le premier en France à prendre la décision d'installer une station-service à proximité d'un hypermarché et de « casser » le prix de l'essence. À mon tour, j'ai été copié par tous mes concurrents.

Quand Auchan, pour la première fois, a décidé d'utiliser des palettes pour transporter directement des bouteilles d'eau minérale sur les points de vente, avec un coût de manutention réduit, la centrale d'achat de l'époque n'a pas ménagé ses critiques. Mais le client y a trouvé son compte. Aujourd'hui, cette pratique est de règle dans toutes les chaînes de distribution.

De manière générale et constante, les entrepreneurs ont tendance à se copier eux-mêmes et à se copier les uns les autres. C'est une loi fondamentale. En tout cas, c'est ma conception de la loi de la « modélisation ». Si une hôtesse de caisse réalise un progrès, elle se copie elle-même avant d'être copiée par ses collègues les plus proches, puis par ses collègues des autres magasins, puis par les concurrents et, enfin, à terme, un peu partout dans le monde.

En 1963, Carrefour proposait les mêmes articles qu'Auchan mais à des prix plus bas. Marcel Fournier m'a démontré sans peine qu'il valait toujours mieux vendre beaucoup, même avec une très faible marge, plutôt que l'inverse. Du coup, les magasins Auchan ont commencé à revoir leur stratégie et à rétrocéder au client une part de ce qu'ils gagnaient.

Nous avons expérimenté cette démarche sur la bouteille de whisky : nous l'avons commercialisée avec exactement la même marge que la bouteille d'eau. Partant du principe que dans un cas comme dans l'autre, les frais étaient les mêmes. Résultat : le bouche à oreille a fonctionné, les acheteurs se sont bousculés... et Auchan a « récidivé » sur d'autres articles. Mais ne rêvons pas, servir constamment de modèle est forcément difficile à réaliser au sein d'une société car cela revient à prendre toujours de l'avance sur les autres entreprises !

Un apprentissage en neuf étapes

Préparez bien votre campagne d'apprentissage en suivant la procédure ci-après.

1. **Identifier les problèmes.** Reconnaissez vos points faibles. Au début des années 80, Ford a envoyé des équipes d'études chez certains concessionnaires représentant à la fois Ford et des marques de voitures japonaises, pour comparer les retours sous garantie. Ces équipes conclurent que les voitures japonaises rencontraient un taux de pannes moindre que les véhicules Ford. Ce fut la première motivation des visites de Ford dans les usines japonaises et les informations ainsi recueillies permirent de réagir intelligemment à un moment où les ventes de véhicules japonais se développaient aux États-Unis.

Vous pouvez également accuser un certain retard dans des domaines qui ne sont pas du ressort de la production. Par exemple, pensez-vous ne pas commettre d'erreurs en matière d'embauche ou de promotions ? Vos nouveaux produits arrivent-ils trop tard sur le marché ? Manquez-vous de contacts avec vos clients ? Vous pouvez avancer à pas de géant dans la compréhension et la résolution de ces problèmes en consultant d'autres acteurs du marché. Pensez-vous que vos coûts soient trop élevés sans que vous sachiez pourquoi ? Vous devez alors étudier chacune des parties de votre système de production et de distribution et les comparer avec celles d'autres entreprises.

2. **Choisir des entreprises qui ont surmonté les difficultés auxquelles la vôtre se trouve confrontée.** Trouvez plusieurs entreprises qui ont apporté des solutions aux problèmes identifiés chez vous. Dans votre recherche, parlez à des fournisseurs, clients, chambres syndicales, consultants et ne sous-estimez pas vos clients. N'ayez pas peur d'appeler des concurrents pour leur dire : nos deux entreprises se heurtent à des problèmes

similaires. Pour ma part, j'admire beaucoup vos réalisations. Pourquoi n'essayons-nous pas de trouver des solutions en commun ?

Efforcez-vous de rendre visite à des entreprises appartenant à des secteurs que vous connaissez peu. Au lieu de vous concentrer sur des détails techniques, vous pourrez alors mieux apprécier les systèmes de gestion et c'est ce qui compte.

Vous serez peut-être agréablement surpris de l'accueil que vous recevrez. N'oubliez pas que l'attention que vous portez à ces entreprises peut être flatteuse pour ces dernières. Aux États-Unis, les entreprises auxquelles est décerné le prix Macolm Baldrige de la Qualité s'engagent (et il s'agit là d'une condition *sine qua non* pour recevoir cette distinction) à faire bénéficier d'autres entreprises de leur succès.

3. **Se fixer, avant chaque visite, des objectifs spécifiques.** Pour utiliser au mieux votre temps, analysez vos problèmes avant de rendre visite à une nouvelle entreprise. Formulez des hypothèses sur les causes possibles de votre retard dans certains domaines, en essayant de voir ce que les autres entreprises font de mieux. Le cabinet conseil DeltaPoint qui a organisé des visites d'usine particulièrement fructueuses, et en particulier celle de l'usine de Robert Toni, demande aux cadres de lire huit ouvrages (dont la plupart figurent dans la bibliographie en fin du présent ouvrage) et de passer un test de 80 questions sur leurs lectures, avant d'organiser la visite d'entreprises très performantes.

Avant la visite elle-même, préparez une liste de questions. Faites en sorte que vos hôtes sachent ce que vous voulez et demandez-leur s'ils souhaitent ne pas aborder certains sujets. Demandez l'autorisation avant de prendre des photos. Les visites d'unités de production notamment réservent toujours des surprises et elles pourraient bien apporter des réponses à des questions que vous n'auriez jamais envisagé de poser. Le fait d'avoir des objectifs clairs vous aidera à poser les bonnes questions. N'oubliez pas, après la visite, de revoir vos objectifs initiaux pour comprendre en quoi votre visite a modifié votre compréhension des problèmes.

4. **Effectuer la visite.** Lorsque vous effectuez une visite d'entreprise, faites-vous accompagner par plusieurs autres membres de votre organisation. Vous pourrez alors comparer vos notes et vous aurez une plus grande crédibilité auprès des autres membres de votre organisation dans le cas où vous devriez leur faire part de résultats surprenants.

Le jour de la visite :

- Un petit conseil, n'arrivez pas les mains vides. Apportez un petit cadeau destiné à la personne qui vous reçoit. Cette visite va vous apporter quelque chose. Montrez que vous en êtes conscient.
- Concentrez-vous sur les intérêts communs. Faites part à vos interlocuteurs de vos propres difficultés. Votre hôte espère sans doute tirer quelques informations de votre visite. En lui parlant de vos propres problèmes, vous avez toutes les chances de susciter, de sa part, des commentaires utiles.
- Prenez avec vous une liste écrite de questions et répartissez-les entre les différents membres de votre organisation. Gardez un œil sur votre montre pour ne pas risquer de manquer de temps pour les points les plus importants.
- Pas d'autocensure ! Posez des questions sur tous les points qui vous intéressent. Votre hôte fixera lui-même les limites.
- Faites des éloges de ce qui vous est montré et évitez de critiquer les aspects de l'entreprise sur lesquels vous pensez faire mieux. Faites-vous expliciter les informations dont vous avez besoin, sans toutefois donner l'impression que vous en savez plus que votre hôte.

Ne vous concentrez pas exclusivement sur les problèmes ou techniques que vous êtes venu étudier au point de passer à côté d'idées apparemment sans rapport avec votre problème mais qui pourraient être utiles à votre entreprise. Lors d'une récente mission d'étude au Japon, nous avons été surpris, mes collègues et moi-même, de l'utilisation intensive et efficace, dans les différentes entreprises que nous avons visitées, des supports visuels de gestion (courbes, graphiques, pancartes, images d'opérateurs) représentant les objectifs, quotas, améliorations mais également des lacunes et des problèmes. Nous sommes donc repartis chez nous riches d'une idée nouvelle et, à présent, les murs de notre entreprise sont couverts de courbes et de graphiques.

5. **Analyser et synthétiser l'expérience.** Tout voyage d'étude dans une autre entreprise provoque un enchevêtrement d'idées. Vous ne pourrez en tirer véritablement avantage que si vous êtes en mesure d'effectuer un tri. Réservez-vous du temps pour une session de « debriefing ». Planifiez-la avant votre départ, sinon elle n'aura jamais lieu. En effet, après votre visite, l'étape d'analyse risque d'être vite oubliée au profit des problèmes du présent. En outre, la planification de cette synthèse avant le voyage est une excellente indication, pour vos collègues et subordonnés, de vos motivations professionnelles. Vous n'allez pas seulement vous promener...

La meilleure méthode consiste à associer trois types d'analyse. Tout d'abord, un compte-rendu oral, rapide, en équipe (il peut commencer dès que vous quittez votre hôte) permettant de dégager les premières impressions. Ensuite, un plan formel afin de se concentrer sur ce qui a été vu et appris, et de s'interroger sur les découvertes susceptibles d'aider votre entreprise. Enfin, il est bon que chaque membre ayant participé à la visite rédige un rapport écrit.

6. **Traduire l'apprentissage en actes.** Après avoir évalué vos découvertes et identifié les pratiques que

vous aimeriez adopter, passez à l'action. Créez des équipes à cet effet, fixez-leur des objectifs clairs et établissez des normes pour mesurer le succès. Comment saurons-nous si nous avons véritablement assimilé les connaissances et si nous les utilisons, à moins de procéder à des évaluations objectives ?

7. **Faire circuler les connaissances dans l'entreprise.** Identifiez les pratiques essentielles que votre société devrait adopter, sans vous cantonner à un domaine ou à une équipe en particulier. Ensuite, mettez en forme les connaissances brutes afin de les rendre accessibles à toute l'entreprise. Organisez des réunions, des séminaires, réalisez éventuellement une cassette vidéo expliquant ce que vous avez vu. Répétez constamment votre message de façon à montrer que vous croyez vraiment au changement.

8. **Montrer à quel point l'expérience a été fructueuse.** N'oubliez pas l'entreprise qui vous a aidé. Dites aux personnes qui vous ont reçu ce que vous pensez avoir appris. Ensuite, annoncez-leur vos résultats et vos éventuelles difficultés. En restant en contact avec les gagnants, vous les aiderez à mieux comprendre leurs propres procédés, et l'intérêt de l'aide qu'ils peuvent apporter aux autres. Vous resterez ainsi liés, et si de nouveaux problèmes surviennent, vous vous sentirez libres de leur demander conseil.

9. **Renouveler l'expérience.** Dès que les résultats commencent à devenir manifestes, ou que vous comprenez pourquoi ils se font attendre, il est temps d'identifier de nouveaux problèmes et de prendre contact avec un nombre toujours plus grand d'entreprises susceptibles de vous aider. Vous êtes désormais sur la voie de l'amélioration permanente.

Frapper à la porte des meilleures entreprises

Faire le premier pas vers un petit nombre de bons spécialistes n'est que la première étape de toute démarche de benchmarking. À mesure que vous découvrez les enseignements d'un nombre croissant d'entreprises, vous êtes en mesure de juger quels sont les spécialistes d'envergure mondiale correspondant à chacune des fonctions de votre entreprise.

Au sein de la division bureautique de Xerox, tous les employés savent qu'ils doivent se trouver prêts à se comparer à leurs homologues du monde entier. Bien qu'il y ait peu de similitude entre des bottes en caoutchouc et des photocopieurs, Xerox a réorganisé son système de traitement des commandes après avoir étudié le fonctionnement d'un entrepôt du spécialiste américain de la vente par correspondance, L. L. Bean. Xerox tient également compte de la vitesse avec laquelle les résultats de la recherche dans ses laboratoires ont des répercussions sur ses produits et compare ces délais de mise en application avec ceux d'IBM, de Bell Laboratories et de Canon [5].

Lorsque vous devenez vous-même un gagnant, vous êtes d'autant plus curieux de tirer des enseignements d'autres entreprises. Le grand spécialiste alimentaire Stew Leonard's, l'un des magasins les mieux gérés du monde, possède un bus. Pourquoi un supermarché aurait-il besoin d'un bus ? Simplement parce que les dirigeants de cette firme emmènent régulièrement des groupes de douze employés pour procéder à des analyses comparatives dans d'autres supermarchés, parfois jusqu'à 600 kilomètres de chez eux. Chaque employé est alors chargé de trouver un point de comparaison sur lequel le magasin visité fait mieux que Stew Leonard's et doit suggérer une méthode qui permettrait d'obtenir un résultat équivalent ou même supérieur.

De même, Marriott fait séjourner certains de ses employés dans des hôtels concurrents pour y étudier les prestations fournies (effectuant ainsi une évaluation comparative, selon les normes de Marriott) depuis les plus petits détails, tels que marques de savon et de shampooing, jusqu'aux services et aux formalités d'enregistrement.

Les évaluations comparatives obligent souvent l'entreprise à prendre l'une des mesures les plus efficaces dont une organisation puisse rêver dans son processus de transformation : se fixer un objectif apparemment impossible mais cependant réalisable. En 1981, Motorola s'était fixé l'objectif apparemment difficile d'améliorer son niveau de qualité dans un rapport de 1 à 10 en l'espace de cinq ans. Cet objectif a été atteint à la fin de 1983, soit deux ans avant la date prévue. Certains responsables de Motorola ont alors rendu visite à quelques-unes des meilleures entreprises du Japon et y ont appris à quel point les procédés de fabrication peuvent devenir fiables. Résultat : de nouveaux objectifs, nettement plus ambitieux que les précédents ont été définis.

« Nous réalisons à présent qu'il faut avoir des objectifs plus spectaculaires, pratiquement impossibles » explique Paul Noakes, vice-président de Motorola, responsable de la qualité client. « Nous progressons au rythme de 15 % par an. Si vous procédez de la sorte et que vous fixez à l'entreprise un objectif d'amélioration de 20 %, les employés transpireront un peu et atteindront l'objectif sans vraiment modifier leurs attitudes de travail. Mais si vous dites que vous allez multiplier vos résultats par dix, alors ils réalisent qu'ils doivent vraiment agir différemment. »

Une démarche à la portée de tous

N'importe quelle entreprise est en mesure de repérer des « gagnants » et de tirer des leçons de leur succès. Peut-être commencerez-vous par vos meilleurs fournisseurs ou par les plus remarquables de vos clients. Lorsque First Chicago Corporation a lancé ses premières initiatives en matière de qualité, elle a réalisé qu'elle comptait parmi ses clients et fournisseurs de nombreuses entreprises réputées pour leur niveau de qualité, en particulier 3M, IBM, Westinghouse et Ford. Elle s'est donc adressée en priorité à ces entreprises pour leur demander de l'aide. Certaines entreprises se forment au succès en découvrant les secrets de leurs propres joint ventures au Japon.

Les administrations elles-mêmes peuvent apprendre la qualité en fréquentant des gagnants. Elles pourront trouver des modèles parmi les organisations à but non lucratif les mieux gérées ou les entreprises les plus admirées de leurs régions. En général, les entreprises les plus remarquables éprouvent une réelle satisfaction lorsqu'elle peuvent guider et conseiller d'autres organisations. Whitman Corporation, fabricant de produits alimentaires (chocolats Whitman's, soupes Progresso) et de pièces automobiles et industrielles (pots d'échappement Midas et systèmes de réfrigération Hussman), dont le chiffre d'affaires est de l'ordre de 4 milliards de dollars, a organisé un programme qualité consistant à choisir vingt-quatre entreprises des États-Unis considérées comme des leaders dans ces domaines et à déléguer une équipe dans chacune d'elles.

Chacune de ces vingt-quatre entreprises a donc accueilli des responsables de Whitman, et parmi elles Hershey, dont les chocolats sont directement en concurrence avec ceux de Whitman [6]. « Ils ont compris que nous étions engagés dans une bataille mondiale » explique William Naumann, vice-président responsable de la qualité chez Whitman. « Whitman est un spécialiste de la soupe et il ne faut pas oublier que les Japonais ont récemment conquis une part importante de ce marché avec l'introduction des pâtes à potage instantanées Ramen qui se vendent très bien dans les supermarchés des États-Unis. »

Utiliser également les erreurs des autres

Mon épouse, Sharon Cavanaugh, possède et dirige Peacock Papers, une entreprise en croissance rapide qui fabrique des cadeaux et vêtements à la mode.

Nous nous occupons ensemble de la gestion du magasin de Boston et nous avons fait de notre mieux pour nous inspirer de l'expérience des boutiques les plus renommées de cette ville.

Mais nous avons également découvert une autre technique qui a des effets considérables sur notre entreprise : faire en sorte que les gens qui travaillent avec nous réfléchissent à leurs propres expériences en tant que clients. Nous pensons que le principal objectif de notre magasin est de rendre heureux les gens qui nous rendent visite, qu'ils achètent quelque chose ou non. Nous disposons pour cela de trois ressources : les produits, les locaux (la disposition du magasin lui-même) et notre personnel.

Le personnel est le plus important. Pour faire comprendre aux employés de Peacock Papers toute l'importance de leur rôle, nous leur avons un jour distribué une certaine somme d'argent, et nous les avons envoyés en ville avec pour seule consigne de dépenser cet argent à leur guise. Ils devaient toutefois se rendre dans au moins cinq boutiques différentes et, à la sortie de chaque magasin, analyser leur état d'esprit : étaient-ils satisfaits ou non ?

Lorsque les employés sont revenus, nous leur avons demandé de remplir un petit questionnaire sur lequel ils pouvaient faire la liste de leurs expériences heureuses ou malheureuses des produits, des locaux et du personnel.

Certains d'entre eux ont relaté des expériences heureuses sur les trois critères. D'autres ont fait état d'expériences malheureuses en termes de produits et de locaux. Mais quand il a été question d'expériences malheureuses avec le personnel, leurs réactions ont été extrêmement violentes. Sur tous les formulaires, l'espace consacré aux expériences malheureuses avec le personnel des boutiques a systématiquement été rempli. Parmi les commentaires les plus typiques citons : « Elle mâchait du chewing-gum d'un air désinvolte », « On m'a ignoré », « La caissière parlait au téléphone tout en faisant l'addition », « Le vendeur avait l'air de penser à autre chose et j'ai eu l'impression de le déranger ».

Le fait d'obliger notre personnel à se mettre à la place du client, de l'autre côté du comptoir, a-t-il été bénéfique ? Nous en sommes convaincus. Les affaires marchent bien et les vendeurs de notre magasin font le maximum pour être serviables, courtois et amicaux. Je sais qu'il ne s'agit pas là d'une mesure scientifique mais je n'ai pas vu beaucoup de clients quitter la boutique en fronçant les sourcils.

Gérard Mulliez. Le conservatisme, ou la peur de l'évolution, est un mal extrêmement répandu. Dans notre système politico-économique, conforté par toute l'organisation de la cité, très peu de personnes possèdent une mentalité de pionniers. Rares sont celles qui se montrent prêtes à innover en faveur du client. Trop soucieux de préserver leur pouvoir, à court terme, même les élus ne donnent pas toujours l'exemple d'une très grande mobilité de pensée et d'action.

L'innovation est systématiquement mise sous le boisseau, quels que soient les vœux du consommateur, parce qu'elle dérange. A l'heure actuelle, en France, les forces conservatrices semblent d'ailleurs l'emporter clairement sur celles du dynamisme.

La baisse de la natalité explique en partie ce phénomène : les grandes mutations s'opèrent sous la pression des générations nouvelles. Par chance, malgré tout, des individualités mues par un profond élan vital finissent toujours par émerger. Quand Ray Kroc a fondé McDonald's, il venait d'atteindre l'âge où les cadres supérieurs commencent en règle générale à songer à leur retraite... Quand Marcel Fournier a créé Carrefour, il avait cinquante ans. Son âge ne l'a pas empêché de contribuer à la formidable révolution culturelle qui a métamorphosé l'univers de la distribution. D'autres se sont inspirés de la « bonne parole » de Trujillo aux États-Unis : ils ont décidé d'implanter leurs magasins là où l'offre de terrain était abondante et peu chère. Puis ils ont aménagé de vastes parkings, pour que les consommateurs n'aient plus à transporter leurs marchandises à bout de bras sur plusieurs centaines de mètres...

Les forces conservatrices se sont largement mobilisées contre ces initiatives. Mais les commerçants des centres-villes qui ont accepté de « jouer le jeu » et se sont installés à proximité des hypermarchés, sont aujourd'hui à la tête de chaînes de distribution. Si toutes les énergies dépensées à freiner les évolutions étaient orientées vers l'acceptation du progrès, il n'y aurait plus de chômeurs ou seulement le volant que rend inévitable toute adaptation !

PLAN D'ACTION

- Commencez immédiatement à chercher des « modèles » susceptibles de vous montrer comment vous améliorer dans votre activité.
- Suivez le plan d'apprentissage en neuf points, présenté à la page 107 du présent chapitre.
- Procédez à des évaluations comparatives minutieuses de tout ce que vous faites par rapport aux meilleurs spécialistes du monde.
- Ne partez jamais du principe que vous vous êtes suffisamment amélioré et continuez sans cesse à chercher des entreprises qui font mieux que vous.

NOTES

1. Cette citation est parfois utilisée par le président de Xerox, David Kearns, lors de ses discours. Gary Jacobson et John Hillkirk, *Xerox : American Samurai* (New York : Collier, 1986), p. 233.
2. Peter C. Reid, *Well Made in America* (New York : McGraw-Hill, 1990), pp. 13-19.
3. Peter C. Reid, *op. cit.*, p. 133.

4. Le groupe Coopervision a tiré avantage des performances de Cilco pour vendre cette filiale à Nestlé pour un prix non révélé, dix-huit mois après les modifications de management introduites par Toni. Bien que Nestlé ait poursuivi le programme, Toni quitta l'entreprise. Il est récemment devenu président de Johnson & Johnson Iolab, l'ancien leader du secteur.

5. Jacobson and Hillkirk, pp. 229-232.

6. Les entreprises auxquelles ils ont rendu visite sont American Telephone & Telegraph, Bank One, Campbell Soup, Conagra, Corning, Federal Express, First Chicago Corp., Florida Power & Light, Globe Metallurgical, GTE, Hewlett-Packard, H.J. Heinz, International Business Machines, McDonnell Douglas, McDonald's, Miliken & Co, Motorola, Nestlé USA, Procter & Gamble, Tennant Inc., Texas Instruments, Minnesota Mining & Manufacturing, Weyerhaueser et Xerox.

5

LIBÉRER LES CHAMPIONS DU SERVICE CLIENTS

« Donner la priorité au client est avant tout un état d'esprit et d'action... une obsession de tous les instants. »

Charles M. Cawley,
Président de MBNA
America, Inc.

Je suis récemment entré dans un prestigieux hôtel de Chicago pour y prendre une chambre. Pendant que l'employé de la réception vérifiait ma réservation, j'ai remarqué que l'on installait des micros et des haut-parleurs dans le hall. Un dialogue frustrant s'en est suivi.

« Que se passe t-il ? » ai-je demandé. Souhaitant vraiment pouvoir me reposer au calme après un voyage d'affaires épuisant, je voulais savoir à quelle heure le concert commencerait.

« Je ne sais pas » me répondit le réceptionniste sans me regarder. Il continuait son travail.

« Quelqu'un pourrait-il me renseigner ? » demandai-je.

« Je ne sais pas, répéta-t-il, peut-être l'adjoint du directeur. »

Poursuivant son travail d'enregistrement de ma réservation, il ne manifestait pas la moindre intention d'aller chercher l'adjoint du directeur, ni toute autre personne susceptible de connaître l'heure du concert. Devant sa mauvaise volonté, je décidai de ne plus poser de question mais il me semblait étrange que l'hôtel organise une manifestation particulière sans en informer son personnel.

Ayant terminé l'enregistrement, l'employé me tendit la clé de la chambre, me regarda droit dans les yeux puis me dit d'une voix sincère : « Merci beaucoup, Monsieur Whiteley. Je m'appelle John. N'hésitez pas à venir me trouver si vous avez besoin de quelque chose ».

N'en croyant pas mes oreilles, je lui dis aussi poliment que je le pus : « Mais, John, je viens précisément de vous demander quelque chose. Je voudrais savoir ce qui est en train de se préparer ici ! »

John avait, de toute évidence, suivi une formation. Sinon, pourquoi aurait-il pris la peine d'ajouter « N'hésitez pas à venir me trouver si vous avez besoin de quelque chose » ? Mais cette formation lui avait appris à « traiter » les clients et non à les satisfaire. John m'avait donc « traité » sans erreur, selon certaines normes, de la même façon qu'une machine traite des données, de la chair à saucisse ou du fromage fondu ! Malheureusement, le manager de John ne lui avait jamais permis de faire la distinction entre le respect d'une procédure et un travail consistant à satisfaire ses clients. De ce fait, bien que la procédure d'enregistrement ait été techniquement parfaite, le client n'avait pas été bien servi.

Comparons maintenant le comportement de John, malheureusement typique d'une attitude fort répandue, avec celui d'une entreprise qui sait comment gérer les efforts du personnel, à savoir le quatrième organisme émetteur de cartes de crédit des États-Unis et finaliste (mais non gagnant) du prix Malcolm Baldridge de la qualité industrielle : MBNA America.

La société MBNA (à l'origine Maryland Bank National Association) regorge de spécialistes du service, prêts à aller bien au-delà de ce que prévoit leur description de poste pour satisfaire les clients. Elle gère les augmentations de lignes de crédit en une heure, au lieu des huit heures usuelles dans ce secteur, et remplace les cartes volées en trois jours, au lieu de neuf.

Plus important encore, MBNA réalise une prouesse rare : elle aide vraiment son personnel à bien servir les clients et à le faire avec enthousiasme. MBNA a établi son siège à Newark, dans le Delaware. De nombreuses banques ont en effet créé des organismes de cartes de crédit dans cet État pour profiter de la législation bancaire qui y est favorable. Dans cette région, les banques perdent en moyenne 25 % de leur personnel chaque année. Cette rotation entraîne des coûts de recrutement et de formation monstrueux. Elle signifie également que des centaines de personnes font leurs premières armes et manquent cruellement d'expérience pour servir correctement le client.

Pour sa part, MBNA perd seulement 7,5 % de son personnel en l'espace de douze mois. Il faut croire que les collaborateurs de MBNA apprécient leur poste.

Bien que MBNA soit une organisation inhabituelle, elle n'échappe pas aux difficultés actuelles du secteur bancaire. La société mère de MBNA, MNC Financial, dont le siège se trouve à Baltimore, a souffert tout autant que le reste de la profession. Au moment où ce livre allait être imprimé, MNC Financial était d'ailleurs dans une situation financière si mauvaise qu'elle a dû se résoudre à se séparer de MBNA. Pourtant, MBNA est presque universellement reconnue comme un joyau rare par les analystes financiers les plus réalistes de Wall Street ainsi que par ses clients. Cette entreprise a connu une croissance trois fois plus rapide que celle de son secteur au cours des six dernières années.

MBNA propose de donner des leçons à tous les managers. Charles Cawley, son président directeur général, a acquis au fil des ans une excellente compréhension de la gestion du personnel. Les idées de Cawley sont tellement directes et universelles, que j'aimerais citer ici certains extraits d'un discours qu'il a prononcé au National

Quality Forum, en 1989. Il y énumère en particulier les neuf convictions clés de MBNA, qui forment une excellente base pour la gestion du personnel et sont applicables à pratiquement tous les secteurs d'activités [1].

- Premièrement, **se fixer un objectif constant, qui consiste à placer la satisfaction du client avant n'importe quel autre objectif...**
- Deuxièmement, **en informer tout le monde**. Chacun doit être obsédé par la qualité et la satisfaction du client. Si vous croyez vraiment à quelque chose, cette dernière finit toujours par devenir réalité... Chez MBNA, nous faisons de la satisfaction du client une priorité par tous les moyens possibles. Nous y pensons, nous en parlons, nous l'inscrivons même sur les murs. Cet objectif est imprimé sur les enveloppes dans lesquelles arrivent nos chèques de salaire. Nous organisons même des soirées pour le célébrer. Notre réussite en dépend directement.
- Troisièmement, **mesurer tous les jours la satisfaction du client. Afficher les résultats et récompenser l'ensemble du personnel lorsque les objectifs fixés sont atteints**. Lorsque l'on s'occupe vraiment de quelque chose, cela produit toujours des résultats...
- Quatrièmement, **embaucher des gens qui aiment les gens**. Embaucher de préférence des personnes qui accepteront les tâches nécessaires à la satisfaction du client et les effectueront avec enthousiasme. Chez MBNA, les cadres ayant le plus d'ancienneté s'entretiennent avec les candidats postulant chez nous à des postes de tous niveaux, qu'il s'agisse d'emplois de directeur marketing ou de personnel d'entretien. Leur objectif consiste à s'assurer que le candidat est une personne qui aime les gens. En procédant de la sorte, vous pouvez être sûr qu'une part importante de vos nouvelles recrues servira de référence aux gens qui travaillent déjà dans votre entreprise. Chez MBNA,

80 % des gens que nous engageons sont recommandés par le personnel en place. Ils restent plus longtemps et travaillent mieux. Lorsque vous engagez des gens qui aiment les gens, les clients le remarquent...

- Cinquièmement, **les nouveaux embauchés doivent savoir ce qu'ils peuvent attendre de l'entreprise et ce que l'entreprise attend d'eux**. Chaque candidat embauché chez MBNA doit lire et signer une liste de préceptes qui indique clairement nos attentes. Parmi cette liste de dix points, citons notamment :

  – Le personnel de MBNA pourra être jugé individuellement, en fonction de la qualité de son travail, de la constance de ses efforts, de son enthousiasme, de son honnêteté et des résultats obtenus.

  – Le personnel de MBNA doit être disposé, avant toute chose, à fournir les plus grands efforts dans une structure qui s'engage à atteindre l'excellence à la fois dans la qualité du service et la satisfaction du client. MBNA attend de son personnel qu'il traite le client avec autant d'égards qu'il souhaite lui-même être traité, de façon à faire constamment et automatiquement passer le client en premier, jour après jour, et spontanément.

- Sixièmement, **former les collaborateurs dès leur embauche.** Pendant le premier mois, chaque nouveau collaborateur de MBNA participe au « collège clients ». Le premier objectif du collège est de s'assurer que tous les membres du personnel comprennent que l'existence même de MBNA est conditionnée par la satisfaction du client.

- Septièmement, **créer un environnement de travail agréable qui facilite la poursuite enthousiaste de la satisfaction du client**. Ce sont les petites choses de tous les jours, telles que les bons repas, les facilités de parking, les salles de repos propres, les crayons bien taillés, les stations de travail impeccables, qui font que le personnel se trouve dans de bonnes conditions. Lorsque c'est le cas, il travaille volontiers et il satisfait le client.

- Huitièmement, **traiter chaque collaborateur comme un client**. Vous avez peut-être remarqué que je n'ai jusqu'ici jamais utilisé le terme « employé ». Chez MBNA, nous n'avons pas d'employés. En réalité, le terme « employé » est un mot qui ne s'applique pas dans notre entreprise. Il présente l'inconvénient de réduire les individus à une catégorie et d'introduire des connotations de propriété. Chez MBNA, il n'y a que des collaborateurs. Nous ne les gérons pas. En revanche, nous gérons leurs efforts. Les collaborateurs de MBNA sont traités comme des clients. Ceci est très significatif... Chez MBNA, nous sommes tous clients les uns des autres.
- Enfin, neuvièmement, **se considérer comme un client**. Les gens qui aiment les gens trouvent naturel d'adopter le point de vue de leur client. Ils se mettent facilement à la place de ce dernier. Si vous embauchez des collaborateurs de qualité, il suffit de leur dire « imaginez que vous êtes un client » et ils feront le reste.

Voici, exprimées avec force, des vérités que les experts du management ont découvertes au terme de plusieurs dizaines d'années d'études sur la motivation du personnel. MBNA les met en pratique et c'est la raison pour laquelle cette entreprise est si rentable.

MBNA fut un pionnier des cartes multiservices, c'est-à-dire l'émission de cartes de crédit associées à des institutions telles que l'Association dentaire américaine et les associations médicales locales. Les détenteurs de cartes multiservices bénéficient d'un ensemble de services spéciaux, comme par exemple des lignes de crédit importantes, certaines assurances gratuites, et des numéros d'appel gratuit qu'ils peuvent utiliser en cas d'urgence, par exemple s'ils ont besoin d'assistance au cours d'un voyage.

L'organisme émetteur de cartes multiservices peut signer des accords avec certaines organisations à but non lucratif. MBNA a notamment signé de tels accords avec Ducks Unlimited, un groupe de défense de l'environnement spécialisé dans la préservation des marécages, qui reçoit une donation chaque fois qu'un détenteur utilise sa carte. MBNA fournit ce type de cartes à 1 300 groupes différents.

La carte multiservices était une idée commerciale brillante et les clients de MBNA utilisent leurs cartes en moyenne deux fois plus souvent que les détenteurs de cartes bancaires. En outre, chez MBNA, les pertes liées au crédit sont inférieures de 40 % à celles de la moyenne du secteur.

Mais l'invention par MBNA des cartes multiservices n'aurait pas été un succès durable pour l'entreprise si elle n'avait pas été associée aux méthodes particulièrement efficaces d'embauche et de fidélisation du personnel. Dans l'économie d'ajourd'hui, les entreprises ne doivent pas seulement innover. Elles doivent également proposer leurs innovations avec un degré de qualité exceptionnel. Si d'autres font mieux ou plus vite, vous perdez votre avantage concurrentiel.

Dans ce chapitre, j'approfondirai les principes de gestion des ressources humaines de Cawley. Ils peuvent aider toute entreprise à faire de son organisation un lieu de travail où le personnel est satisfait et les activités rentables. Nous avons déjà couvert, au cours des chapitres précédents, les deux premiers principes, à savoir l'objectif constant de la satisfaction du client et la diffusion permanente de cette idée. Le troisième point, concernant la mesure de la satisfaction du client, sera abordé dans le chapitre sept. Dans la suite du présent chapitre, nous étudierons les six autres points de la liste, auxquels s'ajoutera un nouvel aspect : l'importance de l'engagement personnel de chaque individu en vue de l'amélioration de l'organisation.

Nous allons à présent étudier, tour à tour, chacun de ces points et nous verrons comment ils s'associent pour former un programme simple et facile à appliquer, permettant de révéler des spécialistes du service clients dans n'importe quel groupe de travail.

Engager des gens qui aiment les gens

Cawley, Président de MBNA, voit très juste lorsqu'il nous dit d'engager des gens qui aiment les gens. Il nous dit également comment son entreprise le fait : en demandant aux membres de l'encadrement supérieur d'interviewer chacun des candidats. Tout manager pourra améliorer la qualité du service fourni aux clients en s'entourant de collaborateurs exceptionnels. La plupart des entreprises pourraient engager des individus de valeur, à condition d'accorder à la fonction d'embauche toute l'attention qu'elle mérite.

Cawley fournit dans son message deux grands axes pouvant orienter la réflexion de n'importe quelle entreprise lors de l'embauche :
– se concentrer sur les attitudes,
– admettre à quel point la sélection des ressources humaines est difficile et déterminante. Investir suffisamment de temps dans ce travail, en particulier de la part des cadres supérieurs.

Gérard Mulliez. Un recrutement réussi ne relève pas du hasard. Il est essentiel que le recruteur soit la personne appelée à travailler avec le futur employé. Supérieur hiérarchique ou « parrain », le recruteur ne se contente pas d'embaucher : il s'engage à faire réussir son nouveau collaborateur. Ce principe fondamental, nous l'appliquons chez Auchan depuis toujours, même s'il a pu être parfois un peu oublié... Dans certains cas, il existe un « fit » positif instinctif entre la personne qui recrute et celle qui est recrutée. Cette adhésion spontanée a plus d'importance que les qualités acquises au fil des études ou des formations antérieures. Pour que le salarié d'une entreprise aime les clients, il doit d'abord se sentir aimé par son environnement immédiat et donc par son supérieur hiérarchique.

Au recruteur de bien exprimer l'étendue de la mission proposée, l'objectif de service, avec les contraintes et les joies qui y sont rattachées. Il est hors de question de faire reposer le contrat de travail, sorte de mariage ou d'union sacrée, sur un mensonge...

De son côté, le candidat doit avoir l'honnêteté de renoncer au poste s'il n'a pas envie de travailler avec son recruteur. Mais les difficultés de la conjoncture l'amènent hélas souvent à prendre l'emploi qui se présente et non celui qui lui permettrait de s'épanouir. ◪

Se concentrer sur les attitudes

Il n'y a rien de plus important que les attitudes d'un employé. Il est facile de pourvoir un poste en engageant une personne qui fait état des qualifications formelles les plus adaptées, en particulier les diplômes universitaires et les années d'expérience requises. Malheureusement, trop souvent, ces personnes « qualifiées » ne servent pas bien le client.

Z. Ziglar, le grand spécialiste de la motivation, demande souvent aux membres de son auditoire de dresser la liste des qualités caractérisant un bon commercial. La plupart d'entre eux écrivent alors :

- Honnête
- Diligent
- Travailleur
- Humain
- Prêt à suivre le projet de A à Z
- Aime les clients
- Grande intégrité
- Bonne connaissance du produit

Ziglar demande alors de compter, dans la liste établie, le nombre de caractéristiques qui sont des compétences enseignables ou acquises par l'expérience et le nombre de celles qui sont des qualités beaucoup plus difficiles à enseigner. Il en ressort que la plupart de ces caractéristiques appartiennent au deuxième groupe.

Essayez maintenant de faire le même exercice pour différents postes de l'entreprise, par exemple un employé ou un ouvrier, un collaborateur du service clients, un responsable de groupe, un ingénieur de recherche, et vous obtiendrez des résultats très similaires. Bien sûr, vous ne pouvez pas engager des chercheurs qui ne possèdent pas de diplômes universitaires mais vous sélectionnerez les meilleurs en vous rappelant que les diplômes sont des qualifications de base. Ce sont les gens qui ont les bonnes attitudes qui sont les plus productifs.

Gérard Mulliez. Recruter n'est pas jouer. L'esprit de corps, toujours plus ou moins fort en chacun de nous, rend le problème de l'embauche délicat... Un HEC a tendance à faire appel à d'autres HEC. Un autodidacte s'entoure d'autres autodidactes. Peu à peu, l'entreprise se trouve ainsi « colonisée » : hors de la caste, point de salut ! C'est une affaire entendue : s'il y a dérogation à la règle, le nouveau salarié doit s'attendre à ne bénéficier d'aucune promotion rapide.

En matière de recrutement, la facilité conduit à sélectionner les candidats en fonction de leurs diplômes... Mais les « parchemins » ne font que sanctionner des études : ils ne signifient pas que leurs titulaires possèdent un réel savoir-faire... ni surtout un savoir-être. Déterminer qui est pourvu de cette dimension représente la difficulté essentielle du recrutement. Les grands patrons se reconnaissent à leur capacité de déceler et de faire s'épanouir les qualités de leurs recrues.

Compte tenu de son importance, il faudrait pouvoir consacrer à la formation du personnel 10 % du temps de travail, soit environ quatre heures par semaine (qu'il s'agisse de formation ou d'information), et par conséquent 10 % de la masse salariale... Un objectif auquel nous tendons chez Auchan notamment grâce à notre Institut de formation à l'excellence.

La motivation des salariés découle en grande partie de l'efficacité de la formation. Chaque membre de l'entreprise – quel que soit son niveau hiérarchique – doit renoncer à s'écouter lui-même pour écouter l'autre. Et surtout ne pas faire semblant d'entendre... sans rien écouter. Un travers qui, au fond, nous menace tous et tout le temps. ◪

Recrutement : définir un profil et s'y tenir

Au début de toute démarche de recrutement, il est important de définir un profil. Vous devez identifier les caractéristiques des personnes qui ont réussi dans votre organisation et les rechercher activement chez les candidats. N'oubliez ni les attitudes et compétences exigées par le poste lui-même ni celles imposées par la vision de l'entreprise. Même un collaborateur du service achats ou un tourneur doit avoir le souci de plaire au client, qu'il s'agisse du client final ou d'un client interne.

La définition d'un profil très précis est un travail difficile, pour lequel il peut être utile de faire appel à des conseillers de l'extérieur. Une étude réalisée par The Forum Corporation a par exemple montré que, parmi d'autres caractéristiques, les candidats qui font les meilleurs vendeurs sont identifiables grâce à deux comportements faciles à repérer lors d'un entretien : ils font preuve d'enthousiasme et recherchent le contact visuel [2].

Une fois le profil établi, ce dernier vous servira de référence. Posez des questions pour connaître le comportement passé du candidat dans des situations où il aurait dû mettre en œuvre les attitudes que vous recherchez. Par exemple, l'usine de produits chimiques Rohm & Haas Bayport à LaPorte (Texas) est réputée pour la part importante d'initiative qu'elle laisse aux ouvriers. Le poste de contremaître n'existe d'ailleurs pas chez Rohm & Haas Bayport. Robert Gilbert, directeur de l'usine, recherche donc des personnes capables d'assumer des responsabilités et de se préoccuper des autres. Il pose toujours en particulier la question suivante aux candidats : « Vous rappelez-vous la dernière fois que vous avez vu quelqu'un faire quelque chose de dangereux ? Qu'avez-vous fait alors ? »

Lorsque vous discutez avec les personnes qui ont fourni des références sur un candidat, demandez-leur si ce candidat a le souci du service et s'il aime le travail en équipe. Posez toutes les autres questions permettant de déterminer, non seulement si le candidat est compétent, mais également s'il correspond vraiment à votre profil.

De même, lorsque vous enquêtez auprès des anciens employeurs, remontez jusqu'au troisième emploi avant le dernier. Les employeurs les plus récents ont toujours peur des risques juridiques d'une évaluation trop franche, ou bien ils ont intérêt à ce que la personne qu'ils ont licenciée trouve un nouvel emploi. Dans l'un ou l'autre cas, les informations obtenues sur votre candidat seront filtrées et souvent trompeuses. Plus vous remontez dans le temps, plus les précédents employeurs ont tendance à fournir des évaluations honnêtes.

Faire savoir à vos collaborateurs ce qu'ils peuvent attendre de l'entreprise et ce que l'entreprise attend d'eux

Les nouveaux embauchés et les candidats recherchent un environnement de travail épanouissant et une mesure de leur utilité auprès des clients. Ils ont besoin de savoir quel sera leur rôle dans la vision que vous leur proposez. Dites-leur ce qu'ils peuvent attendre de l'entreprise :

1. Ce à quoi ils doivent s'attendre – les aspects positifs et négatifs dans leur travail quotidien.
2. Comment vous mesurerez leurs performances.
3. Comment vous reconnaîtrez et récompenserez leur bon travail.
4. À quel point le service clients inspire chacune des activités de l'entreprise et chacune des règles qu'elle énonce.

Le fait d'annoncer aux futurs collaborateurs, aussi sincèrement que possible, ce qui les attend, vous permet, à vous et à vos employés, d'éviter bien des désagréments. J'ai un jour participé à une étude réalisée pour une compagnie d'assurances. La rotation du personnel était élevée dans toutes les agences (ce qui est typique des compagnies d'assurances) sauf une. Comment cela pouvait-il s'expliquer ?

Nous avons fini par en découvrir la raison, qui était élémentaire. Lors du recrutement des candidats, le directeur de cette agence insistait sur tous les bons côtés du travail : « Vous pourrez être indépendant ; vous pourrez agir comme un entrepreneur ; vous serez payé en fonction des résultats ; vous participerez à de nombreux voyages ; vous obtiendrez toutes sortes d'encouragements lorsque vous réussirez. Mais avant tout, vous devrez apporter votre aide aux clients et à vos collaborateurs. »

Ensuite, le directeur de l'agence faisait une pause puis ajoutait : « Vous serez parfois amené à travailler le week-end et le soir. Le travail ne sera pas forcément facile. Certains clients vous claqueront la porte au nez. »

Il demandait alors au candidat de noter les points négatifs et positifs de cette description du travail sur une feuille, d'y réfléchir, puis de revenir s'il était toujours intéressé. Les employés qui étaient finalement embauchés savaient exactement à quoi s'attendre. Ils étaient prêts pour le meilleur et pour le pire. Ils restaient dans l'entreprise et amélioraient la productivité dans leur service.

Une évaluation des performances fondée sur la satisfaction des clients

Rien n'inquiète davantage les futurs collaborateurs que la façon dont ils seront évalués et s'ils seront récompensés de leurs efforts. Expliquez votre système d'évaluation des performances aux nouveaux venus et à tous les employés qui risquent de ne pas le comprendre. Demandez-leur des suggestions pour améliorer ce système et prenez-les au sérieux.

Chez MBNA, les directeurs commerciaux écoutent régulièrement leurs employés gérer les appels téléphoniques. Ce type de suivi peut être extrêmement intéressant pour l'entreprise. Les managers peuvent comprendre exactement la réalité à laquelle se trouve confronté le client. Cela leur permet de donner des conseils aux personnes responsables du traitement des appels sur la façon d'améliorer l'accueil téléphonique.

Toutefois, pour pouvoir procéder ainsi, il faut expliquer avec soin cette politique et indiquer aux employés qu'elle est dans l'intérêt du client. Sinon, les employés peuvent avoir l'impression d'être mis sous surveillance. Chez MBNA, cette façon de faire est exposée lors des entretiens de préembauche et les employés en sont également informés par écrit.

Si vous ne vous sentez pas à l'aise dans l'explication de votre système d'évaluation des performances, c'est peut-être que ce dernier n'est pas bon. Trop d'entreprises se contentent de mesurer ce qui est facilement mesurable au lieu de se soucier des critères du client. Une évaluation qui repose sur la productivité, par exemple, risque facilement de décourager au lieu d'encourager les employés à obtenir de bons résultats.

Ainsi, l'évaluation des opérateurs téléphoniques sur la base du nombre d'appels traités incite ces derniers à écourter les conversations, au risque de déplaire au client. De la même façon, des systèmes mal conçus de travail « à la tâche » ou « à la pièce », des principes de rémunération des vendeurs en fonction de la productivité, vont souvent à l'encontre d'un travail de haute qualité, consistant à satisfaire le client.

À l'inverse, chez MBNA, il est dit aux collaborateurs du service clients qu'à partir du moment où ils ont traité un nombre raisonnable d'appels, le fait d'en traiter davantage ne leur servira en rien lors de l'évaluation des performances. D'autres entreprises hors du commun telles que General Electric (avec son centre d'appels) récompensent les opérateurs en fonction du nombre d'appels traités mais mènent des enquêtes auprès des clients pour savoir si ces derniers sont satisfaits du service.

Pour récompenser les meilleurs collaborateurs, l'argent ne suffit pas

Les primes, augmentations, promotions et toutes formes de reconnaissance sont les meilleures manifestations de gratitude que vous puissiez témoigner à vos collaborateurs pour indiquer que vous appréciez leur personnalité et leur travail. Si vous n'êtes pas suffisamment précis dans la description de votre système de récompenses et de marques de reconnaissance, ou si ce système lui-même ne permet pas de souligner l'importance de la satisfaction du client, vous manquez une occasion d'associer le comportement des employés à votre objectif de satisfaction des clients.

Les primes

Lorsque vous récompensez un manager parce qu'il a atteint les résultats trimestriels escomptés ou un vendeur parce qu'il a dépassé ses objectifs, l'organisation en tirera des conclusions sur ce qui est important pour vous. En créant des politiques de primes et en les faisant connaître, vous vous ouvrez donc des opportunités exceptionnelles mais également des risques exceptionnels de dérapage. Pour renforcer efficacement par le moyen des primes l'impact de votre objectif au sein de l'entreprise, il faut vous assurer que vos collaborateurs comprennent que vous les récompensez pour un comportement véritablement au service des clients.

Tout système de primes présente le risque d'être mal utilisé. Quels que soient les chiffres recueillis et les mesures utilisées, vous pouvez être sûr que certains employés chercheront toujours à tricher et trouveront des astuces permettant de présenter leurs performances comme meilleures qu'elles ne le sont réellement du point de vue du client. Dites-vous toutefois que vous pouvez créer un système qui incitera au moins la plus grande partie du personnel à mieux servir le client. Ce système pourra, par exemple, s'appuyer sur des incitations à long terme plutôt qu'à court terme ou sur des incitations de groupe plutôt qu'individuelles.

MBNA, par exemple, utilise les primes collectives. Un barème en quatorze points a été établi permettant de mesurer les performances obtenues en matière de service clients (par exemple, le nombre d'appels téléphoniques traités avant la deuxième sonnerie). L'ensemble des employés peut ainsi bénéficier, chaque trimestre, d'une prime plus ou moins importante, en fonction du degré de réussite de ces objectifs.

Les meilleurs résultats seront obtenus en créant de petits groupes de travail et en leur proposant des primes d'équipe. Le président de Don Rodman Ford, l'un des concessionnaires Ford les plus performants du monde, a constaté que la satisfaction du client a augmenté de façon spectaculaire depuis qu'il a réparti ses mécaniciens et son personnel d'entretien en petites équipes se consacrant à des clients spécifiques. Chaque équipe est suffisamment importante pour gérer pratiquement tout type de problèmes rencontré par un client mais suffisamment petite pour que ses responsabilités soient clairement identifiées. De leur côté, les clients se sentent rassurés lorsqu'ils savent qui travaille sur leur voiture.

De nombreuses entreprises accordent trop d'importance aux primes. Aussi surprenant que cela puisse paraître, les incitations financières peuvent en réalité nuire à certains aspects essentiels du service attendu par le client. David Luther, vice-president chargé de la qualité chez Corning, fait cette remarque au sujet d'un programme d'encouragement des suggestions, mis en place dans les usines de son entreprise, jusque dans les années 80 : « Dans notre ancien programme, nous proposions aux employés une prime représentant 10 % de la valeur de leur suggestion. Mettez-vous maintenant à la place d'un employé : il suffit d'entrer dans le bureau du responsable et de dire “voici un projet de fabrication d'une machine à écrire qui permettra d'économiser un million de dollars”. Le responsable examine cette idée et se dit qu'elle permettra peut-être, en réalité, d'économiser mille dollars. L'employé s'attend, tout naturellement, à recevoir un chèque de 100 000 dollars. Le responsable ne lui en propose que 100. Ce type de marchandage peut rapidement dégénérer et entraîner une perte de confiance entre les employés et leur encadrement. »

Si vous avez le choix entre la mise en place d'un système de primes aux conséquences ambiguës et l'absence de primes à court terme, mieux vaut cette dernière solution.

Reconnaissance

La mise en place de formes de reconnaissance récompensant les meilleures performances, sans nécessairement les associer à des sommes d'argent importantes, constitue un outil de gestion puissant. Aujourd'hui,

Corning a mis en place un nouveau programme de suggestions consistant à récompenser les collaborateurs par des objets ou des vêtements au nom de la société, des dîners ou encore toute forme de médiatisation locale. Ce type d'incitations a généré environ 40 fois plus de suggestions que l'ancien système.

Une étude effectuée auprès des salariés de Metropolitan Life a montré que, lorsqu'ils ont le choix, ces derniers préfèrent en réalité la reconnaissance de leur direction en échange de leurs bons services plutôt que des récompenses en espèces sonnantes et trébuchantes. Malheureusement, la plupart des employés ne savent pas s'ils sont appréciés de leur entreprise.

Promotion

Si les récompenses sont les meilleures manifestations de gratitude que vous puissiez témoigner à vos collaborateurs, les promotions sont, pour leur part, les meilleures de toutes les récompenses.

J'explique souvent la chose suivante aux cadres supérieurs. Pensez aux cinq dernières personnes auxquelles vous avez accordé une promotion. Elles sont, aux yeux des collaborateurs de l'entreprise, révélatrices des valeurs que vous récompensez. Quels messages avez-vous fait passer auprès de votre entreprise à l'occasion de ces promotions ?

Souvent, les managers accordent des promotions aux personnes qui :

- sont depuis longtemps dans l'entreprise et ont travaillé dur pour en arriver là ;
- n'ont jamais fait de mal à personne ; leur promotion est donc « sans risque » ;
- sont liées à des personnalités influentes ;
- sont particulièrement compétentes dans leur spécialité (qui peut être sans rapport direct avec les caractéristiques du nouveau poste) ;

- ont politiquement bien manœuvré, de sorte qu'elles sont bien vues du patron, même si les autres membres de l'organisation ne les respectent pas.

Les employés qui assistent à ces promotions en concluent que vous récompensez les valeurs les plus appréciées par l'entreprise. Or, ces promotions ne disent rien de l'importance de la satisfaction du client. Vous devez donc trouver d'autres formes de récompenses pour les personnes qui ont de l'ancienneté ou qui évitent les conflits. Faites savoir à vos employés que vous accorderez des promotions à ceux qui incarnent le mieux la vision de votre entreprise.

Montrez à vos collaborateurs que vous attendez d'eux un service de qualité

Le fait d'annoncer aux employés ce qui les attend au quotidien et de leur expliquer la façon dont ils seront contrôlés, récompensés, reconnus et promus devrait tendre dans une seule direction, celle d'une meilleure compréhension du principe fondamental de votre entreprise : la satisfaction des clients. En faisant connaître ce principe et en montrant l'exemple par votre propre comportement, vous encouragez la qualité des services et vous ralentissez la rotation du personnel.

Les études conduites par Forum Corporation ont montré que les facteurs les plus étroitement liés à la rotation du personnel étaient les réponses de l'entreprise à des questions telles que :

- L'entreprise pense-t-elle vraiment être engagée dans une démarche de satisfaction du client ?
- L'entreprise me demande-t-elle mon opinion sur les possibilités d'amélioration ?
- Les employés sont-ils formés à plusieurs types d'activités ?

En fait, *les collaborateurs attendent qu'on utilise leurs capacités au service du client* ce qui a pour conséquence qu'ils se sentent partie prenante d'une action et ce sentiment les encourage à rester dans l'entreprise [3].

Former les collaborateurs dès leur embauche

Formez votre personnel en permanence pour obtenir d'eux le meilleur. La formation est souvent l'une des plus grandes forces des entreprises japonaises. Une étude réalisée par le professeur John Drescheck, du Massachusetts Institute of Technology, a permis de découvrir que chez les constructeurs automobiles japonais, les ouvriers bénéficiaient d'une formation équivalant à 2 fois et demie celle de leurs homologues américains. Si l'on tient compte du temps de formation non théorique, pouvant prendre par exemple la forme de conseils obtenus d'un collègue plus expérimenté, le salarié japonais bénéficie d'une formation triple par rapport à celle de son homologue américain.

Aujourd'hui, les entreprises ne peuvent plus se permettre de faire l'économie de cet investissement. La formation continue, de type formel, est vitale pour trois raisons :

- elle est l'occasion de communiquer la vision de l'entreprise et de mettre l'accent sur cette dernière ;
- elle permet aux employés d'acquérir les compétences concrètes dont ils ont besoin ;
- elle permet au personnel d'envisager de nouvelles solutions, en remplacement de procédés plus anciens. Les employés peuvent, par la suite, avoir envie de concevoir de nouvelles méthodes de travail, qui leur sont propres, pour servir au mieux le client. L'entreprise s'ouvre ainsi à l'amélioration.

Qu'est-ce qu'une bonne formation ?

Une formation de qualité permettra aux employés d'adopter rapidement les comportements les plus adéquats et de façon durable. Une personne aura besoin d'être formée très rapidement si elle ne manifeste pas les comportements attendus dans toute entreprise soucieuse de ses clients. Bien que les collaborateurs du service clients connaissent le sens du mot « service » qui qualifie leur description de poste, ils considèrent souvent leur travail comme administratif et ont tendance à traiter les clients comme une source de désagrément. Souvenez-vous de John, le réceptionniste de l'hôtel de Chicago. Vous aiderez vos employés en leur fixant des objectifs clairs, définis par des tendances comportementales spécifiques :

- premièrement, comprendre comment le personnel se comporte avant la formation ;
- ensuite, définir quel devrait être son comportement à l'issue de la formation.

Au cours des formations que vous organisez, vous devez faire passer des connaissances, des compétences concrètes et la vision de l'entreprise. Ne faites pas de longs discours sur les attitudes à adopter. Les employés ne sont jamais très réceptifs à des cours théoriques leur expliquant qu'ils doivent sourire aux clients. En revanche, si votre entreprise démontre dans les faits qu'elle est vraiment soucieuse du client, si vos programmes de formation reflètent une vision globale du service et permettent à vos collaborateurs d'acquérir des compétences réelles qui les aideront à atteindre cette vision, vous réussirez à faire spontanément changer les attitudes.

Les recherches ont clairement démontré, au cours des vingt dernières années, que la formation la plus efficace consiste à impliquer les futurs stagiaires avant la formation. Avant de faire participer des cadres à une session de formation sur la qualité, faites-leur visiter l'usine. Si vous les formez au service clients, demandez-leur d'interviewer des clients.

Lors de l'évaluation des formateurs, qu'il s'agisse d'employés de l'entreprise ou d'un prestataire extérieur, posez-vous trois questions :

- ces formateurs m'interrogent-ils sur mes besoins et mes objectifs ou bien sont-ils plutôt intéressés par la présentation de solutions « brevetées » répondant à ce qu'ils pensent être mes problèmes ?
- sont-ils en mesure d'expliquer comment ils vont modifier le comportement des employés ?
- quels devraient être les résultats mesurables de la formation ? La rotation du personnel devrait-elle ralentir ? Si oui, de combien ?

Après le déroulement des premières sessions de formation, demandez-vous si le comportement des employés a réellement changé. À titre de test, procédez à un jeu de rôles avec les personnes qui ont suivi la formation. Pour savoir si les managers ont appris à être plus attentifs à leurs collaborateurs, essayez de voir s'ils vous écoutent mieux.

Walt Disney Company est un leader en matière de formation. Cette spécialité remonte tout au début de la société. Walt Disney lui-même avait créé l'Université Disney avant l'ouverture du parc Disneyland d'Anaheim en Californie en 1954. Il avait en effet réalisé que le parc traditionnel, composé d'un ensemble d'attractions à sensations fortes, créées par des artistes cherchant à faire de l'argent, n'était pas ce que le client méritait. Il apprit à ses collaborateurs à être partie prenante d'une représentation vivante, en trois dimensions, sans cesse amenée à changer, et à considérer l'entreprise comme une grande famille impliquant un engagement personnel.

Chez Disney, tous les membres de l'organisation sans exception (services de nettoyage compris) suivent au moins quatre jours de formation comprenant :

- *Tradition.* Quelle est la vision de Disney ? Quelles sont les étapes importantes de l'histoire de cette entreprise qui révèlent cette vision ?
- *Information.* Si un visiteur demande à un balayeur l'emplacement d'une attraction particulière, ce dernier doit être en mesure de répondre.
- *Action.* Que faire si un visiteur vous pose une question à laquelle vous ne savez pas répondre ?

Même le président de Disney a suivi le programme de formation de l'Université Disney lors de son entrée dans l'entreprise.

C'est à la suite de ces formations que les employés sont véritablement intégrés au personnel des parcs Disney. Ils deviennent « membres de la troupe ». Cette « initiation » différencie fortement Disney des autres parcs de loisirs et constitue une importante valeur ajoutée.

Que faut-il enseigner à votre personnel ?

Pour diagnostiquer les performances des employés, pour savoir pourquoi tel ou tel ne fait pas ce qu'il devrait faire, vous pouvez utiliser des méthodes souvent très simples, comme celle conçue par Robert Mager par exemple. Elle porte sur cinq questions seulement :

1. La personne sait-elle ce qu'elle est censée faire, quel est son rôle fondamental dans l'entreprise ? Le réceptionniste de l'hôtel qui ne répondait pas à ma question ne savait pas que son rôle fondamental était de satisfaire le client.

2. Cette personne connaît-elle les tâches qu'elle doit effectuer pour accomplir ce rôle fondamental ? Ignore-t-elle comme beaucoup d'employés que le travail de

chacun des membres de l'organisation se décompose en étapes spécifiques ?

3. Cette personne possède-t-elle les compétences nécessaires pour accomplir les tâches requises ? Peut-être ne sait-elle pas comment faire fonctionner le télécopieur, gérer son temps ou utiliser correctement tel ou tel outil ?

4. Cette personne dispose-t-elle des ressources nécessaires à la réalisation de son travail ? Souvent, les entreprises ne disposent pas des systèmes d'approvisionnement nécessaires pour fournir les ressources les plus élémentaires (les cartouches d'encre pour les imprimantes en sont un excellent exemple).

5. Peut-on penser que cette personne ne ferait correctement son travail que si son emploi était en jeu ?

Si la réponse aux questions 1, 2 et/ou 3 est non, vous avez un problème de formation. Si la réponse à la question 4 est non, vous avez un problème de ressources. Si la réponse à la question 5 est oui, vous avez un problème de motivation.

Créer un environnement favorable au service du client

Les entreprises les plus admirées et les plus rentables ont un dénominateur commun : le personnel y est épanoui. Les meilleurs dirigeants d'entreprises fournissent à leurs employés les ressources nécessaires pour bien servir le client.

Faites une visite de vos bureaux ou de votre usine. L'importance accordée à l'environnement de travail est révélatrice de la façon dont vous encouragez le personnel à traiter le client. John Sewell de Sewell Village Cadillac, un concessionnaire de Dallas, a constaté qu'une décision apparemment anodine qu'il avait prise avait finalement eu une importance considérable. Il avait décidé de faire peindre les murs de l'atelier de réparation en blanc et d'y ajouter des lucarnes afin de rendre plus propre et plus lumineux l'endroit où les clients étaient amenés à laisser leur véhicule pour les réparations. Plus que les clients, cette décision a finalement séduit les mécaniciens : appréciant leur nouvel environnement de travail, ces derniers ont redoublé d'ardeur !

De la même façon que la toute première étape d'un programme d'amélioration du service clients consiste à découvrir ce que veut vraiment ce dernier, l'une des principales étapes permettant de donner à vos employés l'environnement dont ils ont besoin, consiste à découvrir ce qui est important pour eux. Il est particulièrement utile de comprendre les désirs des employés lorsque vous cherchez à les récompenser pour la qualité de leur travail. Kodak a commencé à demander à ses employés : « Comment puis-je vous encourager lorsque vous faites du bon travail ? »

Gérard Mulliez. Les salariés aiment bénéficier d'un environnement de travail agréable. Ils apprécient également de pouvoir choisir leurs horaires. Chez Auchan, nous pratiquons beaucoup les horaires modulables. Les employés s'organisent entre eux, en fonction de la charge de travail et de leurs contraintes individuelles. Un système qui offre une marge de liberté appréciable.

Il est clair que l'environnement de travail n'est pas choisi mais « subi » par la personne embauchée. Certains magasins Auchan ont trente ans d'âge, d'autres sont plus récents. Ce qui implique des contraintes variables. Par leur conception, les locaux intègrent plus ou moins bien la notion de satisfaction environnementale. Quel que soit le cadre, l'élément essentiel reste toutefois l'atmosphère qui règne au sein des équipes. Les plus beaux bureaux ne peuvent pallier une mauvaise communication interne.

Traiter les collaborateurs comme des clients

Si vous êtes chef de service, chacun des membres de votre groupe de travail est l'un de vos clients internes. Si vous êtes directeur général, chacun des membres du personnel de l'entreprise est un client interne. Si vous prenez des décisions, si vous modifiez une procédure, ou si vous faites circuler un questionnaire, votre travail nécessite une action de la part d'autres membres du groupe. C'est pourquoi vous devez traiter vos collaborateurs avec autant de respect que s'ils étaient des clients.

Je ne suis pas tout à fait d'accord avec Cawley, le président de MBNA, lorsqu'il dit que nous devrions bannir le mot « employé ». En revanche, je suis tout à fait d'accord pour dire que ce terme n'est pas très heureux. Il met trop l'accent sur le fait qu'une personne travaille pour une autre et sous-estime le fait que tous travaillent ensemble. Certaines entreprises appellent leur personnel des « membres ». C'est le cas de Walt Disney. D'autres entreprises, en particulier la chaîne de vêtements The Limited les appelle des « associés ». Malheureusement, nous n'avons pas trouvé de mot universellement accepté pour remplacer « employé ».

Quels que soient les termes que nous utilisons, l'important est de respecter les personnes qui travaillent avec nous. C'est ainsi que nous renforcerons la satisfaction des employés, laquelle détermine la qualité de leur travail pour les clients, conditionnant elle-même la rentabilité des activités.

D'après le magazine *Fortune*, la société ServiceMaster, spécialisée dans la maintenance et la restauration, est aujourd'hui l'entreprise enregistrant la rentabilité la plus stable des États-Unis. L'une des raisons en est que ServiceMaster traite ses employés les moins qualifiés avec un respect exceptionnel. De nombreux employés de ServiceMaster ne savent ni lire, ni écrire mais leur P-DG a dit : « Avant de demander à quelqu'un de faire quelque chose, aidez-le à être quelqu'un. » [4]

Gérard Mulliez. Les salariés doivent-ils être considérés comme des clients ? Certainement. On en revient toujours à ce principe de base : seule une personne heureuse peut rendre son entourage heureux. Qu'il s'agisse des collaborateurs ou des clients. La hiérarchie, l'encadrement d'une manière générale, doivent avoir conscience que leur rôle premier consiste à favoriser l'épanouissement des salariés, à faire « grandir » les individus. Nous sommes tous responsables de la qualité de notre environnement humain. C'est toujours la balle que vous envoyez qui vous revient... On peut pécher à l'égard d'autrui par pensée, par parole, par action ou par omission. Mais si l'on se montre gentil, il y a de fortes chances pour qu'on vous le rende. Simple loi de la nature. Juste retour des choses...

Les employés récalcitrants

Traiter les employés comme des clients ne signifie pas pour autant qu'il faille ignorer leurs erreurs. Un employé récalcitrant peut, dans certains cas, mécontenter le client et vous ne pouvez pas autoriser cela.

Toutefois, un employé à problèmes mérite d'être traité avec autant d'égards qu'un client à problèmes. Les bons commerciaux ne claquent pas la porte au nez d'un client qui demande des services irréalisables ou tarde à régler ses factures. Ils essaient d'améliorer les relations avec ce client pour tenter de résoudre le problème.

De la même façon, vous devez vous occuper des employés qui sont source de problèmes pour les aider à s'intégrer dans la vision de l'entreprise.

Ce sont souvent les cadres situés deux ou trois niveaux en dessous de la direction générale qui constituent le plus grand obstacle à la transformation d'une entreprise en vue de l'approche « clients ». Ils sont, en effet, habitués à un certain confort de travail et à des méthodes traditionnelles. Ils s'opposent donc au changement et stoppent ainsi tous les efforts d'amélioration entrepris par la direction générale.

Gérard Mulliez. Dans une entreprise solidaire, comme Auchan, le salarié qui ne joue pas le jeu du projet d'entreprise s'élimine de lui-même, sous la pression psychologique de son environnement immédiat en désaccord avec son comportement. Soit la personne concernée modifie son attitude, soit elle est amenée à partir. Les cas de licenciements ne sont que les exceptions qui confirment la règle.

L'entourage professionnel doit essayer de détecter l'« insatisfaction d'amour » ressentie par le salarié. On attend de la personne employée qu'elle diffuse, sous une forme ou sous une autre l'amour et non la haine.

Le coût de la rotation du personnel

Les entreprises sont plus attentives à leur personnel lorsqu'elles réalisent à quel point le remplacement des employés coûte cher. Le nombre de jeunes entrant dans l'entreprise étant de plus en plus faible, ces coûts ne peuvent qu'augmenter. Mieux vaut essayer de les prévoir maintenant.

Dressez la liste des coûts de rotation du personnel dont la direction se plaint actuellement puis calculez les coûts réels. Vous serez surpris du résultat. Voici un exemple :

1. Temps investi par l'encadrement dans la formation de l'employé qui quitte l'entreprise.
2. Salaire versé à l'employé démissionaire pendant son temps de formation.
3. Coût des opportunités commerciales manquées et de l'insatisfaction du client pendant la période de vacance du poste.
4. Coûts de recrutement et de remplacement.

5. Temps passé par l'encadrement en entretiens avec des candidats intéressés par un poste.
6. Coût de formation du nouvel employé.
7. Salaire versé au nouvel employé avant qu'il ne soit véritablement opérationnel.
8. Coût du temps supplémentaire devant être consacré au nouvel employé par son supérieur.
9. Coût des premières erreurs commises par le nouvel employé.
10. Interruption subie par le service pendant le remplacement.
11. Perte des connaissances que l'ancien employé était seul à détenir.

Vous pouvez probablement ajouter à cette liste une demi-douzaine d'autres coûts supportés par votre organisation.

Peu d'entreprises soutiennent que la rotation du personnel n'est pas un problème. Pourtant, les chaînes de restauration rapide disent parfois que les tâches à effectuer dans les restaurants sont tellement simples qu'elles peuvent facilement former de nouveaux employés et que les gens qui restent longtemps à ces postes perdent leur enthousiasme. La situation est certes différente dans chaque secteur, mais je me demande si ces entreprises comprennent vraiment leur intérêt réel. Si les employés perdent leur enthousiasme, pourquoi leurs managers n'utilisent-ils pas leurs talents pour stimuler leur motivation ? Pourquoi ne recherche-t-on pas la collaboration de ces employés à l'amélioration de l'entreprise ?

Quel que soit votre secteur d'activités, vous devez parfaitement comprendre les coûts de la rotation du personnel. Vos employés comme vos clients en bénéficieront.

Gérard Mulliez. Aucun doute : il est préférable d'avoir une entreprise à faible rotation de personnel. Par principe, la valeur, l'efficacité d'une société sont la conséquence du travail bien fait par chacun de ses salariés. Avec un amour, une passion et une conscience professionnelle qui ne s'acquièrent que petit à petit. Constamment, on peut et on doit s'améliorer dans son activité. Aujourd'hui plus qu'hier et bien moins que demain... Quand un salarié quitte un poste, l'entreprise perd forcément un certain savoir-faire. Il en découle très souvent une moindre satisfaction du client.

Certaines professions – par exemple la restauration « fast food » aux États-Unis – fonctionnent essentiellement avec des étudiants ou des retraités, c'est-à-dire des catégories de main-d'œuvre à disponibilité et à stabilité réduite. La rapidité de rotation de ce type de personnel est subie, beaucoup plus que souhaitée. Elle s'impose aux employeurs comme une contrainte. Elle ne constitue pas un objectif en soi. Le travail à mi-temps ne répond pas non plus au vœu profond des salariés embauchés par les chaînes de restaurants. Il représente un pis-aller. Les employés ne s'y résolvent qu'en raison de leur situation personnelle. S'ils étaient vraiment désireux de pratiquer le travail à temps partiel, ils seraient certainement plus stables dans leur emploi.

Une fraction importante du personnel de nos établissements « Flunch » ou « Pizza Paï » conserve longtemps son poste et nous encourageons cette stabilité.

Je suis conscient qu'à la longue, un fort taux de rotation peut devenir coûteux. Mais je pense qu'il ne faut pas considérer le coût salarial en fonction de l'heure payée au salarié. C'est l'efficacité globale du collaborateur qui compte. Une société qui emploie des personnes peu nombreuses, mais très qualifiées, très motivées et très bien payées, fonctionnera toujours mieux qu'une entreprise aux effectifs nombreux, peu qualifiés, peu motivés et peu payés. Quelle dépense d'énergie et de temps pour apprendre à de nouveaux collaborateurs à évoluer dans leur compréhension, leur solidarité avec les autres et en particulier avec les clients... Aucune entreprise ne peut s'offrir indéfiniment ce luxe à répétition.

Les techniques s'apprennent vite ; les attitudes comportementales se cultivent, s'entretiennent, s'améliorent sur la durée. Ce n'est pas du jour au lendemain que l'on comprend que ce que l'on fait nous revient comme un boomerang et que l'on est donc le moteur de l'état d'esprit et de la joie de vivre qui règnent autour de soi. Dans chaque entreprise, il existe des hommes et des femmes dont la gentillesse et le sourire rayonnent autour d'eux. À force de faire monter le degré d'amour au sein de leur entreprise, ils réussissent à faire en sorte que tout le monde les aime.

Demandez aux employés de s'engager intellectuellement

En demandant aux employés qu'ils réfléchissent de façon critique au fonctionnement de l'entreprise celui-ci est amélioré en permanence. Lorsque nous avons besoin qu'une personne se charge d'un certain travail, il suffit souvent de lui dire : « Voici la meilleure méthode dont nous disposions à ce jour. Peut-être avez-vous une meilleure idée ? À vous de jouer. »

Prenons l'exemple de Rohm & Haas Bayport, l'usine chimique du Texas déjà évoquée. Ses soixante-sept employés ont des rôles importants comme celui de s'évaluer les uns les autres et de faire passer des entretiens aux candidats. « Nous nous efforçons de transférer la prise de décision vers les individus qui réaliseront le travail » explique le directeur de l'usine, Robert Gilbert. Rohm & Haas Bayport a atteint un tel niveau de qualité qu'il a reçu la meilleure note jamais attribuée dans une évaluation réalisée par des clients. Baxter Health Care Corporation, entreprise de camionnage de la région d'Atlanta, a formé une équipe chargée de modifier les itinéraires et la planification des enlèvements, il s'est alors avéré que 20 % des camions n'étaient plus nécessaires. Chez Bank One, dans l'Ohio, une équipe constituée d'employés de plusieurs services a réussi à réduire pratiquement de moitié le temps nécessaire à la compensation des chèques.

Chez Fuji Electric, à Tokyo, l'employé moyen soumet 277 suggestions par an. 98 % d'entre elles sont utilisées dont 80 à 90 % dans la semaine, par le superviseur de cet employé, sans qu'il ait à en référer à ses supérieurs hiérarchiques. Fuji a pour politique d'accepter non seulement les suggestions qui paraissent, de toute évidence, salutaires pour l'entreprise, mais également celles que le superviseur considère comme neutres dans leurs effets. En effet, la plupart des employés ont, au-dessus de leur bureau, une courbe indiquant le nombre de suggestions faites et mises en œuvre.

Nous n'avons pas besoin d'augmenter les salaires de nos employés pour profiter de leurs idées. Ces derniers surprennent constamment les meilleurs managers en leur montrant qu'ils peuvent faire et font effectivement bien plus que leur patron n'aurait pu l'imaginer.

En donnant à une personne l'occasion d'utiliser ses capacités intellectuelles, vous ne vous contentez pas de mieux servir le client, vous avez l'opportunité de découvrir certaines compétences insoupçonnées qui vous permettent d'envisager des promotions, ce qui est un grand atout pour fidéliser ses collaborateurs.

Les gens veulent devenir des champions du service clients

Même certaines des plus mauvaises entreprises ont fait une découverte remarquable à l'occasion d'un changement de direction. Leurs employés ne demandaient qu'à servir les clients et avaient la capacité de bien le faire. Il leur manquait simplement un soutien fondamental de la part d'une direction soucieuse du client : un engagement à satisfaire le client sans réserve, une communication constante de cet objectif, une mesure précise des résultats, des pratiques de recrutement intelligentes, une formation continue, un environnement bien géré, du respect, et l'occasion d'utiliser leur capacité de réflexion pour chercher à améliorer le lieu de travail.

David Gunn, Président de New York City Transit Authority, qui a réussi à transformer un système de transport en commun mal organisé et imprévisible en un système tout à fait fiable explique : « Notre personnel était vraiment prêt à faire le maximum. Le seul problème était l'encadrement. » [5]

Aujourd'hui, des millions d'employés veulent devenir champions du service clients. Donnez-leur une vision et des occasions de faire leurs preuves, et ils feront le reste.

Gérard Mulliez. Les intérêts de l'entreprise et des salariés doivent impérativement se rejoindre. Chez Auchan, nous avons en grande partie gagné ce pari grâce à l'actionnariat du personnel. Chaque collaborateur sait qu'il travaille pour son propre compte, dans une société dont il est copropriétaire. Il est donc heureux d'y constater une certaine prospérité, car il sait qu'il va en bénéficier. Au moins partiellement. En faisant des suggestions pour une meilleure organisation du travail, il a le sentiment de défendre son patrimoine. Il est incité à formuler des propositions d'améliorations que son supérieur hiérarchique aura à cœur de prendre en compte et d'exploiter concrètement.

Mais l'actionnariat ne suffit pas. Il faut également organiser l'entreprise de telle sorte que l'employé de base se sente responsable de la satisfaction du client et qu'il ait une liberté d'initiative suffisante pour atteindre cet objectif.

Dans une société dont le mode de fonctionnement est vraiment décentralisé, le personnel a toute latitude pour agir dès lors qu'il a bien compris le projet de l'entreprise et qu'il se maintient dans ce cadre.

Si l'on multiplie les contraintes administratives, si l'on érige le respect du règlement en critère d'appréciation professionnelle, on condamne l'initiative. Chaque échelon hiérarchique forme un « goulot d'étranglement » qui bloque la spontanéité, brise la créativité.

Si l'on s'en tient à la stricte observation des procédures, seuls 4 % des problèmes ont une chance réelle de « remonter » jusqu'au sommet de la pyramide. C'est pourquoi il est indispensable d'organiser l'entreprise selon la loi de la subsidiarité, depuis le plus modeste des échelons hiérarchiques. Sinon, on s'expose à de sérieux risques d'encombrement qui mettent en péril l'existence même de la société.

Il n'y a pas de progrès possible si chaque collaborateur ne dispose pas, systématiquement, d'un espace d'adaptation. Afin de mettre en œuvre ce qui lui apparaît à un instant donné comme la meilleure solution pour venir à bout d'une difficulté.

PLAN D'ACTION

- L'encadrement doit consacrer un temps important au recrutement, et mettre l'accent sur les attitudes allant dans le sens de votre vision, plus que sur les qualifications formelles. Définissez un profil rigoureux de la personne que vous recherchez et utilisez-le comme référence.
- Expliquez à tous vos employés comment leur travail sera contrôlé. Ajustez votre système de suivi pour ne pas avoir à vous justifier à chaque fois.
- Revoyez vos systèmes de récompenses. Ils constituent les meilleures manifestations de gratitude. Assurez-vous qu'ils reflètent bien la sincérité de votre vision centrée sur le client.
- Formez votre personnel en permanence. Adoptez des programmes de formation qui se traduisent par des changements mesurables, prévisibles et constructifs dans le comportement de vos employés. Si ces programmes n'aboutissent pas aux résultats escomptés, trouvez-en d'autres.

- Créez un environnement de travail montrant que vous vous préoccupez autant de vos employés que vous aimeriez les voir se préoccuper des clients.
- Traitez les employés à problèmes de la même façon que vous traiteriez des clients à problèmes : comme des partenaires commerciaux avec lesquels vous cherchez à établir une relation durable et rentable.
- Engagez la réflexion de votre personnel sur l'amélioration permanente de l'entreprise.

NOTES

1. National Quality Forum meeting, New York, 3 octobre 1989.

2. William M. DeMarco et Michael D. Maginn, *Sales Competency Research Report*, Forum Corporation, p. 13.

3. Forum Corporation, « Customer Focus Research Study » (1988), p. 35.

4. Heskett, J. L., « Lessons in the Service Sector », *Harvard Business Review* (mars-avril 1987), p. 118.

5. Daniel Akst, « Where Did All the Graffiti Go ? » *Forbes* (28 mai 1990), p. 334.

6

ABATTRE LES BARRIÈRES EMPÊCHANT L'APPROCHE CLIENTS D'ÊTRE PERFORMANTE

« Simplifiez les procédures et les biens se mettront à circuler comme de l'eau claire. »

Richard Shonberger,
Japanese Manufacturing Techniques [1]

On l'appelle « l'iceberg de l'ignorance ». Il vous est présenté à la figure 1, p. 155. Sa découverte est récente. Il est encore difficile à voir et souvent fatal aux entreprises et autres organisations...

Il a été découvert lorsqu'un groupe de chercheurs japonais, guidé par l'expert de la qualité Sidney Yoshida, demanda à un échantillon d'employés d'une grande usine de dresser la liste des principaux problèmes dont ils avaient connaissance.

Quelle ne fut pas leur surprise lorsqu'ils constatèrent que 4 % seulement des problèmes figurant sur la liste étaient connus de la direction générale. Ainsi, la plupart des causes de défauts, surcoûts, retards et autres problèmes ressentis par les clients, restaient cachées telle la masse immergée d'un iceberg.

La figure 1 indique quelles étaient les catégories de personnel qui savaient vraiment ce qui se passait. Elle révèle que pratiquement tous les problèmes connus de la direction générale l'étaient aussi par quelques-uns des employés. En outre, les contremaîtres, les ouvriers et les employés avaient connaissance de centaines de problèmes dont les gens situés au-dessus d'eux étaient totalement et dangereusement inconscients [2].

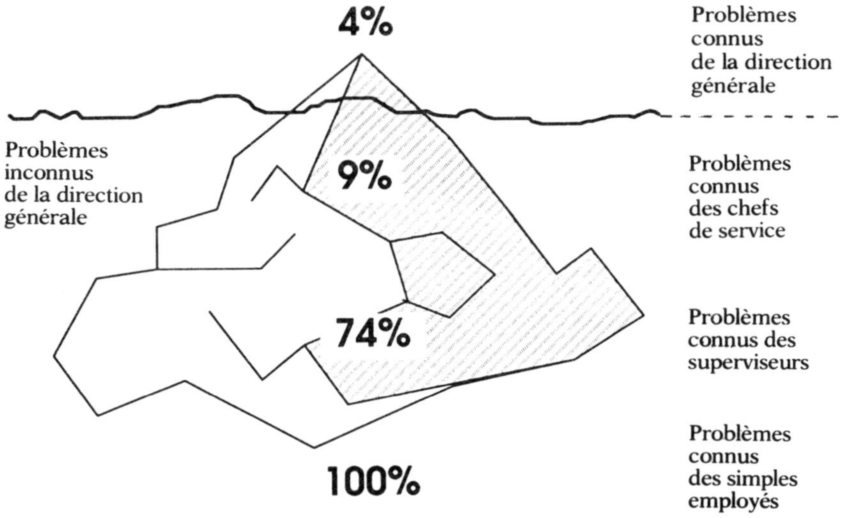

Figure 1. L'iceberg de l'ignorance

L'iceberg de l'ignorance permet de comprendre pourquoi un petit nombre seulement d'entreprises réussissent régulièrement à tenir leurs promesses. Votre organisation se trouve toujours confrontée à des centaines de problèmes que vous ne voyez pas et que vous pouvez encore moins résoudre.

Pourtant, une poignée d'entreprises et de groupes de travail continue à surprendre les clients par des performances fiables et une capacité à livrer ce qu'elles ont promis. Dans ce chapitre, nous verrons comment elles y parviennent et comment vous pouvez, vous aussi, y parvenir. La fiabilité et l'orientation vers le client ne sont pas forcément obtenues lorsque chacun fait de son mieux. En général, une stratégie très simple se dessine. Elle consiste à éliminer les barrières empêchant vos employés de servir régulièrement les clients de façon efficace. Vous obtiendrez alors *à la fois* la satisfaction du client et une réduction des coûts !

Il est difficile de trouver une entreprise où la qualité soit supérieure à celle de Toyota. Bien avant que les voitures Toyota ne soient disponibles en dehors du Japon, son président, Kiichiro Toyoda (1894-1952) demanda à ses employés d'éliminer systématiquement les barrières qui empêchaient leur système de servir le client. Aujourd'hui, Toyota utilise des méthodes technologiquement avancées et très sophistiquées pour les éliminer.

Une chose est sûre, Toyota est en tête en matière de recherche sur les nouveaux matériaux permettant de concevoir des véhicules plus légers, plus rapides, plus agréables à conduire. Toutefois, vous pouvez être certain que Toyota ne recherche pas la sophistication pour la sophistication. Son système de production est plus révélateur des efforts déployés que n'importe quelle recherche de haute technologie. Développé dans les années 50, il a permis, pour la première fois, que le système de fabrication tout entier soit guidé par les besoins du client au lieu de dépendre de plans de production rigides. Cet objectif a été atteint en détectant les étapes inutiles et en trouvant des moyens de les éliminer.

Les ingénieurs de Toyota se sont demandés : « Pourquoi aller chercher une pièce chez un fournisseur et la placer dans un entrepôt pour l'utiliser uniquement lorsqu'elle est nécessaire ? » Pourquoi ne pas réorganiser le système de telle façon que les pièces soient transportées directement depuis le camion du fournisseur sur la ligne d'assemblage et y arrivent précisément au moment où elles sont nécessaires ? Un effort inutile, constituant une barrière nuisant à l'efficacité de la production, a ainsi été éliminée. De même, le temps de stockage pendant lequel les pièces risquent de se détériorer et l'espace utilisé pour le stockage ont été supprimés.

Pendant plusieurs dizaines d'années, le système Toyota a méthodiquement détruit des obstacles nuisibles au service du client. Ainsi, les produits de Toyota ont la première place au palmarès de la satisfaction des clients. L'abaissement des barrières a également permis une plus grande efficacité. Le système piloté par le client de Toyota aboutit à un chiffre d'affaires par employé deux fois supérieur à celui de Nissan et deux fois et demie supérieur à celui de Chrysler [3].

Ce chapitre sera l'occasion de montrer comment votre entreprise peut continuellement éliminer les barrières empêchant la satisfaction du client.

1. Nous examinerons tout d'abord les causes du problème. Pourquoi la plupart des entreprises manquent-elles à leurs promesses ?
2. Nous verrons ensuite ce qui se passe dans les entreprises qui adoptent des techniques très simples pour éliminer les barrières. Par exemple, consulter les employés et les fournisseurs, ou demander au client d'expliquer son problème puis charger un employé d'en trouver et d'en éliminer les causes.
3. Nous commenterons une procédure de résolution de problème en six points, applicable à pratiquement n'importe quel problème.
4. Nous étudierons certains systèmes avancés, mais cependant fondamentalement simples, permettant de faire en sorte que les besoins du client déterminent tout dans une organisation aussi complexe qu'une usine.
5. Nous verrons ce qui est spécifique aux entreprises de services, en quoi les problèmes auxquels elles se trouvent confrontées ressemblent à ceux des industriels, en quoi ils en diffèrent et comment ces sociétés peuvent offrir une vraie fiabilité.
6. Enfin, nous examinerons certaines méthodes clefs, permettant de gérer une entreprise comme un tout, de façon à éliminer constamment les barrières de toutes catégories et à éviter d'en créer de nouvelles.

Ne pas se laisser embourber dans les problèmes

La raison fondamentale empêchant les produits, services et innovations de circuler comme de l'eau claire est que les employés ont tendance à s'embourber. Ils passent une grande partie de leur temps et de leur énergie à traiter des problèmes qu'ils pensent inévitables.

Les entreprises centrées sur le client, hautement performantes, ont justement éliminé ces problèmes en supprimant les différentes barrières empêchant un service efficace de leurs clients, à savoir : gestion embrouillée, fabrication laissant les machines produire des défauts, incapacité à produire en petite quantité... barrières à l'origine du gaspillage et des problèmes majeurs des entreprises.

Victimes de ces barrières, les entreprises mettent beaucoup plus longtemps que les autres à adopter efficacement une nouvelle technologie. Leurs procédures confuses font que les employés finissent par perdre le client de vue.

Malheureusement, la plupart des sociétés de services sont davantage prisonnières de leurs barrières que ne le sont les usines. Bien que beaucoup d'entre elles aient concouru, le prix Malcolm Baldrige de la qualité n'a été décerné que récemment à des sociétés de services. Dans le domaine des services, seules Federal Express et Wallace Company (un distributeur d'équipements pour champs pétrolifères qui a remporté ce prix en 1990) ont été couronnées.

Dans les industries et dans les sociétés de services, les politiques et les procédures sont trop souvent conçues en fonction d'un besoin interne plutôt que dans l'intérêt du client. Un peu comme lorsqu'une infirmière réveille un patient pour lui faire avaler un médicament non pas parce que c'est l'heure mais parce qu'elle doit rentrer chez elle. Ni les entreprises, ni l'infirmière, ne sont dans ce cas motivées par l'intérêt du client.

Gérard Mulliez. Les statistiques sont sources de progrès et d'émulation. À condition, bien entendu, qu'elles s'appuient sur des paramètres très « normatifs ». Dans la distribution ou la restauration, elles nous permettent d'établir, à fonctions équivalentes, les performances comparées de nos différentes implantations. Mais comparaison n'est pas raison et le chef d'entreprise doit laisser une certaine marge de manœuvre dans l'exécution des décisions. Afin de permettre une amélioration des résultats.

Une société qui se veut créative, ne doit pas se laisser embrigader. Plus elle fabrique de normes et de procédures, moins elle est capable d'évoluer. Elle finit forcément par prendre du retard.

Au lieu de s'attacher, coûte que coûte, à définir comment on fait les choses, mieux vaut se contenter de savoir pourquoi on les fait, s'en tenir au projet de l'entreprise et aux missions des salariés. Tout dépend naturellement des métiers pratiqués. Dans la boulangerie ou la pâtisserie, des recettes éprouvées permettent de fabriquer de bons produits. Mais cela ne dispense pas du « tour de main ». Dans certains endroits, l'humidité de l'air est plus forte que dans d'autres... Moins d'eau suffit alors pour réussir le produit de la même manière.

Dans la distribution, des articles comme les sous-vêtements, les costumes de bains, et tout ce qui relève du contact avec l'intimité des personnes, ne sont ni repris ni échangés. Pourtant, des exceptions à la règle peuvent survenir, en particulier lorsque les produits sont restés dans leur emballage d'origine. L'existence d'une norme ne doit surtout pas interdire une certaine capacité d'adaptation du personnel.

Demandez de l'aide puis améliorez votre façon de faire

La méthode la plus élémentaire permettant de briser les barrières est très simple. Demandez à vos employés, fournisseurs et distributeurs de vous indiquer quelles sont, à leur avis, les barrières empêchant votre organisation de se mettre au service des clients. Demandez-leur de vous faire des suggestions quant à la façon dont vous pourriez éliminer ces obstacles et supprimez-les.

Comme nous l'avons vu avec l'iceberg de l'ignorance, les employés de l'usine qui sont les plus proches de l'action et ceux qui ont directement affaire au client ont souvent d'excellentes idées dans des domaines traditionnellement réservés à des spécialistes. Ces employés passent leur temps à résoudre les problèmes techniques de l'entreprise et ils ont nécessairement une opinion à ce sujet.

Prenons l'exemple d'un projet dans lequel les suggestions des employés ont été particulièrement bien utilisées : le développement de la Ford Taurus. Les ingénieurs avaient prévu de découper les côtés de la Taurus en six pièces puis de les assembler par soudage. Un ouvrier d'Atlanta leur a dit que cela pouvait être fait en un nombre inférieur de pièces. Il avait raison. Les six pièces ont été réduites à deux. Les économies ainsi réalisées en coûts de soudage étaient énormes. D'autres ouvriers travaillant sur la ligne d'assemblage de Taurus posèrent des questions comme celles-ci :

- Pourquoi devons-nous utiliser, sur la ligne d'assemblage de la carrosserie, trois pistolets à souder différents, qui sont tous suspendus au plafond et qui nous gênent dans nos déplacements ? Les ingénieurs ont alors conçu un pistolet à souder unique, permettant d'économiser du temps d'assemblage, des frais d'équipements, et de limiter les risques d'erreur.
- Cet écrou, sur le capot est-il vraiment nécessaire ? Les ingénieurs ont réalisé qu'il ne l'était pas et l'ont supprimé. Ils ont économisé des écrous, réduit le

temps d'assemblage et éliminé, pour l'utilisateur, une pièce qui risquait de causer des problèmes.

- Pourquoi devons-nous utiliser différentes tailles d'écrous pour fixer les moulages en plastique à l'intérieur de l'habitacle ? Les ingénieurs se sont mis d'accord sur une taille unique, économisant ainsi des coûts de fournitures et du temps de production.

Pour le seul programme Taurus, Ford a apporté plus de 700 modifications de ce type à partir de suggestions provenant des ouvriers. Un cadre de Ford a estimé qu'en moyenne une recommandation permettait d'économiser 300 000 à 700 000 dollars [4].

Pour leur part, les fournisseurs participant au projet Taurus ont apporté les contributions suivantes : Ils ont recommandé la conception d'une table de pique-nique rétractable dans le hayon du break et ont participé à sa conception. Ils ont préconisé une méthode spéciale pour la pose de la moquette, afin de lui donner une apparence plus uniforme et plus luxueuse. Ils ont suggéré l'utilisation de deux pare-soleil du côté conducteur, l'un dans la position normale, face au conducteur, l'autre au-dessus de la portière. L'utilisateur n'a plus besoin de déplacer constamment son pare-soleil en fonction de la position du soleil [5].

Ford a réorganisé son processus de conception tout entier pour abattre les barrières entre les départements marketing, conception, études et fabrication. Cela en valait-il la peine ? La Taurus a été la voiture américaine des années 80 qui a remporté le plus de succès.

Mais pouvons-nous parvenir à ce type de performances sur une base régulière sans investir un temps tel que les autres sections de l'entreprise aient à en souffrir ? L'expérience montre que c'est effectivement possible.

En revanche, peu d'entreprises éliminent les barrières aussi efficacement qu'elles le pourraient. Chaque manager peut considérablement accroître le succès de son organisation en tirant parti des connaissances détenues par les employés de son service ou de son groupe.

- Demandez à chaque employé de faire des suggestions.
- Recherchez systématiquement, en priorité, les suggestions répondant aux problèmes considérés, d'après les enquêtes, comme les plus importants pour vos clients.
- Suivez le nombre de suggestions provenant de chaque personne.
- Mettez en application rapidement non seulement les suggestions qui vous paraissent susceptibles d'améliorer le fonctionnement de l'entreprise mais également celles qui semblent neutres dans leurs effets. À défaut d'autre chose, la personne qui a fait la suggestion se sentira reconnue.
- Manifestez de la reconnaissance à l'égard des personnes qui font des suggestions.

Quoi que vous fassiez, ne commettez pas l'erreur d'une entreprise à laquelle j'ai eu l'occasion de rendre visite. Elle avait mis en place un programme de suggestions mais avait accumulé, dans le traitement de ces dernières, un retard tel, qu'il a fallu près de six mois pour que les auteurs des suggestions obtiennent un retour d'information. Vous pouvez imaginer la déception, le ressentiment et le manque de confiance engendrés par ce goulot d'étranglement.

Obtenez l'aide du client

Vous réaliserez vraiment tout le potentiel de votre entreprise en faisant participer vos clients à la suppression des barrières internes. L'une des principales raisons de la domination de Boeing sur le marché des avions commerciaux vient du fait que ses représentants font systématiquement remonter des informations aux ingénieurs. Ils considèrent cet aspect comme fondamental dans leur travail. Le service des études répond, de son côté, en conservant trace de ces informations et en travaillant à leur réalisation.

Agir à partir des informations fournies par le client n'est pas toujours facile. Bien souvent, les clients ne comprennent pas votre entreprise aussi bien que vos employés ou vos fournisseurs. En revanche, ils savent mieux que quiconque ce qui devrait se passer et qui ne se passe pas. C'est par là qu'il faut commencer. Ils savent ce qui ne va pas mais c'est à vous de trouver pourquoi et d'y remédier.

Les règles fondamentales pour éliminer les obstacles

Être réceptif aux intérêts du client signifie apprendre à communiquer les problèmes aux personnes concernées, fixer des priorités, détecter, éliminer et éviter les obstacles responsables des problèmes, puis continuer à améliorer le fonctionnement de l'entreprise. Chacun des membres de votre organisation doit comprendre cette procédure valable aussi bien pour le secteur industriel que pour le secteur des services. Susan Robinson, directrice de la formation chez Xerox Canada, raconte que cette entreprise a identifié les étapes commerciales et administratives qui constituent, ensemble, la totalité des activités. Dans la partie « distribution » de l'entreprise, les étapes sont la vente, la facturation et le service après-vente. Xerox Canada analyse et améliore ces étapes par une méthodologie très proche de celle par laquelle les ouvriers de Xerox améliorent les processus de fabrication.

Il existe une approche fondamentale d'amélioration en six points :

1. **Recueil d'informations**, en particulier auprès des utilisateurs finaux de vos produits et services, et auprès

des clients internes, sur les étapes susceptibles de causer les problèmes. Vous pouvez utiliser pour ce faire les techniques abordées dans le chapitre 2 et, si nécessaire, les techniques d'enquêtes détaillées au chapitre 7.

2. **Conversion des informations des clients en mesures.** Deux types de mesures sont utiles :

- Les attributs, qui répartissent de façon stricte des données en deux catégories : les résultats acceptables et ceux qui ne le sont pas. Une commande a été enregistrée correctement ou incorrectement. La livraison est intervenue à temps ou en retard.
- Les variables, qui rapportent des données à une échelle. Les mesures variables sont moins susceptibles de dépendre de jugements subjectifs que les attributs. Si la livraison intervient 25 secondes après l'heure prévue, peut-on parler de retard ? Pour créer une mesure variable concrète, il est donc nécessaire de choisir une unité de mesure adaptée aux intérêts du client. Pour répondre au souhait « pas d'attente lors de l'enregistrement » formulé par le client, nous pouvons mesurer le temps d'attente en minutes passées dans la file d'attente. Pour répondre à son souhait « livraison à temps », nous pouvons mesurer le temps de livraison en minutes, heures, jours avant ou après la date de livraison promise.

D'autres exemples de mesure vous sont proposés au chapitre 7 (page 197).

3. **Analyse de l'organisation dans sa version actuelle.** Fixez-vous un premier objectif, fondé sur les désirs du client. Ensuite, examinez de près la méthode actuellement utilisée. Dans la partie « outils » du présent ouvrage vous trouverez un choix important de méthodes permettant d'analyser les procédés et de résoudre les problèmes (à partir de la page 288). La représentation des procédés est particulièrement utile à ce stade.

4. **Conception d'une version améliorée de l'organisation.** Réévaluez votre objectif initial d'amélioration à la lumière de votre nouvelle compréhension du pro-

cédé. Est-il suffisamment ambitieux ? Permettra-t-il vraiment d'améliorer un aspect qui est une priorité pour votre client ?

Ensuite, concevez et représentez une meilleure façon de faire. Parmi les méthodes permettant d'améliorer une étape ayant causé des problèmes, citons :

- Création d'entrées plus cohérentes. Si vous améliorez la méthode de prise de commande, pouvez-vous créer un nouveau formulaire pour vous assurer que toutes les données relatives aux commandes sont enregistrées de la même façon, commande après commande ? Pouvez-vous réduire le nombre de fournisseurs, par exemple à une seule source pour le service après vente au lieu de trois ou quatre ?
- Elimination des actions inutiles. Comptez le nombre de fois où une personne ou un groupe doit transférer le travail à d'autres. Chaque transfert de ce type est l'occasion de mauvaise compréhension, de retards et d'erreurs. Pouvez-vous concevoir une façon de faire comportant un nombre inférieur de transferts ?
- Groupements d'actions. Déterminez s'il n'est pas possible de grouper deux ou plusieurs actions en une seule.
- Exécution des tâches en parallèle plutôt qu'en série. Economisez du temps en demandant à différentes personnes d'effectuer différentes tâches en même temps plutôt que de procéder par séquences successives.
- Valeur ajoutée. Eliminez les gaspillages. Par exemple, réduisez la distance que doivent parcourir les produits en cours de traitement entre deux postes de travail. Ou cherchez à améliorer les marges.
- Correction des mesures existantes ou ajout de nouvelles mesures. Essayez de comprendre si l'action n'est pas maîtrisée faute de mesures ou faute de mesures adaptées.
- Utilisation de la technologie. Une partie du travail peut-il être automatisé ? Souvent, cela permet une

meilleure utilisation des ressources existantes, par exemple l'utilisation d'ordinateurs personnels existants plutôt que l'achat de nouveaux.

- Implication et participation des personnes clés, aussitôt que possible.

Quand vous êtes parvenu à la meilleure façon de faire possible, passez à une épreuve décisive en vous demandant : "De quelle façon cela augmente-t-il la valeur ajoutée pour le client ?"

5. **Établissement de normes** pour que des résultats essentiels et des mesures précises puissent être clairement définis, de même que les performances qu'il est nécessaire d'atteindre aux étapes clés du processus afin que ces résultats soient homogènes. La livraison des pièces en temps et en heure peut faire partie de vos objectifs centrés sur le client. Transmettre les demandes du client à l'entrepôt dans l'heure qui suit leur remise par le client pourrait être une norme de performances du processus.

Pour évaluer une norme, il suffit d'utiliser les quatre critères suivants :

Mesurable. Une norme doit être mesurable pour être utile dans la définition de l'amélioration. Plus cette norme est spécifiquement définie, plus elle est mesurable en termes de qualité, quantité et ponctualité.

Réalisable. Une norme doit être raisonnable et réalisable : ni trop facile au point de ne demander aucun effort important, ni trop difficile au point de demander des efforts surhumains. En définissant de telles normes, vous devez tenir compte du fait que les employés disposent des matières premières et des ressources nécessaires pour y répondre. Par exemple, une procédure précisant que « les demandes du client doivent obtenir une réponse dans les vingt-quatre heures au lieu de quarante-huit actuellement » ne doit être définie qu'une fois en place les systèmes permettant ce changement (y compris l'accès aux ressources nécessaires).

Pertinent. La norme doit refléter les attentes des clients (internes et externes) et/ou être conçue pour créer un avantage perceptible par eux.

Contrôlable. L'accomplissement de la norme doit être maîtrisable par une unité de travail spécifique et la procédure permettant l'accomplissement du résultat désiré doit être définie.

6. **Gérer les performances.** Revoyez la façon dont les employés impliqués dans le processus sont gérés et récompensés. Dans de nombreuses entreprises, la direction a souvent mis l'accent sur le fait qu'il fallait atteindre des quotas, réduire la main-d'œuvre « directe », récompenser les résultats de l'individu plutôt que ceux du groupe et obtenir des résultats financiers à court terme. Habituellement, ce type de gestion décourage les actions orientées vers le client.

Etudiez de nouvelles façons d'évaluer les employés en recourant à des mesures telles que :

- qualité du produit ou service fourni,
- participation au travail d'équipe,
- heures de formation des employés,
- élimination du gaspillage.

Mettez l'accent sur le travail en équipe plutôt que sur l'héroïsme individuel. Essayez de mettre au point un système de récompense et de reconnaissance qui encourage les contributions à long terme d'une équipe.

Supprimer les obstacles dans les systèmes complexes

De nombreuses entreprises sont tellement encombrées d'obstacles qu'elles donnent l'impression de ne jamais pouvoir rationaliser les flux d'activités et se concentrer sur le client. Plus une entreprise est complexe, plus le client risque de devenir une entité vague et lointaine. Dans ce cas, les routines deviennent souvent la seule force motrice qui détermine le comportement des employés. Pourtant, même dans des entreprises extrêmement complexes, les barrières peuvent tomber.

Dans des systèmes de production ou de services complexes, le nombre de tâches à exécuter et le temps de réglage de chacune peut être énorme. Les employés essaient donc d'exécuter le travail en grandes séries. Les pièces sont fabriquées par lots, les secrétaires commandent du café pour trois mois et les personnes chargées de traiter les demandes d'emprunt attendent d'en avoir un certain nombre pour appeler les bureaux de crédit.

Malheureusement, tout système géré par lots crée inévitablement une accumulation d'obstacles qui ralentit l'organisation tout entière et l'empêche de répondre rapidement aux besoins du client.

Dans l'industrie, produire des pièces en grande série signifie que les résultats d'un premier usinage doivent être stockés, jusqu'à ce que le service suivant puisse les accepter et les traiter. Dans les services, la gestion de demandes d'emprunt par lots, signifie qu'aucun client ne pourra être satisfait aussi longtemps que l'ensemble complet des demandes n'aura pas été traité.

Lorsqu'une personne commet une erreur, cette dernière risque de ne pas être détectée jusqu'à ce que le lot complet de pièces, de demandes d'emprunt (ou autres) ait atteint l'étape suivante de la séquence, ce qui peut prendre plusieurs jours ou plusieurs semaines. Dans l'intervalle, il est probable que l'erreur aura été répétée de nombreuses fois et sa cause sera alors difficile à déterminer.

L'une des méthodes permettant d'améliorer un système complexe consiste à le diviser en plusieurs systèmes plus petits. De nombreuses entreprises ont considérablement amélioré leurs conditions de travail en créant des équipes dont chacune est responsable de A à Z de la réalisation de tâches spécifiques.

Chez Jim Rothmann, un concessionnaire automobile de Floride, le service après-vente a été réorganisé en six équipes, chacune possédant un leader habilité à prendre des décisions relatives à l'organisation du travail et à la gestion du budget alloué à son unité. Un système de bonus a été mis en place permettant à un technicien qualifié de gagner jusqu'à 100 dollars supplémentaires par semaine. Ces mesures élémentaires peuvent tout changer. Dans ce service composé de 89 personnes, la rotation du personnel est passée de 70 % à 8 %, l'indice du service clients évalué par le constructeur s'est amélioré et les bénéfices ont progressé dans des proportions importantes [6].

Même lorsque le système ne peut pas être divisé en unités plus petites, il est toujours possible d'éliminer les obstacles préjudiciables au service du client. D'après Taiichi Ohno, ingénieur obstiné de Toyota, l'une des étapes nécessaires pour produire un tel changement chez Toyota consistait à réduire considérablement le temps de réglage de tous les équipements de ses usines [7].

Les temps de réglage inutiles font partie des pires obstacles préjudiciables au service du client. Aujourd'hui, Toyota et d'autres constructeurs automobiles possèdent des presses qui nécessitaient autrefois douze heures de réglage. Ce travail s'effectue désormais en vingt minutes maximum. Sur d'autres équipements de production les réglages qui demandaient trente minutes s'effectuent à présent en soixante secondes.

Les changements opérés pour réduire les temps de réglage demandent rarement des dépenses importantes, au contraire. La division BOC (Buick-Oldsmobile-Cadillac) de General Motors a réduit les temps de réglage sur ses presses, les faisant passer de douze heures à dix-huit minutes, simplement en sollicitant des idées de ses différentes usines des États-Unis. En revanche, au sein du groupe Chevrolet Pontiac Canada de General Motors, les cadres avaient décidé de réduire les temps de réglage en installant de nouvelles presses de haute technologie valant plusieurs milliards de dollars. Ce ne fut pas l'un des moments les plus glorieux de cette entreprise. Des problèmes techniques survenus sur les nouvelles machines ont causé des retards importants que des solutions d'un faible coût et d'un faible niveau technologie auraient permis d'éviter [8].

La réduction des temps de réglage est à l'origine d'un système de Toyota, souvent appelé le « juste-à-temps ». En réduisant les temps de réglage, ce système permet à chaque employé de suivre le rythme des demandes des clients, ce qui induit des avantages considérables :

- Les gaspillages spécifiques à la production par lots sont évités, ce qui permet des prix inférieurs, des bénéfices supérieurs et une plus grande réactivité à la demande du client. Lorsque des changements intervenus dans la demande du client (ou même une panne dans l'usine) entraînent une modification du calendrier de production dans un système par lots, personne n'est en mesure d'adapter rapidement la planification pour le reste de l'usine qui continue donc à fabriquer de grandes quantités de pièces inutiles. Des millions de pièces sont stockées et personne ne peut être sûr qu'elles seront utilisées avant le prochain changement de modèle. Mais une usine du style Toyota peut fonctionner avec un stock pratiquement nul, en dehors des pièces en cours. Chaque fois qu'un poste de travail termine, par exemple, une boîte de vingt-quatre éléments de phare, elle retourne une carte de contrôle ou « kanban » au groupe qui a produit cette pièce, lequel met en production une nouvelle boîte. Ainsi, aucune pièce inutile n'est fabriquée.
- À partir du moment où chacune des phases de la fabrication est pilotée par des clients internes, l'usine peut employer un nombre inférieur de « producteurs indirects ». En effet, elle n'a plus besoin de la bureaucratie traditionnellement occupée à gérer la commande des pièces produites en grande série.
- Le « client interne », peut déceler et faire connaître les éventuels problèmes de qualité immédiatement

après l'identification d'une erreur. L'ouvrier chargé de mettre en place telle pièce constate qu'elle est défectueuse, arrête la ligne de production et prévient la personne qui l'a fabriquée. Les responsables trouvent une solution pour corriger cette erreur et prévenir de futurs défauts. Cet enchaînement d'actions obéit à la règle suivante : « Ne jamais transmettre un défaut, ne jamais accepter un défaut. » C'est en établissant cette relation étroite entre le producteur et le client interne que les usines de Toyota ont pu se rapprocher, plus que n'importe quelle autre usine du monde, du zéro-défaut.

- Cette nouvelle approche de la production a même conduit à une approche clients des équipements. Par tradition, les constructeurs de machines-outils cherchaient une plus grande rapidité. L'approche clients a forcé Toyota et d'autres constructeurs à réaliser que la flexibilité et la capacité à prévenir les défauts étaient des priorités plus importantes. Ohno appelle cette évolution « l'autoactivation ». Toyota a créé des dispositifs permettant d'arrêter une machine dès qu'un composant défectueux est détecté. Après plusieurs années d'expérience, ces machines peuvent fonctionner aussi vite, ou même plus vite, que des machines traditionnelles, et le client est mieux servi.

- Ce système évite également la détérioration des pièces lors du stockage, permet de gagner de la place et d'économiser les intérêts que les entreprises doivent habituellement payer pour financer des stocks importants.

Abattre les obstacles à l'innovation

Les besoins des clients favorisent le développement technologique. Aujourd'hui, de nombreuses entreprises créent des innovations techniques et conçoivent de nouveaux produits de façon beaucoup plus rapide, tout en accordant beaucoup plus d'attention aux besoins des clients.

La société Xerox a constaté qu'en analysant le processus d'innovation et en faisant tomber certains obstacles, elle était en mesure de développer des produits beaucoup plus rapidement et à moindre coût qu'il y a dix ans [9].

L'analyse par Xerox de l'ancien processus d'innovation a montré que :

- Personne n'était vraiment responsable des projets de développement de leur conception jusqu'à leur réalisation. La solution mise en œuvre dans le nouveau système d'innovation consiste à désigner un ingénieur responsable de la totalité du projet.
- Les responsables des bureaux d'études avaient tendance à approuver trop facilement la conception initiale des machines, sans attendre de retours d'information des services fabrication et marketing, ou encore des spécialistes responsables de la conception de certaines pièces comme par exemple les bacs d'alimentation de papier. De ce fait, les produits devaient souvent être reconçus ultérieurement. La solution mise en place dans le nouveau processus d'innovation fut de consacrer davantage de temps à la conception initiale, avant d'investir des sommes d'argent importantes dans la conception des différentes pièces.
- Les obstacles entre le bureau d'études, le marketing et la production avaient souvent ralenti le développement. Ainsi, lorsqu'un projet entrait dans une nouvelle phase, impliquant la participation du marketing et de la production, les progrès étaient stoppés le temps que les nouveaux participants soient formés à des détails que les ingénieurs maîtrisaient depuis longtemps. La solution mise en œuvre dans la nouvelle procédure d'innovation fut d'impliquer les gens du marketing et de la production dès le début de la conception.

Le résultat est un projet beaucoup plus centré sur le client, qui prend finalement beaucoup moins de temps puisque le travail n'a pas besoin d'être refait.

En outre, les entreprises telles que Xerox analysent de très près chacun des processus contribuant aux efforts d'innovation, en recherchant en permanence de meilleures méthodes de travail fondées sur les attentes des clients. Elle veille en particulier aux points suivants :

- découvrir les besoins du client ;
- suivre le rythme de l'évolution de la technologie extérieure à l'entreprise ;
- maintenir des avantages techniques fondamentaux ;
- découvrir de nouvelles technologies, susceptibles d'être utilisées dans de futurs produits ;
- neutraliser les avantages techniques fondamentaux des concurrents ;
- maintenir l'entreprise entière informée des découvertes.

Mettre au point des procédures favorables au client

Certaines entreprises ont vraiment le chic pour exaspérer leurs clients. Elles opposent des refus à ces derniers, en utilisant des arguments coupant court à toute discussion, tels que : « Nos procédures l'exigent. »

Quelle peut être la réaction du client ? La plupart des clients ressentent exactement ce que vous avez pu ressentir lorsque étant enfant vous demandiez à votre mère pourquoi elle vous refusait de faire telle ou telle chose et qu'elle vous répondait : « Parce que c'est comme ça. »

Il est évident que les gens qui travaillent avec des clients doivent respecter certaines procédures standard. Toutefois, ces procédures ne doivent pas devenir des barrières entravant la satisfaction du client.

Certains règlements défavorables aux clients et souvent inutiles, promulgués par des bureaucrates, figurent parmi les plus grands obstacles à la satisfaction du client.

Dans le tableau, ci-après, nous distinguons quatre catégories principales de procédures.

Matrice des procédures

Procédures	**Favorables au client**	**Défavorables au client**
Nécessaires	Nous acceptons les cartes de crédit	Les règlements d'assurances nous obligent à interdire l'accès de l'atelier aux clients.
Non nécessaires	Nos produits peuvent être repris, quelle qu'en soit la raison	Nos produits ne sont ni repris ni échangés

Des conseils relatifs à ces procédures sont formulés dans le tableau ci-après :

Procédures	**Favorables au client**	**Défavorables au client**
Nécessaires	Maintenez ces procédures – elles correspondent à des attentes du client.	1. Essayez de savoir si ces procédures sont réellement nécessaires. Sinon, éliminez-les. Si vous ne le pouvez pas : 2. Modifiez-les pour les rendre favorables au client et placez-les dans la colonne des procédures favorables au client. Si vous ne le pouvez pas : 3. Apprenez aux employés à donner aux clients des arguments valables, quelque chose de plus compréhensible que « Nos procédures l'exigent ».
Non nécessaires	Créez-en davantage. Elles favorisent la fidélisation des clients.	Supprimez-les. Elles vous font perdre des clients.

Revoyez les procédures de votre entreprise, service ou unité. Le premier objectif consiste à éliminer les procédures qui ne sont pas nécessaires et celles qui sont défavorables au client. Certaines procédures anciennes, dépassées, irritant le client, restent en vigueur sans aucune raison si ce n'est que : « Nous avons toujours procédé de cette façon. » Supprimez-les sans hésitation !

Dans un deuxième temps, examinez les procédures peu favorables au client, mais cependant nécessaires. Remettez-les en question. Sont-elles vraiment nécessaires ? Posez-vous la question suivante : quelles seraient les conséquences de l'élimination de ces procédures ? Les problèmes susceptibles d'en résulter seraient-ils plus importants que le préjudice causé au client en maintenant ces procédures ?

Si vous devez maintenir une procédure défavorable au client, vous pouvez essayer de la modifier pour la rendre un peu plus acceptable, par exemple :

Défavorable	Favorable
Nous ne pouvons pas créditer de chèque sur un compte moins de cinq jours après son dépôt. *devient* ——→	Nous pouvons créditer un chèque immédiatement, à la demande du détenteur du compte, à condition qu'aucun incident ne soit survenu sur ce dernier depuis un an.
Les emprunts sont soumis à quatre approbations et doivent être signés par les chefs de service. *devient* ——→	Tout emprunt pour un montant inférieur à 5 000 dollars peut être approuvé par le responsable des emprunts gérant la transaction.

Enfin, certaines procédures « peu favorables » au client doivent être maintenues pour des raisons juridiques ou économiques, ou pour des raisons d'assurance ou de sécurité. Vous devrez étudier ces procédures de près pour savoir si le même but ne peut pas être atteint par des méthodes plus acceptables par le client. Ainsi, par exemple, si le client n'est pas autorisé à entrer dans l'atelier où son véhicule est en train d'être réparé, sous peine pour l'entreprise d'encourir des sanctions pénales pour avoir enfreint des lois sur la sécurité, peut-être peut-il discuter avec le mécanicien qui a effectué la réparation dans une zone où il est possible à tous deux d'apercevoir de loin l'atelier. Si de tels compromis ne peuvent pas être envisagés, apprenez à vos employés à expliquer les procédures de façon compréhensible, sur un ton aimable.

La colonne des procédures « favorables au client » est facile à gérer. Il suffit de conserver les procédures nécessaires et de créer davantage de procédures non nécessaires. Les procédures non nécessaires sont celles qui font le bonheur du client parce qu'elles sont inattendues. Elles sont en or, c'est-à-dire coulées dans ce qui fait votre avantage concurrentiel.

Gérard Mulliez. N'en déplaise à certains spécialistes du marketing, il n'existe pas de client-type mais plutôt la rencontre systématique d'un client et d'un besoin. L'entreprise doit donc pratiquer une approche individualisée de sa clientèle. Quitte à « perdre » beaucoup de temps. Si elle se satisfait de servir correctement 4 500 clients sur 5 000, elle commet une grave erreur. Un client mécontent sur dix, c'est un pourcentage énorme.

Dans les affaires, industrielles ou commerciales, on a moins de difficultés actuellement à réaliser un produit fiable qu'à « fabriquer » un client fidèle, c'est-à-dire un client satisfait ou qui a eu suffisamment de « sursatisfactions » pour accepter une insatisfaction passagère.

Pour conserver le client – objectif, à proprement parler, capital –, il faut savoir consentir des sacrifices. Prenons l'exemple du fer à repasser qui a un défaut de fabrication : le distributeur ne doit pas hésiter à assumer les conséquences de cette défectuosité. Du moins dans un premier temps.

Chez Auchan, le calcul a été vite fait : un consommateur moyen dépense entre 10 000 et 30 000 francs par an dans nos magasins, en nous laissant une marge d'environ 15 %. Comment n'accepterions-nous pas de perdre ponctuellement 100 ou 200 francs, dans le but de lui donner pleine et entière satisfaction ?

À nous d'ériger cette approche du problème en règle de vie au sein de l'entreprise et de toujours veiller à la qualité de la relation avec le client, au respect des engagements.

Si nos publicités mentionnent un rabais, nous nous devons de fournir l'article annoncé ou, en cas de rupture de stock, un produit de remplacement au même prix. L'essentiel, en affaires comme en tout, c'est de tenir parole. Quitte à perdre de l'argent. ◪

Faire tomber les barrières entravant le service

En général, les sociétés de services ne réussissent pas à éliminer les barrières avec le zèle et la perspicacité dont font preuve quelques grands industriels. Les services après vente des fabricants ont souvent été des retardataires. Il n'y a bien sûr aucune raison pour qu'une efficacité motivée par la satisfaction du client ne puisse pas donner de résultats et, aujourd'hui, certaines sociétés de services apprennent à se distinguer dans ce domaine.

L.L. Bean gère attentivement les différentes phases qui concourent à satisfaire le client. L'entreprise mesure et suit ses performances dans des domaines très variés (appelés « domaines clés de résultats » (DCR) au nombre de sept pour le service, auxquels s'ajoutent ceux liés aux produits, au personnel, etc. Les sept domaines clés de résultats du service clients sont :

- Facilité, aspects pratiques ;
- Garantie produit ;
- Disponibilité en stock ;
- Délais d'obtention ;
- Innovation ;
- Image ;
- Vente sur place (pour le magasin de Bean à Freeport, dans l'État du Maine).

Sous la rubrique « aspects pratiques » par exemple, Bean enregistre le temps nécessaire aux clients pour joindre l'entreprise par téléphone (85 à 90 % devraient pouvoir joindre un opérateur ou entendre un message préenregistré avant la troisième sonnerie), le nombre de clients qui raccrochent (ce nombre devrait être inférieur à 2 %), etc. Bean procède également à des évaluations comparatives de ses performances par rapport à celles de huit entreprises concurrentes de vente par correspondance. Le personnel de Bean passe en effet des commandes dans d'autres firmes et compare leurs performances avec celles de Bean [10].

Les barrières entravant la qualité des services sont, bien sûr, différentes de celles de l'industrie. Dans les usines, les principaux obstacles à éliminer sont les systèmes de fabrication qui limitent les contacts avec le client interne et empêchent pratiquement toute interaction avec l'utilisateur final.

Les sociétés de services, elles, doivent souvent « produire » et livrer leurs produits dans des sites géographiquement éloignés, ce qui facilite l'apparition de nouvelles barrières. Par ailleurs, comme de nombreux employés traitent directement avec le client, la qualité du service dépend encore plus de l'aide dont les employés peuvent bénéficier pour s'occuper attentivement de lui tout au long d'une journée qui peut être nerveusement épuisante. La proximité même des clients qui génèrent un nombre infini de situations imprévisibles, constitue alors une barrière empêchant la définition de normes élevées nécessaires pour atteindre l'excellence.

Cependant, lorsque les entreprises peuvent établir des normes (comme celles élaborées chez L.L. Bean) et lorsqu'elles essaient de comprendre pourquoi les performances ne sont pas à la hauteur des attentes, elles réalisent rapidement que les différences entre l'industrie et le secteur des services sont beaucoup plus importantes dans leur perception que dans la réalité. Le plus souvent, les clients font des expériences malheureuses pour les raisons suivantes :

- les employés ne sont pas conscients de leur rôle consistant à satisfaire le client ;
- les employés ne disposent pas des ressources nécessaires pour rendre le service attendu ;
- les employés manquent de formation pour tirer parti des ressources dont ils disposent ;
- les employés bénéficient d'un système de motivation qui ne les encourage pas à travailler pour les clients.

Bien que L.L. Bean soit une excellente entreprise, elle n'a pas encore résolu tous ses problèmes. L.L. Bean a notamment posé sa candidature au prix Malcolm Baldrige de la qualité et, comme de nombreuses autres sociétés de services dans le même cas, elle ne l'a pas obtenu. L'entreprise fut désolée de découvrir que les membres du jury issus de certaines grandes industries, pensaient que Bean devait trop souvent régler les problèmes des clients au lieu de leur fournir du premier coup un service irréprochable. En conséquence

L.L. Bean freina délibérément sa croissance pour améliorer encore ses systèmes.

Imparfaite ou non, la société L.L. Bean a déjà montré que chaque aspect d'une société de services peut être géré avec zèle. Elle enregistre des taux de rendements largement inférieurs à ceux de ses concurrents mais jusqu'à ce qu'elle freine sa croissance, le chiffre d'affaires a augmenté pratiquement 50 % plus vite que dans le reste du secteur de la vente par correspondance.

D'autres sociétés de services ont des systèmes comparables pour gérer la propreté des chambres d'hôtel, la durée pendant laquelle les clients doivent faire la queue ou la rapidité avec laquelle l'électricité est rétablie après une panne. La plupart d'entre elles n'ont pas réussi à égaler les meilleures entreprises industrielles, mais elles ont cependant montré que pour servir le client avec fiabilité, il faut maîtriser chaque service au sein de l'entreprise. Le contrôle de la qualité totale n'est pas autre chose, et en vous efforçant d'éliminer les barrières entravant le service au client, vous avancerez plus vite qu'en méditant sur la notion de « qualité » dont la définition n'est pas toujours très claire.

Gérard Mulliez. Dans la distribution, le premier service à rendre au client, c'est de lui proposer un produit bien présenté et à la mode pour qu'il ait envie de l'acheter, en libre service ou avec des vendeurs professionnels selon la nature de l'article.

Quelle que soit la décision à prendre, il est toujours essentiel de se mettre à la place du client. Par définition, ce dernier préfère occuper son temps à ce qu'il aime plutôt qu'à ce qu'il n'aime pas !

Lorsque vous téléphonez à une entreprise, si la réponse est immédiate, votre première impression sera positive – alors que dès la deuxième sonnerie, vous éprouvez un certain agacement. Si votre interlocuteur est une personne aimable, votre satisfaction n'en sera que plus réelle. En revanche, si l'on vous rétorque : « Attendez une minute, je vais vous prendre sur une autre ligne », vous vous dites : « Qui paie la communication ? C'est moi ! » Vous avez le sentiment qu'on se moque de vous. Pire encore, si le standard met plusieurs minutes à trouver votre correspondant et vous branche sur une petite musique ou un message publicitaire que vous n'avez pas du tout envie d'entendre et qui vous distrait de votre travail, vous allez vite trouver cela horripilant !

La première publicité de l'entreprise passe par la satisfaction immédiate de la personne qui téléphone. Souvent, je fais moi-même le numéro de ma propre entreprise et je ne manque pas d'exprimer mon plaisir – ou mon mécontentement – à mes différents interlocuteurs. Encore une fois, il me paraît essentiel de toujours se mettre à la place du client. Combien de décisions idiotes sont appliquées dans les sociétés, simplement parce qu'on ne s'est pas mis à la place de celui qui allait les appliquer ou en bénéficier...

Ne promettez que ce que vous tiendrez

Lorsqu'un client vous appelle parce que son photocopieur est en panne et que vos techniciens ne peuvent pas se rendre sur place avant 14 h 30, le client s'énerve. Sa première question est : « Ne pouvez-vous pas faire plus vite ? » Pour le calmer, votre représentant est capable de dire : « D'accord, nous allons essayer. Peut-être pouvons-nous intervenir avant 14 h. » Il est alors évident que votre client sera très insatisfait si le technicien n'arrive qu'à 14 h 30. Certaines entreprises s'efforcent actuellement de ne pas tomber dans ce piège. Lorsque vous appelez Xerox pour un dépannage, le personnel a pour consigne de fixer au client une heure de 20 % plus tardive que l'heure à laquelle le technicien pense être sur place. Mettez-vous à la place du client : le technicien doit venir à 15 h. Quelle sera votre réaction s'il arrive à 14 h 30 ? Cela apaisera t-il un peu votre colère ? Peut-être même serez-vous content ! La règle à respecter est la suivante : promettre moins et fournir plus.

Gérard Mulliez : Ne jamais mentir en publicité est un principe sacro-saint. La communication est aussi bien externe qu'interne.

Quand on annonce : « livraison en 24 heures chrono », cela signifie clairement qu'on va mobiliser toute une entreprise pour respecter cet engagement.

Au départ, le pari ne peut être tenu à moins de 48 heures, voire 72 heures. Il faut donc réaliser des progrès en termes d'efficacité. Les différents rouages concernés ont besoin de visualiser le rêve pour qu'il se concrétise. De toute façon, même si on assure globalement la livraison en 24 heures chrono, il y a toujours des exceptions qui viennent confirmer la règle. Pour cause de ruptures de stock ou de contraintes de réassort, par exemple.

L'essentiel, c'est d'essayer d'aller au-delà de la demande formulée par le client, de lui donner une offre supérieure à celle qu'il a l'habitude d'obtenir.

Les entreprises prospères sont celles qui, à la fois, devancent l'offre de leurs concurrents et, constamment, améliorent leurs propres performances.

Affranchir l'entreprise de ses barrières

La plupart des obstacles surgissent accidentellement. Ils sont souvent le sous-produit des efforts honnêtes d'une personne cherchant à améliorer le fonctionnement de l'entreprise. Il arrive souvent que les directeurs généraux décident d'éliminer les barrières et se mettent en réalité à créer de nouvelles bureaucraties.

Ces dérapages peuvent être évités grâce à quatre stratégies de management :

1. Faire découler toutes les procédures de l'entreprise de sa vision, puis les pratiques de gestion quotidienne de ces procédures.
2. Créer des équipes pluridisciplinaires afin de mobiliser des collaborateurs issus des différents services de l'entreprise pour résoudre les principaux problèmes.
3. Adopter une « gestion visible » pour aider les managers et autres employés à reconnaître les besoins du client et à suivre les progrès de l'entreprise pour répondre à ces besoins.
4. Effectuer des vérifications régulières des procédures et points de contrôle utilisés pour gérer chacun des aspects de l'entreprise.

Se concentrer sur des objectifs permet de lever des barrières internes

L'élément le plus fondamental d'une entreprise est l'expression de sa vision parce que cette dernière représente ce que l'organisation s'efforce d'être. En substance, l'expression d'une vision est la raison d'être d'un groupe ou d'un individu dans l'entreprise.

Insistez pour que les procédures soient en accord avec la vision de l'entreprise. Ce sera là une étape majeure vers l'émergence d'entreprises qui abattent les barrières entravant la satisfaction du client au lieu d'en créer de nouvelles.

Prenez par exemple la façon dont Ray Kroc, fondateur de McDonald's, a géré son entreprise. Kroc avait pour McDonald's une vision claire et clairement exprimée : « Qualité, Service, Propreté, Valeur. » Il gérait toute l'entreprise en fonction de procédures fondées sur cette vision. Qu'il s'agisse de concevoir un magasin ou de préparer des hamburgers, Kroc avait une politique unique : apporter au client qualité, service, propreté et valeur ajoutée [11].

Il est vrai que le succès ou, pour être plus précis, l'autosatisfaction qui vient avec le succès, peut également être une barrière.

Lorsque la chaîne Friday's a ouvert ses sept premiers restaurants, en 1975, les affaires marchaient tellement bien que les clients faisaient la queue pour entrer. Peu après, le chiffre d'affaires a soudainement chuté de 50 %. Daniel R. Scoggin, qui était à l'époque à la direction de Friday's rappelle que la direction est restée déconcertée pendant un moment, avant de se décider à porter un regard plus critique sur les restaurants eux-mêmes. L'encadrement a trouvé des milliers de petits problèmes : des pancartes de travers, des toilettes dont la propreté laissait à désirer, des serveurs qui n'étaient pas aussi aimables qu'ils auraient dû l'être...

L'entreprise mit en œuvre des mesures pour s'assurer que ces erreurs soient corrigées, et le chiffre d'affaires se rétablit. Friday's avait, en particulier, établi une règle selon laquelle chaque directeur de restaurant devait essayer tous les sièges au moins une fois par mois. En fait, c'était l'occasion pour lui de se mettre souvent, et même très souvent, à la place du client.

« Chaque fois qu'un dirigeant a cherché à justifier une diminution du chiffre d'affaires par l'effet de la concurrence, la crise ou tout autre facteur extérieur, explique Scoggin, nous avons cherché à comprendre ce qui se passait réellement à l'intérieur du restaurant. Nous dressions une liste exhaustive des problèmes à corriger, depuis la mauvaise attitude des serveurs jusqu'aux ampoules électriques à changer. Lorsque le directeur arrivait à la fin de sa liste d'actions, le chiffre d'affaires remontait. » [12]

Gérard Mulliez. On se trompe lourdement si on attribue au chef d'entreprise un comportement différent de celui du commun des mortels... Plutôt que de se sentir responsable quand surgit un problème, chacun d'entre nous a tendance à mettre les autres en accusation.

Ce comportement est à l'origine de nombreux désagréments. Combien d'entreprises textiles, par exemple, n'ont pas voulu vendre aux hypermarchés dans les années 60-70 et même 80... Le jour où elles ont constaté que des sociétés concurrentes avaient écoulé leurs marchandises par cette filière, elles n'ont cessé de gémir. Si leur chiffre d'affaires baissait, la faute en revenait aux hypermarchés ! La vérité, c'est qu'elles n'ont pas vendu, faute de s'être adaptées aux nouvelles formes de distribution. De même, certaines entreprises agro-alimentaires, en refusant de livrer aux hypermarchés, ont permis à d'autres de se développer de manière parfois spectaculaire.

On ne le dira jamais assez : nous n'avons d'autre concurrent que nous-mêmes.

Ce ne sont pas la force d'un concurrent ni son offre et ses prix qui sont de nature à provoquer la baisse d'un chiffre d'affaires. C'est l'incapacité de l'entreprise à fournir au consommateur une prestation au moins aussi bonne en termes de qualité, de mode, de prix, ou de satisfaction globale.

C'est elle qui incite les clients à opérer un autre choix. La « faute originelle », cause première du trouble, ne repose pas sur le concurrent mais bien plutôt sur l'entreprise elle-même qui n'a pas su demeurer compétitive et améliorer ses performances par rapport aux nouvelles exigences du consommateur.

Si les clients viennent acheter dans les « fast foods », c'est en partie parce qu'ils constatent que les prix y sont moins élevés qu'ailleurs, mais aussi parce qu'ils peuvent s'y restaurer en un quart d'heure, c'est-à-dire le temps qu'il faut bien souvent dans un établissement traditionnel pour qu'un serveur prenne votre commande...

Même si la qualité gastronomique du restaurant classique est supérieure à celle du « fast food », les clients préfèrent changer de formule. Car le facteur temps d'attente et temps de repas n'a pas été intégré dans l'offre.

Dans la distribution, la mise à disposition d'un parking autour de la grande surface a permis le développement des centres commerciaux périphériques et des hypermarchés. Les difficultés de stationnement et d'accès aux magasins à l'intérieur des villes ont incité les clients à faire leurs achats là où ils pouvaient se garer facilement et gratuitement.

Pouvoir amener son chariot de la caisse du supermarché au coffre de sa voiture rend les courses plus agréables dans une grande surface périphérique que dans les centres-villes où il est impossible de sortir du magasin avec son chariot puis de l'abandonner dans la rue... L'affluence de la clientèle est à la fois la conséquence et la cause du facteur prix.

Qu'on ne s'y trompe pas. Ce ne sont en aucun cas les hypermarchés qui ont modifié le comportement des consommateurs face à la vieille conception de l'organisation urbaine ; c'est la différence de services qui a joué à plein entre le centre-ville et la grande surface avec parking.

Le public est d'ailleurs venu dans les hypermarchés pour une addition de services. Avec, en premier, l'assurance d'avoir tout sous le même toit avec un seul paiement à la clé. Le service rendu là représentait un gain de temps et une vraie liberté. À l'époque où se sont ouverts les premiers libres-services, les marchandises, dans les boutiques traditionnelles, étaient présentées derrière des comptoirs, avec des vendeuses pour servir. Aujourd'hui encore, dans les « grands magasins », vous devez souvent payer aux caisses des différents rayons. ◥

Unir les hommes au-delà des fonctions

Les entreprises pourront-elles jamais être des organismes unis ? De nombreuses personnes considèrent les querelles internes comme une conséquence inévitable de la croissance d'une entreprise. Le service financier remet en question les notes de frais, le marketing se plaint des défaillances de la production, la production dénigre le bureau d'études et les spécialistes du bureau d'études regardent tout le monde de haut. Les barrières entre les titulaires des différentes fonctions de l'entreprise les empêchent souvent de consacrer tous leurs efforts au service du client. Or, aujourd'hui, les entreprises qui n'arrivent pas à sortir de ces conflits destructeurs aggravés par une vision à court terme, ne pourront pas réussir. Pour pouvoir concourir, les entreprises doivent fonctionner comme des équipes unies, abattre les barrières et non en créer.

Certaines entreprises ont mis au point des systèmes de gestion pluridisciplinaires, montrant ainsi qu'il est possible de tirer parti de toutes les capacités du personnel pour atteindre les objectifs. Bien que les chefs de service soient toujours à la tête de leur service, le marketing n'est plus, dans ces entreprises, le bastion des responsables marketing, ni la production celui des ingénieurs. Au lieu de cela, un comité a été créé pour donner des conseils dans les domaines les plus porteurs à long terme. Ce comité est composé, d'une part, de cadres supérieurs travaillant à plein temps dans une spécialité donnée et, d'autre part, de personnes qualifiées travaillant dans plusieurs domaines différents. Le président du comité qualité peut être, par exemple, un cadre dont le rôle principal consiste à atteindre le plus haut niveau de qualité possible. Les autres membres du comité pourront être le directeur de l'usine et un responsable marketing.

Une entreprise de production pourra ainsi posséder des comités pluridisciplinaires responsables de la qualité, des coûts, de la technologie, de la production, du marketing, du personnel [13].

Parce qu'ils relèvent de l'encadrement supérieur, ces comités ont une plus grande influence sur toutes les fonctions que n'en auraient des groupes de pression composés de simples employés, agissant par la persuasion.

A cet égard, les Japonais ont un dicton bien utile : « *Pour faire bouger l'information, déplacez les hommes.* » Les comités pluridisciplinaires de cadres supérieurs peuvent garantir la réaffectation de ressources humaines entre la recherche/développement et les services de production ou entre le service production et le service des ventes, et une compréhension relativement claire du rôle de chaque groupe.

Rendre visibles les efforts de l'entreprise

Afin de conserver constamment à l'esprit les objectifs et les problèmes, les entreprises bien gérées utilisent différentes techniques pour rendre visible tout ce qui s'y passe.

Chez Komatsu, la vision de l'entreprise est affichée à l'entrée des usines. Les normes relatives à chaque poste sont affichées de sorte que n'importe qui peut voir si les résultats sont atteints. Partout sont affichés des diagrammes indiquant le nombre de suggestions faites par chaque groupe et souvent par chaque individu, ainsi que des graphiques illustrant les temps d'interruption, les modifications du processus de production, les mesures de satisfaction du client et les normes de sécurité.

Les opérations d'assemblage font appel à un système de contrôle par kits. Les pièces arrivent à chaque poste dans un seau, contenant exactement le nombre d'éléments nécessaires. S'il reste une pièce au fond du seau, l'ouvrier sait qu'il a oublié quelque chose.

Les employés réalisent eux-mêmes les courbes et graphiques qui les concernent. En règle générale, c'est la personne dont les performances sont mesurées qui trace la courbe. En faisant participer activement chaque personne à ce management visuel, Komatsu s'assure l'engagement de chacun aux objectifs de l'entreprise et à leur réalisation.

Dans la plupart des entreprises et surtout dans les plus grandes, les employés ne savent en général pas ce qui se passe à quelques mètres d'eux. Cette ignorance est l'une des principales barrières au déploiement d'un effort solidaire. Faites en sorte que les réalisations de l'entreprise soient visibles et vous serez assuré que vos objectifs sont présents à l'esprit de tous les collaborateurs.

Gérard Mulliez. Le cloisonnement à l'intérieur des entreprises n'est, hélas, que le reflet du cloisonnement que chacun d'entre nous porte en lui-même... Dans le nord de la France et en Belgique, l'organisation ancienne des villes et des bourgs illustre le repliement sur soi-même, elle porte la marque d'une lourde hérédité de ville fortifiée, de « maison fermée à clé ». Aujourd'hui les entreprises doivent favoriser le plus possible la communication, la connaissance entre les personnes. À chaque entreprise de mettre en œuvre les moyens qui lui sont propres.

À elle également de bien accueillir tout nouvel embauché, de lui faire visiter les locaux, de le présenter à l'ensemble du personnel et de lui montrer les différents services. Le cas échéant, on prévoira même une formation afin d'expliquer au nouveau collaborateur quelles équipes opèreront en amont et en aval de la fonction qu'il aura à exercer. Ainsi, on parvient à décloisonner la compréhension du travail et l'état d'esprit n'en est que meilleur. Mais comme ce processus n'a rien de naturel, il faut nécessairement l'initier et l'organiser.

Aux États-Unis, d'énormes progrès ont été réalisés depuis le jour où le directeur du magasin Auchan – un Français ! – a eu l'idée – de génie ! – de faire travailler aux caisses plusieurs heures par semaine la totalité du personnel d'encadrement. Cette initiative a littéralement décloisonné la mentalité des chefs de rayon, des responsables de secteur, et du directeur de l'établissement. Les uns et les autres ont été davantage à l'écoute du consommateur et, dans le même temps, plus attentifs aux suggestions des hôtesses de caisse qu'ils considéraient auparavant avec une certaine hauteur.

En France, certains magasins Auchan se sont inspirés de cette expérience. À Vélizy en particulier, la plupart du personnel d'encadrement travaille aux caisses quelques heures par mois... Ce bon exemple va rapidement faire école : avant l'an 2000, tous les hypermarchés portant notre enseigne seront dans le même cas.

Cette révolution culturelle a un double effet. D'une part, les cadres prennent conscience que les « points de détail » n'en sont pas pour le consommateur victime d'une erreur. D'autre part, les hôtesses de caisse perçoivent mieux combien la facilité de leur travail n'est qu'apparente. En dépit de la technologie du scanner qui évite d'avoir à retenir les prix par cœur, les personnes qui les remplacent se révèlent moins performantes qu'elles.

À terme, il serait sans doute intéressant de faire jouer cette pratique du « décloisonnement » dans les deux sens. Afin que l'hôtesse puisse occuper le poste de directeur général ou de responsable de la logistique...

D'ores et déjà, la gestion des horaires par le personnel lui-même a permis de faire comprendre que le rôle de la hiérarchie n'était pas forcément facile...

Au sein d'une entreprise d'assez grande taille, comme la nôtre, ce sont les journaux en vidéo et sur support papier qui permettent une communication « descendante ». S'ils expriment la politique de la direction, ils favorisent aussi une communication « montante », dans la mesure où prises de vue et articles reflètent le travail exécuté sur le terrain. L'ensemble du personnel est ainsi informé des avancées mises en œuvre par certains salariés.

Conscients de pratiquer la « transparence », nous savons que, de toute façon, nos concurrents ne sont pas dépourvus du sens de l'observation : ils voient ce qui se passe dans nos magasins. Mais ce qui nous importe, c'est d'abord et avant tout que notre entreprise progresse...

Convaincre sa hiérarchie

J'anime depuis de nombreuses années des séminaires sur la façon dont il faut procéder pour satisfaire le client. J'en ai probablement animé plus de trois cents au cours desquels j'incite toujours les participants à formuler des remarques et à poser des questions.

Malheureusement, 70 % environ de ces remarques sont toujours les mêmes. On me dit, par exemple :

« Ce que vous avez expliqué me semble très sensé. J'en suis moi-même convaincu mais je n'arrive pas à persuader mon supérieur hiérarchique. »

J'ai longtemps réfléchi à la réponse que je pourrais apporter à cette remarque obsédante. Je suggère trois types d'actions qu'il est possible de mener auprès des cadres qui ne comprennent pas l'intérêt d'un véritable service clients ou n'y accordent aucune importance.

1. **Demandez aux directeurs commerciaux de passer du temps avec les clients**

La première étape consiste à les envoyer chez le client. Obligez-les à voir et écouter les gens qui achètent vos produits. Aucun directeur commercial ne refusera d'emblée de rendre visite aux clients. Or, cette démarche peut tout changer.

Il faut encourager les dirigeants à écouter les clients parler de leurs problèmes. Il faut également encourager les clients à dire à quel point ils sont satisfaits des efforts qu'un petit nombre d'employés leur consacrent. Cela a un effet incroyable.

Une personne m'a dit un jour : « D'après notre expérience, il y a, en réalité, deux valeurs qui comptent dans l'entreprise : la passion et la persévérance. Des deux, la passion est probablement la plus importante. Il faut en quelque sorte rallumer la flamme chez vos cadres supérieurs. »

2. **Faites parler les chiffres**

La seconde approche consiste à utiliser des chiffres à l'appui de vos démonstrations. Recueillez des statistiques adaptées, indiquant à quel point votre entreprise est pénalisée du fait du manque d'attention accordée aux clients. Peu importe si vos dirigeants ne sont pas habitués à penser aux besoins réels des clients. Ils ont passé des années à lire et à analyser les statistiques et les graphes d'une entreprise. Il s'agit là du langage de l'entreprise, c'est-à-dire de leur langage. Utilisez-le !

Si vous annoncez froidement à un groupe de cadres supérieurs : « nous devons déléguer des pouvoirs à nos employés et former des équipes pluri-disciplinaires », vous allez leur faire peur. Autant leur parler en chinois ! Mais si vous apportez la preuve de ce que vous avancez, avec de bons vieux chiffres et des informations concrètes, vous pourrez les convaincre.

3. **Le benchmarking**

La troisième approche consiste à utiliser des évaluations comparatives et le benchmarking. Ces outils sont étonnamment puissants et produisent, eux aussi, des réactions passionnées. Il n'y a pas seulement le désir d'une entreprise de bien faire mais également une sorte d'*ego* de l'entreprise. « Comment travaillent les autres employés ? » « Comment se comportent les concurrents ? » Lorsque mon organisation effectue des études portant sur plusieurs entreprises, les responsables y retournent toujours une deuxième fois pour valider les informations. Nous rendons ensuite visite aux entreprises qui ont participé à l'étude pour leur en donner les résultats.

Il n'est pas difficile de deviner ce qui intéresse tous les managers. Ils aiment qu'une personne leur montre des courbes et des histogrammes et leur dise « voilà où vous êtes, voilà comment se positionnent les concurrents... ». Lorsque nous rendons visite à des entreprises, les chiffres ont un effet magique. Nos interlocuteurs ne cherchent même pas à discuter de la validité de l'analyse. Ils veulent juste se comparer avec les concurrents. Les évaluations comparatives sont une façon de les sortir de leur cocon et de les faire bouger. Suggérez-leur de rendre visite à un concurrent ou à une entreprise qui n'est pas directement en concurrence avec eux mais qui possède certaines des capacités qu'ils aimeraient acquérir.

Faire contrôler le processus de suppression des barrières en impliquant la direction de l'entreprise

Un directeur général peut faire plus que n'importe qui d'autre pour garantir la suppression des barrières en organisant une « revue des opérations » de ses unités de production, non pas tant pour vérifier que les objectifs sont atteints, mais pour s'assurer que les directives de changement sont respectées. Chaque année, dans chaque division de l'entreprise, le responsable peut ainsi poser les questions suivantes :

- L'encadrement a t-il adopté des mesures qui correspondent à la vision de l'entreprise ?
- L'encadrement dispose-t-il d'un plan clair pour éliminer les barrières ? Ce plan annuel est-il suffisamment ambitieux. Est-il vraiment suivi ?
- L'encadrement mesure-t-il et contrôle-t-il les bons facteurs ?
- L'encadrement présente-t-il les données sous forme visuelle ?

Le chef d'entreprise peut ainsi découvrir les réalités sous-jacentes du lieu de travail. Le personnel de l'entreprise constatera, de son côté, que l'organisation entière prend ses objectifs au sérieux.

L'entreprise sans barrières

Tony Clarry, cadre supérieur responsable du service clients chez British Airways m'a dit un jour : « Nous disons à nos collaborateurs en contact avec les clients : "C'est à vous que revient la responsabilité de rendre le client heureux. Si vous avez un problème, résolvez-le. Si vous ne pouvez pas le résoudre, faites-en part à votre supérieur. Si ce dernier ne peut pas le résoudre, qu'il en réfère à ses supérieurs." »

C'est une bonne façon de concevoir la vie professionnelle. Sir Colin Marshall, Président de British Airways avait, sur son bureau, des problèmes que personne ne pouvait résoudre et qui empêchaient la compagnie de bien servir les clients. Les autres avaient été traités avant de lui parvenir.

Cette méthode peut vraiment être efficace. En supprimant les barrières nuisibles à la qualité du service, il est possible de créer une entreprise qui se consacre véritablement au client et qui réussit.

PLAN D'ACTION

- N'attendez pas. Lancez immédiatement les programmes destinés à solliciter les idées de vos employés, fournisseurs et distributeurs pour supprimer les barrières qui vous empêchent de donner satisfaction au client.
- Enseignez à l'ensemble de votre personnel, à commencer par l'encadrement, des techniques de base pour hiérarchiser les problèmes et les résoudre, afin de mieux servir le client.

- Mettez en place des circuits de communication afin que tout membre de l'entreprise puisse prendre connaissance des barrières que vos études et vos évaluations font apparaître.
- Votre activité repose-t-elle sur des procédés de fabrication complexes ou sur des traitements administratifs lourds ? Si c'est le cas, regardez dans quelle mesure les différentes étapes de fabrication ou de traitement fonctionnent en boucle, sur elles-mêmes. Dans l'affirmative, vous pouvez probablement les réorganiser pour les rapprocher du client.
- Étudiez votre système d'innovation. Sert-il efficacement le client ? Sinon, réorganisez-le pour atteindre cet objectif.
- Créez, au niveau supérieur de l'encadrement, des structures qui permettent d'éliminer les barrières internes. Elles vous empêchent de répondre aux besoins du client.
- Créez des visualisations permettant à tous de constater vos buts et vos progrès. De tels systèmes mettront en même temps en évidence les barrières qui vous empêchent d'atteindre vos objectifs.

NOTES

1. *Japanese Manufacturing Techniques : Nine Hidden Lessons in Simplicity* (New York : Free Press, 1982), p. 103.
2. Sidney (Shuichi) Yoshida, « Quality Improvement and TQC Management at Calsonic in Japan and Overseas », préparé pour le second symposium international de la qualité à Mexico en novembre 1989.
3. Calculs effectués par le magazine *Fortune* dans ses classements « Industrial 500 » et « International 500 », publiés respectivement le 24 avril 1989 et le 31 juillet 1989. La comparaison n'est pas exacte dans la mesure où ces deux entreprises n'utilisent pas les mêmes méthodes, en particulier pour la consolidation des résultats de leurs filiales, mais c'est toutefois un indicateur représentatif des rapports de productivité. Le chiffre d'affaires par employé de Toyota est équivalent à près de quatre fois celui de General Motors mais cette comparaison prête à confusion dans la mesure où General Motors fabrique une plus grande part des pièces détachées qu'elle utilise que Toyota ou Chrysler.
4. Alton E. Doody et Ron Bingamin, *Reinventing the Wheels* (Cambridge, Mass. : Ballinger, 1988), pp. 77-82, et Robert Waterman, *La stratégie des équipes* ad hoc (Paris : Maxima, 1993).

5. Doody et Bingamin, *op. cit.*, p. 97.
6. *Tom Peters' On Achieving Excellence*, 3 : 3 (mars 1988).
7. Taiichi Ohno, *Toyota Production System* (Cambridge, Mass. : Productivity Press, 1988).
8. Maryann Keller, *Rude Awakening* (New York : Morrow, 1989), pp. 211-213.
9. Robert Chapman Wood, « Quality by Design », *Quality Review* (Printemps 1988), pp. 23-27.
10. Bernard J. LaLonde et al., *Customer Service : A Management Perspective* (Oak Brook, III. : Council of Logistics Management, 1988), pp. 117.
11. John F. Love, *Sous les arches de McDonald's* (M. Lafon, 1989), donne un compte rendu remarquable et bien documenté de l'engagement de McDonald's envers ses clients.
12. Daniel R. Scoggin, « Customers Go Out the Door When Success Goes to Your Head », *Wall Street Journal*, 11 août 1986.
13. Kaoru Ishikawa, *What Is Total Quality Control ?* (Englewood Cliffs, N.J. : Prentice-Hall, 1985), p. 113/ff. Ishikawa est à l'origine d'une grande partie des systèmes transfonctionnels aujourd'hui en œuvre au Japon.

7

MESURER, ENCORE ET TOUJOURS MESURER

« La mesure ultime de la qualité c'est l'opinion du client. Autrefois, nous passions beaucoup de temps à dire aux clients qu'ils avaient tort. Aujourd'hui c'est impossible. » [1]

Joel Ramich, Associate
Director of Quality,
Corning Works.

De l'eau infestée de soufre, tel était le fléau auquel se trouvait confrontée la société Joban Kosan, une entreprise minière japonaise menacée d'extinction dans les années 60. Cette eau sulfureuse remplissait les puits de la mine et créait d'importantes mares jaunes. Le charbon lui-même n'était plus exploitable et Joban, sur le point de cesser ses activités, voulait utiliser le vaste terrain dont elle disposait à d'autres fins. Mais que faire d'une eau si fortement teintée de soufre ?

Un jour, quelqu'un eut un éclair de génie. Il ne fallait pas se débarrasser de cette eau mais au contraire l'utiliser. C'est la raison pour laquelle Joban est aujourd'hui renommée, non pour ses mines de charbon dont l'exploitation a été abandonnée depuis longtemps mais pour une station thermale possédant des sources d'eau sulfureuse.

À quelques heures de Tokyo, la station thermale de Joban Spa Resort Hawaiian, est un lieu de villégiature tout à fait hors du commun. Il s'agit du site le plus rentable exploité par la société Joban Kosan. On y pratique un style tout à fait novateur de « management pragmatique » qui consiste à accorder la plus grande importance aux informations obtenues à travers un programme de mesure précis qui est, pour autant que je sache, unique en son genre dans le secteur des services. Le directeur général de la station thermale est un ancien mineur. Le directeur qualité est issu d'une fonderie détenue par le groupe. Que pouvaient-ils bien savoir de la gestion d'une station thermale ? Une multitude de choses, d'après ce que j'ai découvert.

J'ai visité le site de Joban Spa Resort Hawaiian, dans les montagnes de Honshu, en 1990. J'ai vite réalisé que Joban savait parfaitement identifier d'une part ce que veulent les visiteurs et, d'autre part, répondre à leurs attentes. En effet, en 1989, la station qui accueillait des visiteurs japonais de classe moyenne, a été la première société du secteur des loisirs à remporter le prestigieux prix Deming de la qualité.

Susumu Yamada, directeur de la qualité pour la station, est l'ancien directeur qualité de la filiale de Joban spécialisée dans la fabrication des pièces moulées. Pour lui, la procédure permettant de découvrir ce que veulent les clients, puis de le leur fournir dans le cadre d'un hôtel, est presque exactement la même que celle utilisée dans la fonderie. « Dans le principe, il n'y a aucune différence » dit-il.

Les experts qualité de Joban font une distinction entre la qualité physique et la qualité psychologique. La qualité physique est essentiellement ce que nous avons appelé qualité des produits, le « ce que vous obtenez ». La qualité psychologique est essentiellement ce que j'ai appelé la qualité des services, c'est-à-dire le « comment vous l'obtenez ». Yamada prétend que le secteur des services doit accorder davantage d'importance à la qualité psychologique. Pour le reste, la procédure permettant de contenter les clients est étrangement similaire dans une entreprise industrielle et dans une société de services.

Joban mesure tout. Les visages des personnes dans les files d'attente ont été filmés. À partir des expressions de ces visages, il est possible de déterminer le temps d'attente ressenti comme tolérable par le client et le moment à partir duquel il s'impatiente. En fonction de ces résultats, des normes et procédures ont été établies pour éviter d'atteindre ce seuil.

Une étude a porté sur le niveau sonore et le type de musique de fond appréciés des clients.

Des cercles de qualité ont été créés. Ils regroupent plusieurs catégories de personnel, depuis les responsables des bureaux d'information, jusqu'aux danseurs des night-clubs. Ces cercles ont appris au personnel à mesurer chacune de ses actions afin d'assurer que le client obtient toujours ce qu'il veut.

Le système de mesure de Joban commence par les besoins du client et procède, à partir de là, rétroactivement. Connaissant les attentes du client, il est possible de définir exactement ce qu'il faut mesurer, à chacune des étapes de l'exécution du travail. Il est communément admis que tous les besoins des consommateurs ne sont pas quantifiables. Les clients eux-mêmes ne savent pas toujours précisément ce qu'ils veulent. Le cercle qualité d'une troupe de danse ne peut jamais mettre en place une chorégraphie en se fiant uniquement aux opinions des spectateurs. Mais, en plaçant les besoins des clients en premier, pour servir de locomotive au programme de mesure, Joban a une bonne compréhension de ce qui compte pour les utilisateurs et réunit ainsi des atouts tels que cette entreprise est aujourd'hui en mesure de donner des leçons à tous les pays du monde.

Des entreprises telles que Joban Kosan, mais également des firmes beaucoup plus connues, telles que Minnesota Mining and Manufacturing (3M) ou Apple Computer, ont prospéré par une double méthode qui consiste, d'une part, à quantifier de façon rigoureuse les désirs mesurables des clients et, d'autre part, à aider le personnel à innover pour répondre aux attentes les plus complexes.

Dans ce chapitre, nous verrons plus précisément ce qu'est la mesure, une activité pratiquée par la plupart des entreprises mais que peu font bien. Vous parviendrez aux mesures les plus exactes, permettant de répondre à un nombre supérieur de demandes du client, à condition de respecter cinq principes fondamentaux :

1. Savoir pourquoi vous mesurez.
2. Laisser les clients vous indiquer quels sont les résultats finaux à mesurer.
3. Demander en permanence si vous et vos concurrents répondez aux attentes.
4. Suivre de près les procédures internes censées produire les résultats que les clients disent rechercher ainsi que les résultats finaux.
5. Communiquer au personnel toute information nouvelle.

Gérard Mulliez. Les entreprises ont à leur disposition un instrument de mesure qu'elles n'utilisent pas suffisamment : le personnel. Qui mieux que lui peut faire part de ses propres observations et des remarques de la clientèle, pour un coût infiniment moins élevé que celui des études réalisées par des prestataires de services ?

Chaque client qui formule une observation sensée, ne relevant pas de l'attaque personnelle, mérite l'attention. Même si elle reste unique, sa remarque est l'indice d'une imperfection qui ne touche peut-être pas encore la totalité de la clientèle mais qui, en se généralisant, risquerait d'avoir de lourdes conséquences. Il faut la prendre en compte et chercher une solution au problème qu'elle soulève.

Imaginons que sur les 10 000 clients d'une journée, un seul exprime une critique. Vous pouvez être tenté de balayer l'incident d'un revers de main. Mauvais réflexe. Parmi les 9 999 clients qui n'ont rien dit, certains ont pardonné l'imperfection : le sentiment de miséricorde est plus répandu qu'on ne le croit ! D'autres ont été gênés, mais n'ont émis aucune plainte, par peur de se faire « mal voir », par crainte d'un « retour de manivelle ».

C'est pourquoi, dans l'hôtellerie, par exemple, on demande souvent au client d'adresser ses éventuelles réclamations à la direction de la chaîne et non à celle de l'établissement concerné. Chez Auchan – j'en suis convaincu –, bon nombre de fournisseurs ou de clients n'osent pas mettre en évidence les défauts du système ou des hommes auxquels ils ont affaire. Cette forme de « démission » ne fait que retarder nos progrès.

Bien entendu, toute observation ne doit être faite qu'avec humanité. Encore une fois, il ne s'agit pas de s'attaquer aux personnes, mais aux imperfections d'un système. ◪

Savoir pourquoi vous mesurez

Toute mesure est l'occasion de se concentrer sur les besoins du client et d'y répondre. Malheureusement, la plupart des entreprises n'utilisent pas la mesure à cette fin.

Si j'annonce à un groupe de personnes qu'elles doivent en permanence évaluer la façon dont elles sont perçues par leurs clients, neuf fois sur dix elles diront qu'elles le font déjà. Si je leur demande : « Quel est le degré de satisfaction de votre client aujourd'hui et comment le connaissez-vous ? » quelques unes seulement pourront m'apporter des réponses satisfaisantes en me disant, par exemple :

« Nous procédons à des enquêtes mensuelles auprès des clients et nous nous sommes améliorés sur 12 de nos 14 mesures de satisfaction du client cette année. J'ai une grande confiance dans ces mesures parce que nous avons organisé successivement plusieurs réunions de clients l'année dernière pour nous assurer que nous mesurions les bons facteurs... »

Une telle réponse me permet effectivement de penser que cette entreprise dispose d'un programme de mesure centré sur le client.

Plus souvent, les hommes d'affaires répondent en parlant de mesures extrêmement peu directes et peu fiables. Ils disent par exemple : « Notre part de marché s'accroît », « Le nombre de commandes est supérieur à celui de l'année dernière », « Nous ne recevons pas de plaintes de nos clients » ou encore « Nous disposons d'un excellent groupe d'études de marché qui indique que nous sommes en phase avec nos clients ».

Lorsque j'entends de tels commentaires, j'ai vraiment l'impression que les responsables interrogés ne savent pas vraiment ce que pense le client. La part de marché et le volume des commandes sont, certes, de bons indicateurs de l'opinion du client, mais il s'agit d'indicateurs tardifs, reflétant une situation du passé. Le temps que les statistiques fassent apparaître un problème, votre concurrent peut déjà disposer d'une telle avance que votre entreprise risque de ne pas s'en remettre. En outre, de nombreuses entreprises ne reçoivent pas de plaintes de leurs clients, simplement parce que ces derniers ne pensent pas que l'entreprise puisse leur accorder le moindre intérêt. Dans une étude du *Wall Street Journal* portant sur 2 000 consommateurs américains, 5 % seulement ont déclaré penser que les entreprises les écoutaient et faisaient de leur mieux. Malheureusement, les responsables des études de marché mesurent le plus souvent un faible échantillon des opinions du client.

Les programmes de mesure devraient faire appel à des outils quantitatifs clairs, permettant à l'entreprise de comprendre tout ce qui est important pour le client. Ils devraient être structurés de façon à aider, en permanence, l'ensemble de l'organisation à mieux servir le client.

Les programmes de mesure bien conçus présentent de nombreux avantages :

1. Le fait de mesurer ce que veut le client, et de le lui fournir, impose une discipline qui profitera à l'ensemble de l'entreprise avant même que vous ne preniez en compte les résultats de la mesure. Cela vous oblige à penser aux facteurs de succès les plus déterminants et aux principaux éléments permettant d'agir sur ces facteurs. Pour cela, il faut que le personnel de l'organisation puisse discuter de ce qui est important et gérer les désaccords.
2. Les bons systèmes de mesure fournissent des informations fiables sur ce qui est bien et mal dans l'entreprise. Les progrès (ou l'absence de progrès) constatés grâce aux mesures indiquent aux employés s'ils parviennent à leurs buts, et les aident ainsi à s'améliorer.
3. Un bon système de mesure fournit un cadre, résultat d'un consensus, dans lequel les employés peuvent discuter des procédures et des problèmes de l'entreprise.
4. Les systèmes de mesure indiquent précisément là où l'entreprise est performante, ce qui permet de mener des actions de promotion et de marketing plus efficaces.
5. Le fait d'atteindre ou de dépasser les objectifs fixés procure une fierté légitime. Le système de mesure sert de base à la reconnaissance des collaborateurs les plus performants et fournit les informations nécessaires pour aider ceux qui le sont moins à s'améliorer.

Enfin, un bon système de mesure peut être particulièrement utile pour la conception de programmes adaptés de gratification et de motivation du personnel. Toutefois, il faut être prudent : à partir du moment où une gratification est basée sur des chiffres spécifiques, les personnes concernées risquent d'être plus motivées à manipuler ces nombres qu'à chercher à améliorer la qualité du service clients.

Les failles du système de mesure

La plupart des entreprises ne parviennent jamais à de bonnes mesures. Certains systèmes de mesure sont conçus, moins pour aider les entreprises à servir les clients que pour des raisons de relations publiques, d'obligations légales, ou à des fins publicitaires. Les employés effectuant les mesures savent ce que la direction souhaite entendre et s'en trouvent influencés. Les cadres ne disposent pas toujours de moyens pour apprécier si les données qu'ils obtiennent reflètent véritablement les sentiments et les besoins du client.

D'autres entreprises effectuent des études de marché avec de bonnes intentions mais le font mal. Certaines entreprises étudient, par exemple, les couleurs préférées des clients (les consommateurs achèteront-ils davantage de détergents si ce dernier est coloré en jaune-vert ?). Ils étudient la démographie, établissant par exemple à quel moment les enfants du « baby boom » vont atteindre l'âge où ils seront susceptibles d'être intéressés par une crème antirides. Ils effectuent des enquêtes auprès des clients pour connaître les nouveaux produits que ces derniers seraient prêts à acheter.

Ces études se traduisent souvent par des produits de meilleure qualité et d'une plus grande utilité. En revanche, elles ne donnent pas aux entreprises la compréhension globale de leurs relations avec le client qui est si importante.

La plupart des études de marché portent sur quelques aspects du client et du produit, aspects sur lesquels il est possible d'agir pour enregistrer une progression rapide des ventes. Pire encore, les entreprises ne communiquent généralement les informations obtenues qu'à quelques responsables de leur département marketing et nouveaux produits. Ces demi-mesures ne permettent donc pas de lier l'organisation tout entière à ses clients.

Les études véritablement centrées sur le client sont conçues, depuis le départ, pour engager l'entreprise tout entière. Elles ont le pouvoir inhérent de modifier la façon de penser de l'entreprise puis d'améliorer le fonctionnement de cette dernière pour l'adapter de mieux en mieux aux besoins du client. Elles obligent donc les responsables à mettre leur nez dans tous les services sans exception, ce qui risque d'être ressenti comme une curiosité tout à fait indésirable.

Si tel est votre objectif, ne vous limitez pas à la question de savoir, par exemple, si les clients achèteraient plus volontiers une boîte violette ou bleue. Au lieu de cela, commencez par aborder des questions véritablement essentielles, sur les relations de l'entreprise avec ses clients. Préparez-vous à des réponses douloureuses, mais également à des résultats d'une valeur inestimable. Toute étude ayant pour point de départ le client permet de lui poser ces deux questions fondamentales : « Aimez-vous travailler avec nous ? » et « Comment pouvons-nous nous améliorer ? »

Ce type de recherches doit déboucher sur un système permettant de suivre tous les événements contribuant à la satisfaction du client. Il impose la transmission des données recueillies auprès du client à tous les membres de l'organisation.

Lorsque British Airways a créé ses cabines d'enregistrement vidéo des réclamations, à l'aéroport d'Heathrow, seuls les cadres supérieurs pouvaient visionner les cassettes. Heureusement, British Airways se trouvait alors au milieu d'un programme massif d'amélioration des activités et les responsables passaient beaucoup de temps avec les employés directement en contact avec le client. Ils ont rapidement compris que les employés de la base voulaient, eux-aussi, voir les cassettes. C'est alors que le programme a véritablement commencé à avoir des effets spectaculaires sur l'organisation.

La plupart des employés de l'entreprise souhaitent satisfaire le client. La plupart d'entre eux veulent disposer d'informations sur leurs performances. Mais ils ne peuvent satisfaire les clients de façon cohérente que si leur entreprise mesure les performances avec précision. En effet, comment le personnel pourrait-il s'améliorer si l'entreprise ne lui fournit aucune information en retour ?

Gérard Mulliez. Vous inventez un nouveau produit ? Vous perfectionnez un produit déjà existant ? Mettez-vous à la place du consommateur : vous découvririez les raisons pour lesquelles votre produit donne ou ne donne pas satisfaction, sans avoir recours aux études de marché.

Dans la grande distribution, la référence est l'accueil réservé à l'offre d'un produit : le consommateur achète ou n'achète pas. L'étude de marché véritable est celle qui place le consommateur face à sa décision. Le distributeur fait une offre et observe ensuite si le consommateur est intéressé ou non. Si le client achète, tout va bien ; s'il n'achète pas, la balle passe dans le camp des bureaux d'études. À eux de définir un « panel » de consommateurs pour essayer de comprendre ce refus d'achat.

Contrairement à ce que l'on croit souvent, l'invention des nouveaux produits se fait plus par intuition que par étude rationnelle. Je ne pense même pas que l'on puisse inventer un produit par la rationalité. En outre, un produit dit « nouveau », l'est rarement en réalité : son apparition résulte du perfectionnement d'un outil ou d'un article antérieur.

Simple bon sens vaut souvent étude de marché. Demandez-moi si les « fast-foods » vont continuer à connaître le succès. Je vous réponds qu'il suffirait que les restaurants « classiques » servent les clients à une vitesse comparable, en offrant des produits de qualité équivalente.

Des hypermarchés pourraient-ils fonctionner en Pologne ? Examinons la situation locale. Il n'existe dans ce pays que des petits magasins où les produits sont rares et chers : il y a donc de fortes chances pour que les Polonais réagissent de la même manière que les Français en 1960. Et cela est vrai pour tous les pays du monde en développement. Carrefour l'a bien compris, qui privilégie son développement dans ces pays depuis longtemps et a fermé ses unités aux U.S.A.

Pas besoin d'études de marché pour savoir que la « mobilité », l'instabilité du consommateur, est beaucoup plus grande aujourd'hui que par le passé. L'époque des « peugeotistes » ou des « citroënistes » à vie est révolue. Hélas pour Peugeot ! Hélas pour Citroën ! La loi de l'offre modifie le comportement des consommateurs. Quand l'offre s'élargit, le consommateur n'a de cesse d'élargir ses comportements. Et il est très important de pouvoir disposer d'une offre aussi large que possible, parce que les besoins varient d'une personne à l'autre, et évoluent dans le temps pour chaque personne. ◪

Laisser vos clients vous dire ce qu'il faut mesurer

Le tableau ci-après reprend les informations spécifiques que vous devez obtenir de vos clients et indique comment vous pouvez les obtenir. Pour cette synthèse, nous partons du principe que vous avez déjà procédé aux deux étapes fondamentales étudiées au chapitre 2, à savoir : définir qui sont vos clients et apprendre à les écouter.

Type d'informations	Méthodes permettant de les obtenir
Quelles sont les caractéristiques du produit ou service qui sont importantes pour le client ?	Réunions de groupe, autres méthodes permettant de poser des questions ouvertes.
Quelle est l'importance relative de chacune de ces caractéristiques ?	Enquêtes auprès des consommateurs et autres méthodes.
Quel est, pour chacune de ces caractéristiques, le degré de performance à atteindre pour satisfaire le client ?	Enquêtes auprès des consommateurs et autres méthodes.
Quel est actuellement le degré de satisfaction atteint pour chacune de ces caractéristiques ?	Enquêtes auprès des consommateurs, évaluation du service par des inspecteurs.
Vos procédures internes sont-elles maîtrisées et donnent-elles les résultats escomptés pour créer les caractéristiques du produit ou service considérées comme les plus importantes pour les clients et en garantir l'amélioration permanente ?	Mesures internes des procédures (taux de défauts, mesures statistiques de la variation, diagnostic du fonctionnement de chacune des unités de l'organisation, etc.).

Données du client :
ce que vous avez besoin de savoir et comment l'obtenir.

Tout programme de mesure centré sur le client commence par une ouverture d'esprit et une écoute attentive. Dans cette section, nous aborderons les trois premiers points du tableau.

Les réponses à ces questions vous permettront de savoir, d'un point de vue quantitatif, ce qui est le plus important pour vos clients. Vous serez alors en mesure de mettre au point un système pour suivre le degré de satisfaction atteint au jour le jour et mois par mois. Vous pourrez effectuer des mesures internes permettant d'informer vos collaborateurs de façon suivie sur la façon dont chacun d'eux contribue aux caractéristiques du produit ou du service recherchées par le client.

Quelles sont les caractéristiques du produit ou service susceptibles d'être importantes ?

La mesure est sans intérêt si les réalisations mesurées ne procurent pas un ou plusieurs avantages au client. Aujourd'hui, trop de mesures effectuées par les entreprises échouent pour cette raison.

Lorsqu'un importateur automobile a lancé ses véhicules aux États-Unis, son service après-vente disposait d'un système informatisé soi-disant extrêmement avancé, permettant de mesurer les performances. Malheureusement, au départ, cette mesure était au moins aussi préjudiciable au client qu'elle lui était profitable.

Le système mis en place dans cette entreprise, comme dans de nombreuses autres, s'appuyait sur un petit nombre d'indicateurs de performances. Le service après-vente se concentrait sur les demandes de pièces de rechange que l'entreprise pouvait fournir dans les 24 heures. Un taux de réussite de 90 % était considéré comme une bonne performance.

En d'autres termes, lorsqu'un concessionnaire commandait une pièce, il l'obtenait neuf fois sur dix le jour suivant dans un entrepôt régional. Pourtant, lorsque l'entreprise demandait aux clients ce que ces derniers pensaient de la disponibilité des pièces de rechange, la plupart d'entre eux disaient avoir constaté des retards considérables.

Les mesures de l'entreprise n'étaient pas imprécises mais s'il était vrai que, neuf fois sur dix, lorsqu'un concessionnaire commandait une pièce, cette dernière arrivait le jour suivant, que se passait-il la dixième fois ? L'entreprise ne s'occupait pas de savoir si la pièce commandée était nécessaire pour réparer un véhicule immobilisé chez le concessionnaire, ou si elle était simplement destinée au stock de ce dernier. À moins que le concessionnaire ne demande une livraison en express (sous 24 heures), des jours ou des semaines pouvaient alors s'écouler avant qu'une pièce soit livrée. Or, les concessionnaires évitaient de demander une livraison en express dont ils devaient supporter les coûts. Soixante-sept pour cent des clients qui avaient eu besoin de pièces de rechange avaient attendu deux semaines ou plus.

Le système de mesure de cette entreprise était donc centré sur le pourcentage de livraisons. Mais un taux de défaillance de 10 % signifiait que la plupart des clients faisaient l'expérience de certains retards dans la livraison des pièces. Le système ne mettait pas en évidence les longues attentes touchant, il est vrai, un petit nombre de commandes, mais qui affectaient en fin de compte 67 % des clients de pièces de rechange.

Cette entreprise avait également mis en place un système avancé de mesure de la satisfaction des clients qui permit à la firme de remanier le système du service après-vente. Continuant à suivre le taux des commandes livrées par rapport au nombre de commandes enregistrées, elle commença à enregistrer, également, le nombre de réclamations relatives à la disponibilité des pièces émanant des concessionnaires. Elle commençait dès lors à gérer ses activités en vue de satisfaire les clients. Les frais supplémentaires de livraison sous 24 heures devinrent alors une dépense comprise dans la garantie, pour les pièces en retard de livraison. Enfin, un nouveau système de suivi informatique fut mis en place pour que les bureaux centraux puissent savoir quelles pièces étaient en stock chez chaque concessionnaire. De leur côté, les concessionnaires organisèrent un système d'« échanges négociés » leur permettant de se procurer une pièce auprès d'un confrère en échange d'un pourcentage du bénéfice tiré de la réparation. Résultat : une satisfaction accrue des clients.

Comment écouter le client au début d'un programme de mesure

Pour éviter les problèmes rencontrés par cette entreprise, prenez le temps, au début du programme de mesure, d'établir une liste exhaustive des caractéristiques et des problèmes susceptibles d'être significatifs pour vos clients.

L'établissement de cette liste demande une communication ouverte, impliquant d'être proche de vos clients pour connaître leurs besoins. La société exploitant la station thermale Joban Spa Resort Hawaiian est experte dans ce type d'écoute. Elle ne se contente pas d'interviewer les visiteurs pour savoir ce qu'ils veulent, elle suit discrètement un certain nombre de curistes pour enregistrer ce qu'ils semblent apprécier et ce qu'ils évitent.

Commencez par vous demander : « Quelles sont les caractéristiques que mes clients sont susceptibles de rechercher dans mes produits et services ? » Dressez une liste puis complétez-la en utilisant les techniques abordées au chapitre 3, par exemple :

- **« Groupes cibles ».** Formez un petit groupe de clients que vous questionnerez sur leurs besoins et leurs attentes.
- **Investissement dans les réclamations.** Faites le maximum pour encourager les clients à envoyer des réclamations lorsqu'ils ne sont pas satisfaits, et dressez une liste des choses dont ils se plaignent.
- **Utilisation de questions ouvertes.** Donnez à vos clients des cartes de commentaires à vous retourner.
- **Visites aux clients**. Si vous fabriquez des produits de grande consommation, rendez visite aux clients chez eux. Si vous fabriquez des produits industriels, rendez visite aux entreprises utilisatrices.
- **Enquêtes** sur la réaction des clients face aux offres concurrentes.

Lors de l'établissement des listes des caractéristiques de vos services, rappelez-vous l'acronyme FAIRE (Fiabilité, Accueil, Image, Réactivité, Empathie) présentée au chapitre 3 (page 70).

Une société d'édition aux États-Unis a procédé à une analyse de ce type dans ses services d'exécution et d'expédition des commandes. Sous la rubrique « Fiabilité », le rapport final contenait la liste suivante des qualités caractéristiques :

Précision du descriptif :

- Les articles correspondent au descriptif qui en est donné et aux photographies contenues dans le catalogue.
- Les publicités du catalogue sont fiables.

Performances des produits :

- Le produit fonctionne comme prévu.

Saisir des commandes :

- Un historique précis des commandes est conservé.
- Cet historique est mis à jour quotidiennement.
- Cet historique est utilisé pour éviter les erreurs de facturation et de traitement des commandes.

Précision dans la livraison :

- Les marchandises expédiées sont celles qui ont été commandées.
- Rien ne manque dans les colis et tous les éléments sont livrés ensemble.
- Les produits ne sont pas remplacés sans accord préalable du client.
- Les commandes en souffrance sont évitées.
- Des moyens fiables sont utilisés pour la livraison.

Performances en matière de garantie :

- Les garanties sont honorées.

L'entreprise a également dressé une liste des qualités caractéristiques associées à chacun des autres aspects de la performance du service : Accueil, Image, Réactivité, Empathie et également la valeur ajoutée. Des listes plus longues peuvent être utiles pour préparer des évaluations qui couvriront à la fois la fabrication et le service.

Questions quantitatives : Niveau de satisfaction et degré d'importance

Une fois que vous aurez dressé une liste des caractéristiques du produit ou service, cherchez des réponses aux questions quantitatives déterminantes pour toute mesure centrée sur le client :

- Quelle est l'importance relative de chacune des caractéristiques pour le client ?
- Quel est le niveau de satisfaction atteint pour chacune de ces caractéristiques ?

Vous aurez besoin d'une unité de mesure spécifique pour chacune des attentes du client (voir tableau ci-après).

Attentes du client	**Unités de mesure**
Peu ou pas d'attente lors de l'enregistrement	Minutes passées dans la file d'attente
Livraison à temps	Minutes, heures, jours
Système informatique en ligne	Pourcentage de temps d'utilisation
Pas d'interruption dans le service	Pourcentage de temps morts
Produit durable	Heures d'utilisation avant défaillance
Finition soignée	Nombre de défauts de surface

Lorsqu'il est impossible d'exprimer le désir du client en unités, vous devrez établir une hiérarchie des impressions subjectives, sur une échelle comparable à l'échelle suivante :

Faible Satisfaisant Excellent
1.........2............3............4............5............6.......7

Attentes du client	Mesure
Empathie envers le client démontrée par le service après-vente	Vous pouvez demander au client de noter entre 1 et 7 le degré d'attention individuelle qui lui a été accordé par le personnel de la société.
Amabilité au téléphone	Vous pouvez demander au client de noter entre 1 et 7 l'amabilité des personnes qui répondent au téléphone.

Certaines attentes du client peuvent demander une mesure exprimée à partir de plusieurs paramètres. Utilisez alors autant de mesures que nécessaire pour prendre en compte tous les aspects de l'attente du client.

Une fois que vous aurez établi une liste complète des caractéristiques et des unités de mesure appropriées pour chacune, la méthode la plus facile, pour répondre aux questions quantitatives, consiste à poser ces dernières au client, dans des interviews et questionnaires écrits. Si vous dirigez une petite entreprise ou un petit groupe de travail à l'intérieur d'une grande entreprise, il s'agit de la seule démarche possible.

Toutefois, les réponses ainsi obtenues peuvent ne pas être suffisamment précises. Supposons que Joban Spa Resort Hawaiian ait demandé à ses clients quel était, pour eux, le temps d'attente raisonnable. Bon nombre d'entre eux auraient pu répondre : « aucun », une réponse qui n'aurait pas pu être prise en compte pour fixer un délai raisonnable d'attente.

L'idée de filmer les visages des clients dans les files

d'attente est donc très pertinente. Elle permet de connaître vraiment le degré d'inacceptabilité de l'attente. Aujourd'hui, lorsque les files d'attente atteignent le seuil critique, du personnel supplémentaire est envoyé à la réception pour les résorber.

Il existe une méthode très fiable, permettant d'identifier avec précision ce qui satisfait vraiment les utilisateurs et de connaître l'importance relative de chacune de leurs attentes. Vous pouvez effectuer des études statistiques en mettant en corrélation vos mesures de qualité et les réactions effectives de vos clients en les interrogeant après l'utilisation d'un produit ou d'un service (un voyage en avion, deux premières années d'utilisation d'un bien manufacturé...). Notez par client quelles ont été les performances mesurées par votre entreprise pour chaque caractéristique du produit ou service figurant sur la liste. Demandez ensuite au client quelle a été son expérience. L'étude statistique des données obtenues peut vous indiquer, pour chaque caractéristique, vos performances correspondant à la satisfaction totale du client et une hiérarchie dans l'importance des caractéristiques de votre produit.

Une telle analyse produit souvent des surprises remarquablement utiles. Plusieurs études, réalisées par des sociétés de services, ont mis en évidence un facteur fortement lié à la satisfaction du client : le fait de l'appeler par son nom. C'est pourquoi de nombreuses banques, chaînes hôtelières et compagnies aériennes insistent désormais pour que les employés appellent le client par son nom lors de chaque transaction.

Quand les souhaits du client deviennent la norme

Une fois que vous avez compris les attentes du client, vous pouvez vous forger un avantage concurrentiel en faisant de ces attentes une norme pour les performances de l'entreprise, et cela dans le moindre détail, depuis l'accueil des clients jusqu'à la facturation.

En effet, une norme présente l'avantage de constituer un objectif précis pour les employés. Supposons qu'une étude de marché effectuée dans une grande surface indique que les clients sont insatisfaits lorsque le passage en caisse prend plus de six minutes. La norme sera alors :

« Le passage en caisse ne doit pas durer plus de six minutes pour 98 %, au moins, des clients. »

Pour parvenir à des normes qui répondent aux attentes du client, vous devez également établir des standards portant sur les résultats de chaque action des employés qui ne servent pas directement le client. La mesure et le contrôle des résultats de chaque action peuvent être aussi importants que la mesure des performances de l'entreprise pour ses clients finaux.

Dans le cas de caractéristiques qualité plus subjectives, une norme selon laquelle, par exemple, « 95 % des clients évaluent à 5,2 ou plus (sur une échelle de 1 à 7) les performances de l'entreprise » peut être adoptée.

Lorsque vous établissez de telles normes, fixez les efforts de l'entreprise sur les problèmes ressentis comme les plus importants pour les clients d'après vos études. Si vous avez identifié cinquante caractéristiques de produits et services, devenez un leader mondial sur cinq d'entre elles jugées comme les plus importantes pour vos clients. Une fois cet objectif atteint, devenez leader sur les cinq suivantes.

Facteurs annexes à la qualité utilisés par les clients

Lors de la définition des normes, vous devez prendre en compte non seulement les souhaits des clients, mais également certains facteurs annexes que les clients utilisent lors de leurs décisions d'achat. En effet, souvent, les clients ne connaissent pas suffisamment les produits pour prendre des décisions véritablement justifiées en termes de qualité. Ils recherchent donc certains facteurs qu'ils sont en mesure d'apprécier. Ces facteurs peuvent être :

Dans le choix d'un avocat...	la vitesse avec laquelle il vous contacte lorsque vous avez laissé un message à sa secrétaire.
Dans le choix d'un médecin...	la façon dont il explique la méthode thérapeutique.
Dans le choix d'une voiture...	le bruit résultant du claquement des portières ou la finition du tableau de bord.
Dans le choix d'un produit alimentaire préemballé...	l'absence de colorants.

Rechercher la qualité en se fondant sur de tels facteurs ne vous permettra pas le succès. Si vous ne faites pas porter vos efforts de qualité sur les autres aspects du produit auxquels les clients sont attentifs, ces derniers finiront par faire appel à la concurrence. Toutefois, il est très important pour monter une clientèle, de comprendre comment vos clients se forgent une idée sur vos produits.

Revoir les caractéristiques de la qualité au moins une fois par an

Les caractéristiques du produit ou du service auxquels vous décidez de vous consacrer et les normes que vous établissez ne doivent jamais rester immuables. Vous devez les remettre en question lors de discussions avec les clients, au moins une fois par an. Les goûts et préférences des clients changent et vous devez vous adapter !

Le suivi des caractéristiques de qualité vous aidera à dépasser les attentes actuelles du client. Toutefois, vous pourrez développer vos parts de marché en répondant à des attentes et besoins dont les clients ne sont même pas encore conscients.

Si vous êtes prêt à reconnaître de nouvelles attentes des clients et à adapter vos performances en conséquence, vous disposerez d'une avance indiscutable sur vos concurrents.

Gérard Mulliez. Une fois par an paraît un bon rythme pour la redéfinition de la qualité. Le contrôle du niveau de qualité doit s'opérer en fonction d'une périodicité motivante pour tout le monde.

Si toutes les caractéristiques de la qualité étaient définies partout, la révision une fois par an serait une source de progrès fantastique. Hypothèse chimérique malheureusement ! On ferait un pas en avant considérable si on prenait la peine de définir la qualité partout.

Par rapport aux Anglo-Saxons, nous sommes en retard sur la définition et la rédaction de « bibles » et de fiches de contrôle qui figurent parmi les moyens les plus efficaces pour parvenir à un certain niveau de qualité. En restauration, McDonald's est très porté sur les listings de contrôle. En France, nous y sommes encore allergiques. Pourtant, les entreprises qui réussissent à les instituer obtiennent des résultats en conséquence.

Livrez-vous les produits et services attendus par le client ?

Une fois que vous avez établi des normes, vous avez besoin d'un système de mesure continu.

Vous pouvez alors mesurer directement les résultats de certaines caractéristiques du produit ou service. Pour d'autres, vous avez la possibilité de savoir si vous avez réussi en vous intéressant au comportement du client. Si une banque étudie la caractéristique « erreurs sur les effets traités » elle comptera uniquement les erreurs signalées par les clients. Regardez la figure 1 fournie par la First National Bank de Chicago et concernant la précision du traitement des transactions en devises au cours du deuxième semestre de 1989. Cette banque enregistrait 3,3 erreurs par million de transactions alors que la performance minimale acceptable était de 12 erreurs par million (c'est-à-dire, dans ce cas, les performances jugées comme typiques des autres banques). La First National avait donc déjà dépassé son objectif initial de 5 erreurs par million de transactions.

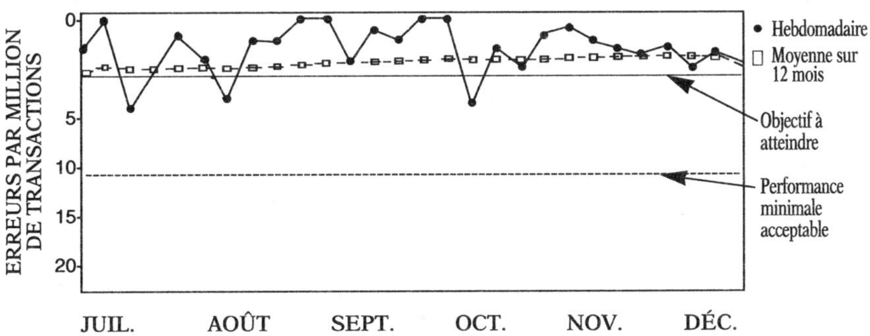

Figure 1. Taux d'erreurs sur les transactions en devises par million de transactions

De son côté, la société Joban Spa Hawaiian évalue la qualité de ses repas en fonction de la quantité absorbée par les clients. Si ces derniers consomment au moins trois quarts de la quantité qui leur est servie, Joban part du principe qu'ils ont apprécié le repas.

Toutefois, pour la majorité des caractéristiques considérées comme les plus importantes pour les clients, vous ne pourrez pas évaluer vos performances sans mettre au point une méthode fiable de relevé des opinions. Les quatre méthodes les plus courantes sont :

1. Cartes de commentaires, livrées avec le produit et retournées par les clients.
2. Enquêtes par correspondance auprès des clients.
3. Entretiens personnels : face à face, par téléphone, ou dans le cadre de « groupes cibles ».
4. Visite d'inspecteurs.

Cartes de commentaires

Les cartes de commentaires remplies par les clients sont la façon la plus simple de mesurer leur satisfaction. Elles sont également l'occasion d'un lien direct avec chaque client et donnent un retour d'information non filtré qui vous permettra d'identifier certains problèmes nécessitant une intervention rapide.

Toutefois, les cartes de commentaires présentent l'inconvénient d'être une façon passive de communiquer. Vous ne faites rien pour encourager le client moyen à remplir sa carte, ce qui signifie que vous entendez uniquement la voix des clients motivés pour répondre. Or, il se peut que ces derniers ne soient pas représentatifs de l'ensemble de la clientèle.

Si vous utilisez les données recueillies sur les cartes de commentaires pour déterminer les augmentations de salaire et les promotions, faites attention. Les cadres peuvent facilement influencer les résultats, et même tricher lors du dépouillement, en ne retenant, par exemple, que les commentaires les plus favorables.

Le fait de fournir un formulaire préaffranchi n'empêche pas la partialité. La direction de l'un des établissements d'une chaîne hôtelière avait essayé d'influencer les résultats des cartes de commentaires en restant au bureau de la réception et en demandant aux clients qui quittaient l'hôtel s'ils avaient apprécié leur séjour. Si le client se plaignait, le directeur se montrait compatissant et promettait d'essayer de résoudre le problème. En revanche, si l'hôte faisait des compliments, le directeur lui remettait un formulaire de commentaires en disant « Merci beaucoup. Auriez-vous l'obligeance de remplir ce formulaire et de nous le retourner ? »

Malgré leurs limites, les cartes de commentaires restent une bonne méthode lorsque tous les membres de l'organisation souhaitent sincèrement connaître les impressions du client et que le budget disponible pour les enquêtes est peu important. Certaines entreprises figurant parmi les plus brillantes utilisent les cartes de commentaires en complément d'autres méthodes plus scientifiques. Vous pouvez mettre en place un système de retour d'information rapide qui permettra de résoudre les problèmes signalés dans les cartes de commentaires avec une telle efficacité que les clients verront vraiment les effets de leurs commentaires. Cela permet de fidéliser les clients.

Questionnaires clients par correspondance

Les études de clientèle réalisées par correspondance ne coûtent généralement pas tellement plus cher qu'un programme bien géré de cartes de commentaires. En général, les clients habituels y répondent. Un directeur informatique utilisant régulièrement tel prestataire de service appréciera probablement qu'on lui demande ce qu'il en pense et il enverra spontanément le formulaire. Il est moins évident que des clients qui se sentent moins liés à leur fournisseur, par exemple ceux qui achètent pour moins de 200 F de produits, prennent la peine de vous répondre. Cependant, vous pouvez accroître le taux de réponse en joignant à votre questionnaire une incitation, par exemple une réduction sur le montant de la prochaine commande, une participation à une loterie, ou en relançant par téléphone les personnes qui n'ont pas répondu.

Les questionnaires envoyés par correspondance ont leurs inconvénients. Beaucoup ne reçoivent de réponses que d'un petit pourcentage de clients interrogés. Bien que les résultats soient probablement moins influencés que les cartes de commentaires, il peut être difficile de savoir si l'échantillon de réponses obtenu est représentatif.

Entretiens avec les clients

Si vous faites appel à des enquêteurs externes, vous aurez un plus grand contrôle sur le choix des clients qui répondent. En général, les clients répondent davantage aux questions posées par un bon interviewer, soit par téléphone, soit lors d'une rencontre, qu'à celles d'un questionnaire ou d'une carte de commentaires. Il est souvent possible de lancer une campagne d'entretiens le lundi et d'en obtenir les résultats le vendredi.

En outre, les entretiens vous permettent une plus grande flexibilité que d'autres méthodes d'enquêtes. Admettons que vous vouliez poser une question spécifique à tous les clients âgés de plus de 65 ans à qui l'on a recommandé votre produit. Dans une étude par correspondance, vous pourrez apporter la précision suivante :

« Si vous avez plus de soixante-cinq ans et que notre produit vous a été recommandé par un ami, veuillez répondre au questionnaire supplémentaire de la page 6. »

Mais avec autant de détails, votre questionnaire risque de devenir aussi compliqué qu'une déclaration de revenus et les clients auront tendance à ne pas le remplir. En revanche, si vous faites appel à des enquêteurs spécialisés, il est relativement facile de les entraîner à poser les questions figurant à la page 6 s'ils reçoivent un certain ensemble de réponses aux premières questions, à celles de la page 7 s'ils obtiennent des réponses différentes et à celles de la page 8 s'ils en obtiennent d'autres encore.

Bien évidemment, les enquêteurs sont humains. Leur parti pris peut différer de celui de vos clients et cela pourra parfois affecter les réponses que vous obtiendrez. De même, les enquêteurs peuvent chercher à abréger l'entretien pour gagner du temps.

Les enquêtes par correspondance et les entretiens sont toutefois des sources précieuses d'informations sur les clients. C'est pourquoi il faudra veiller en permanence à leur qualité.

Visite d'inspecteurs

Les inspecteurs sont des professionnels inconnus des gens évalués qui se présentent comme des clients puis rédigent des rapports sur le service. Ils sont souvent très fiables. Admettons que cinq inspecteurs se rendent dans une agence bancaire de telle ville, puis dans une autre, à 150 kilomètres de là. Si tous vous font savoir que le service de la première agence est de meilleure qualité, vous avez de sérieuses raisons de penser que c'est effectivement le cas.

Les programmes faisant appel aux inspecteurs posent toutefois quatre problèmes potentiels :

1. Leur coût est largement supérieur à celui d'autres formes de mesure. Un enquêteur peut se rendre dans un supermarché et interroger, le même jour, plusieurs dizaines de clients. En revanche, un inspecteur ne peut guère interroger plus de deux ou trois employés à chaque visite sans se faire démasquer. Ainsi, de nombreuses entreprises considèrent que ces évaluations sont insuffisantes pour constituer un échantillon statistiquement valide. Si l'employé interrogé est une personne dynamique et dévouée, mais que l'inspecteur a la malchance de le rencontrer après une grippe ou des démêlés avec un client particulièrement difficile, l'entreprise est alors victime d'un rapport négatif qui ne correspond pas aux performances réelles de l'employé.
2. L'employé peut identifier les inspecteurs et leur

réserver alors un traitement de faveur, non représentatif du service habituel...

3. Les inspecteurs peuvent manquer de constance dans leurs jugements, ou faire preuve de parti pris.

Les rapports émanant d'un même inspecteur mais établis à des moments différents, et les rapports émanant de plusieurs inspecteurs établis dans des situations comparables, doivent être soigneusement analysés pour déterminer la constance des évaluations. De nombreux rapports d'inspecteurs doivent être comparés avec des évaluations réelles de clients, pour détecter les éventuels manques de constance.

4. Même si le système d'évaluation des inspecteurs est équitable, les employés peuvent ressentir cette démarche comme une atteinte à leur vie privée.

Les employés qui apprennent qu'ils ont fait l'objet d'un rapport de visite d'un inspecteur peuvent parfois se sentir « piégés » et en éprouver du ressentiment.

Choisissez la méthode de mesure (ou une combinaison de méthodes) qui vous paraît la plus adaptée à vos besoins et suivez ensuite de près la qualité des évaluations.

En plus de vos méthodes spécifiques de mesure de la satisfaction du client, vous devrez suivre de près un certain nombre d'autres évaluations, indépendantes de votre organisation :

- les études publiées sur tel ou tel secteur ;
- les systèmes d'évaluation des fournisseurs utilisés par les associations de consommateurs ;
- les enquêtes réalisées sur les distributeurs et les fournisseurs ;
- la presse ;
- les études et rapports des administrations.

Vous devez sans arrêt chercher à en savoir le maximum sur ce qui se dit de votre produit et de vos concurrents.

Faut-il créer des indices de satisfaction du client ?

Certaines entreprises peuvent mieux se focaliser sur le client en créant un indice de satisfaction qui fournit la meilleure estimation possible de la façon dont leurs clients les perçoivent. Certains constructeurs automobiles en ont établi un pour suivre les performances de chaque concessionnaire en matière de service clients. Cet indice est une synthèse de plusieurs mesures recueillies par les constructeurs, comme par exemple le nombre de réclamations reçues au siège, la satisfaction des clients du concessionnaire selon les enquêtes, le nombre de problèmes constatés lors d'inspections chez le concessionnaire et la proportion de véhicules réparés par ce dernier ayant subi une nouvelle réparation par la suite.

Le personnel peut rarement se souvenir de toutes les données indicatrices de la qualité du service clients d'une entreprise. Un indice de satisfaction peut donc être un excellent outil pour concentrer l'attention sur les principales exigences du client.

Cet indice les aide à comparer les concessionnaires de façon équitable et peut fournir des avertissements d'une clarté exceptionnelle en cas de problèmes rencontrés par le client. Le fait de chiffrer la satisfaction du client donne à cet aspect du service un caractère scientifique qui aide le personnel à lui accorder autant d'attention qu'au chiffre d'affaires mensuel ou aux bénéfices.

Pour créer des indices de satisfaction du client, vous devez déterminer les différents types de clients auxquels vous avez affaire. La société Sea Land Corporation, commissionnaire de transport par conteneurs du New Jersey, est arrivée à la conclusion qu'elle possède deux principaux types de clients : les transporteurs et les personnes réceptionnant les marchandises. En outre, chaque groupe apprécie des aspects différents du service. Les transporteurs sont particulièrement sensibles à la rapidité de l'enlèvement et à la précision de la facturation tandis que les destinataires sont surtout intéressés par l'amabilité des livreurs et la possibilité de connaître avec précision la date et l'heure de la livraison. L'entreprise a ainsi établi un système de références différent pour chacun de ces groupes.

Un système d'indices de satisfaction des clients n'est pas une panacée. Mais il peut être intéressant pour une entreprise à condition qu'il ne devienne pas une fin en soi au lieu d'être un moyen de mieux satisfaire le client. Chaque indice doit être mis à jour au moins une fois par an. Enfin, comme toute autre donnée numérique, l'indice peut être manipulé. Certains concessionnaires automobiles ont l'habitude d'envoyer un bouquet de fleurs à leurs clients au cours de la semaine précédant l'enquête du constructeur destinée à calculer l'indice. Il convient toutefois de prêter une attention particulière à l'indice, chaque fois que votre entreprise se trouve confrontée à un problème difficile à comprendre, par exemple une perte de part de marché.

Gérard Mulliez. L'idée d'inventer un indice de satisfaction du client, n'est pas neuve. Michelin en fut l'initiateur en France, il y a fort longtemps. Son guide a incontestablement provoqué une amélioration du niveau moyen de la restauration française par rapport à celle des autres pays. Le guide Michelin a beaucoup œuvré en faveur de la qualité des établissements parce qu'il les a tous notés : il est devenu ainsi un guide de référence pour tout voyageur.

Michelin a eu également le mérite d'instituer un dispositif publicitaire adapté aux personnes qui se déplacent en voiture. Son système encourage les hôtels-restaurants qui font des progrès : ils craignent trop de voir leur note baisser. Idée merveilleuse, car motivante.

Ce système de notation a été repris aux États-Unis et dans une moindre mesure en France, avec les bulletins de notations spécifiques que l'on trouve dans les hôtels. On dresse la liste des attentes légitimes du client et on lui demande de mettre des notes.

Le procédé est selon moi efficace car ses concepteurs ont su bien définir auprès du personnel quelles étaient les prestations demandées par le client. En outre, savoir qu'il risque d'être contrôlé est pour le personnel un encouragement à bien faire.

Les systèmes de notation sont de bons instruments qui permettent de progresser. La perfection ne réside pas dans l'instrument, mais dans la qualité des hommes et des femmes, des acteurs qui se prennent au jeu pour tendre vers un idéal. ◪

Appliquer la mesure de satisfaction des clients à toutes les fonctions de l'entreprise

Les entreprises efficaces associent également aux besoins exprimés par les clients la mesure des actions de tous les services de l'entreprise. Elles suivent par exemple la vitesse avec laquelle les services de nettoiement des avions opèrent entre deux rotations, ou le temps nécessaire pour faire cuire un hamburger. Lorsqu'il mesure les taux de rebut dans la fabrication, le personnel se souvient que l'intérêt n'est pas simplement d'économiser de l'argent mais aussi d'aboutir à un procédé de fabrication de qualité, permettant aux entreprises de donner à leurs clients ce qu'ils veulent.

Chez Joban Spa Resort Hawaiian, les directives relatives à l'inspection de chaque service permettent de déterminer si ce service :

- mesure et contrôle les bons facteurs ;
- les représente correctement sous forme graphique ;
- se fixe des objectifs adaptés pour l'entité mesurée ;
- se fixe des limites d'action adaptées, c'est-à-dire des

écarts autorisés par rapport à la norme avant l'intervention de l'encadrement.

La plupart des entreprises n'exploitent pas toutes les occasions d'utiliser la mesure pour en faire bénéficier le client, en modifiant les procédures aux besoins de ce dernier. Pourquoi ? Parce que la décision de ce qui doit être mesuré dépend de simples caprices ou de traditions.

Au sein de l'organisation, chaque groupe a l'occasion de s'améliorer en mesurant continuellement les procédures qui sont les plus importantes pour les clients internes et externes. Le programme de mesure de First National Bank à Chicago a commencé très tôt, au début des années 80, alors que cette banque essayait de faire remonter ses bénéfices et amorçait une transition difficile avec l'arrivée d'une nouvelle direction. Après un conflit au sujet des aspects à mesurer, Larry Russel, qui dirigeait toutes les opérations de la banque, à part les prêts, a déclaré : « Personne dans cette salle ne détient la réponse. Les seules personnes qui la connaissent sont les clients. Alors, sortez et allez la leur demander. »

C'est ce qu'ils ont fait. First Chicago a utilisé les commentaires des clients pour mettre au point quelques 500 mesures de la qualité dans les services non liés aux prêts. Par exemple une mesure de la précision dans les transactions automatisées de compensation (en pourcentage), une mesure de la ponctualité des virements pour les sociétés de Bourse (pourcentage sur 72 heures) et un indice de qualité des communications avec les actionnaires (calculé selon un système de notation en fonction de la précision, de l'exhaustivité et de l'amabilité). Chacun des groupes de la banque suit ses propres performances en s'appuyant sur des graphiques. Résultat : un programme de qualité, basé sur le client, profondément ancré dans toute l'entreprise.

Une fois que vous avez compris ce que les clients attendent de vous, utilisez cette connaissance pour choisir les aspects à mesurer et à suivre dans chaque entreprise ou groupe de travail. Cette décision est déterminante pour la mise en place d'une vision centrée sur le client.

Diffuser les informations dans toute l'entreprise

Les différents services ont besoin de toutes les données brutes pertinentes pour leurs activités. Apprenez aux employés à réaliser des graphiques et des courbes représentant leurs progrès et leurs défaillances. Joel Ramich, sous-directeur qualité de Corning Works explique : « Il est tout à fait motivant d'entrer dans une usine et de voir un homme qui est peut-être là depuis vingt ans et qui ne vous a jamais dit quoi que ce soit, s'avancer un beau jour vers vous et vous dire : "Monsieur Ramich, j'ai quelque chose à vous montrer. Pourriez-vous venir voir ces graphiques ?" »

Certaines publications d'entreprise, généralement remplies uniquement de « bonnes nouvelles », peuvent parfois se transformer en « tribunes libres » pour annoncer à la fois les bonnes et les mauvaises nouvelles résultant d'enquêtes auprès des clients. Le rapport du groupe *Ground Operations-At-London* de British Airways, le fameux GOAL – littéralement but ou objectif en anglais –, contenait un graphique indiquant les causes exactes des retards auxquels se sont trouvés confrontés les passagers. Ses auteurs n'essayaient pas de rejeter la faute sur qui que ce soit, ils se contentaient d'énoncer les faits. Par cette large diffusion des informations, la direction indiquait qu'elle prenait au sérieux la résolution des problèmes et encourageait les groupes les plus largement responsables de ces retards à s'y attaquer avec un dynamisme accru. En outre, le rapport du GOAL contenait des analyses sur les actions menées par les concurrents de British Airways.

Même si votre entreprise ne dispose pas d'un journal interne, un simple rapport permettra de faire connaître à l'ensemble du personnel ce que disent les clients. La grande majorité de vos collaborateurs ont besoin d'informations fiables sur l'entreprise. Si les dirigeants citent des statistiques dans leurs rapports et indiquent clairement qu'ils les utilisent dans leurs prises de décision, d'autres membres de l'organisation seront convaincus qu'elles méritent d'être prises en compte.

Les meilleurs dirigeants insistent pour que leurs employés prennent les informations du client au sérieux. L'une des missions les plus intéressantes que j'ai conduite m'a été confiée par General Motors Canada, lorsque cette entreprise essayait de remotiver un groupe de concessionnaires qui obtenait de faibles indices de satisfaction du client.

Habituellement, les constructeurs automobiles ont peu d'influence sur les concessionnaires qui négligent les clients et ne cherchent pas à s'améliorer. Pour sa part, General Motors a décidé que cette situation d'impasse était anormale. Elle a indiqué à treize de ses concessionnaires les moins bien notés que si leurs indices ne s'amélioraient pas, leur concession serait remise en question. Pour les motiver et leur offrir de l'aide, General Motors a spécialement organisé un séminaire de cinq jours à DisneyWorld, en Floride, au cours duquel ils devaient être directement confrontés aux conséquences de leurs mauvaises performances. La participation des propriétaires des concessions était obligatoire.

Il ne s'agissait pas d'un voyage d'agrément. Avant le déplacement, les concessionnaires devaient assister à des réunions de groupe au cours desquelles les clients parlaient de l'angoisse qu'ils avaient pu ressentir devant les réparations mal faites et le personnel peu réceptif des concessions. Les problèmes des clients commençaient enfin à devenir, pour eux, des réalités. À DisneyWorld, ils passèrent leur temps à écouter des rapports précis sur les perspectives économiques particulièrement difficiles du secteur automobile et sur la façon dont le service devait devenir une arme concurrentielle. Je leur ai parlé des succès et des stratégies des entreprises centrées sur le client. Pour sa part, le personnel de Disney a parlé des compétences requises en matière de gestion des services.

À la fin de ce séminaire, nous avons constaté une évolution dans les comportements. La plupart des concessionnaires semblaient vraiment croire à l'excellence des services.

Les résultats concrets de ce programme sont impressionnants à ce jour. Sur les treize concessionnaires qui en ont fait partie, onze ont enregistré des améliorations majeures en termes de satisfaction des clients.

Utiliser la mesure pour faire changer les comportements

General Motors Canada est un exemple de la façon dont un bon système de mesure, efficacement diffusé et adapté, peut faire évoluer les comportements. Mais l'expérience faite par First Chicago Corporation est peut-être plus typique encore. Cette entreprise a constaté que ses mesures aidaient les managers à mieux contrôler les activités, à tous les niveaux, et indiquaient à l'ensemble du personnel que la banque prenait l'amélioration au sérieux.

Les dirigeants ont décidé de se réunir tous les jeudis après-midi pour faire le point sur les progrès accomplis, et ils ont ouvert ces réunions aux clients de la banque. Les clients pouvaient constater que quelque chose de nouveau et de différent était en train de se passer. « Notre personnel a vraiment du mal à croire que le directeur est effectivement là, de 13 h 30 à 16 h, tous les jeudis » explique Aleta Holub, responsable de l'assurance qualité chez First Chicago.

First Chicago est très prudente dans l'utilisation des chiffres pour la gestion de la qualité. « Personne n'est jamais sanctionné en cas de problème, ajoute Holub, la seule chose que l'on puisse vous reprocher, c'est de ne pas avoir mis en place de plan d'actions. C'est la seule chose importante parce que si vous éliminez les gens en fonction des statistiques qualité, ces derniers ne tarderont pas à trouver des façons très créatives de jouer avec les chiffres. »

Aujourd'hui, les sérieux efforts entrepris ont produit des améliorations spectaculaires. La banque a été remise sur pied. Alors qu'au début des années 80, le taux de rendement du capital était de l'ordre de 7 %, il s'est élevé à 24,8 % en 1988. Les récentes pertes enregistrées ont été moins importantes que celles dont de nombreuses autres banques de cette catégorie ont pu faire l'expérience, et les bénéfices enregistrés dans le cadre des activités non liées aux crédits, c'est-à-dire les activités les plus affectées par le programme qualité, sont supérieures, d'une part à celles du passé et, d'autre part, à celles de la concurrence.

Plus important encore, les clients de First Chicago sont contents. Aujourd'hui, cette banque a transformé la collecte de données en une puissante arme concurrentielle. Lorsqu'ils rendent visite à un prospect, les commerciaux emportent avec eux un classeur de courbes et de graphiques illustrant les résultats de six mesures de First Chicago basées sur les besoins des clients. Les études de satisfaction du client adoptées par First Chicago ont tout changé.

Il faut reconnaître que l'expérience faite par First Chicago n'est pas courante. Trop d'entreprises sont lentes à mesurer ce qui se passe dans leurs services et à communiquer les informations aux employés et aux clients. Certains managers redoutent les réactions de la presse lorsqu'ils doivent annoncer de mauvaises nouvelles à leur équipe. D'autres redoutent de perdre la face devant leur propre personnel. Enfin, de nombreuses entreprises sont tellement habituées à une prise de décision hiérarchisée, qu'il ne leur vient même pas à l'esprit que certaines personnes pourraient avoir besoin de données plus complètes ou de meilleure qualité.

Pourtant, tout le monde a besoin d'information. Et à condition d'être bien distribuées, ces données peuvent véritablement transformer l'entreprise.

Gérard Mulliez. Le problème du retour d'information relève d'une question d'écoute, à tous les niveaux de l'entreprise. La non-écoute est une maladie universelle.

Un salarié d'une entreprise de distribution fait à son supérieur hiérarchique une suggestion concernant son propre poste de travail : il peut constater *concrètement* l'incidence de sa proposition sur le terrain. Le retour de l'information est immédiat.

Mais certains types de remarques ou d'informations ont une portée plus grande. Le supérieur hiérarchique doit les faire « remonter » en principe, à l'occasion de réunions de management ou de synergie. Très régulièrement, nous organisons des rencontres entre personnes qui font le même métier : les bouchers, les responsables des achats... dans le but de faire avancer les idées.

Il faut développer la capacité de liberté de chaque membre du personnel, en faisant confiance à son bon sens et à sa capacité d'œuvrer, d'avoir du « culot », de faire des essais à échelle réduite et d'expliquer : « J'ai fait tel essai et ça marche. » Laisser une marge de liberté à l'individu est une démarche fondamentale.

Dans une société de 25 000 personnes, il est impossible de traiter les suggestions quotidiennes de l'ensemble du personnel. Il devient donc indispensable de s'organiser par petits groupes de travail et de prendre le maximum de décisions au sein de ces groupes.

Quant aux plans d'action, ils sont indispensables. Chez Auchan, nous les pratiquons sur le mode quinquennal.

Les prévisions pour la première année doivent être aussi proches que possible de la réalité. Celles des années suivantes ne constituent que des lignes de tendance. Mais nous disposons d'un plan qui nous permet de bien visualiser ce qui va arriver à l'ensemble de l'entreprise sur une période de cinq ans. Ainsi, je sais que nous allons en principe embaucher 6 000 personnes en 1995, 9 000 en 1996 et 6 000 en 1997. Qu'importe si les chiffres au bout du compte sont faux. La tendance est réelle. Si la conjoncture se montre favorable, peut-être irons-nous au-delà des prévisions. Si elle est mauvaise, nous resterons en deçà.

À la fois quantitatif et qualitatif, le plan a pour vertu de placer tous les salariés sous tension. Je le crois essentiel pour chacun d'entre nous, pour que nous sachions toujours où nous voulons aller... et comment.

PLAN D'ACTION

- Dressez une liste exhaustive des caractéristiques de qualité que vos clients (clients finaux de l'entreprise ou clients internes de votre groupe de travail) recherchent dans vos produits et services.
  Si vous possédez déjà une telle liste, essayez de la mettre à jour. Communiquez avec les clients de façon ouverte, au moyen d'entretiens, de visites, et encouragez-les à ajouter de nouvelles caractéristiques à la liste.
- Une fois la liste préparée, effectuez des enquêtes auprès de vos clients pour déterminer le niveau de performance qui leur semble satisfaisant, pour chaque caractéristique, et l'importance relative de chacune.
- Établissez des normes internes en fonction de ce que le client dit être important pour lui. Devenez leader du secteur sur les cinq premières caractéristiques.
- Instaurez un système de mesure fiable et continu pour déterminer si vous répondez ou non à ces normes.

- Revoyez la façon dont vous mesurez les procédures internes de l'entreprise. Etablissez de nouveaux programmes de mesure, fondés sur vos propres besoins, pour pouvoir répondre aux attentes des clients.
- Diffusez toujours les résultats de votre système de mesure, qu'il s'agisse de bonnes ou de mauvaises nouvelles.

NOTE

1. Milind M. Lele, *The Customer Is Key* (New York : John Wiley, 1987), p. 111.

8

MONTRER L'EXEMPLE

> *« Lech Walesa a annoncé au congrès que la valeur des mots est de plus en plus faible sur le marché. Il a raison. Les comportements sont la seule chose à laquelle nous puissions encore croire parce que nous voyons instantanément leurs effets. Il ne suffit plus de prêcher, nous devons faire nos preuves. »*
>
> Max Du Pre, cité par Herman Miller [1]

Art Wegner, l'actuel président du constructeur de moteurs d'avions Pratt & Whitney, a appris à devenir un leader à l'âge de vingt-deux ans, lorsqu'il est devenu enseigne de vaisseau dans la marine des États-Unis où il a été affecté à bord d'un sous-marin nucléaire en tant que responsable de la salle des torpilles.

« Je crois bien que je n'avais encore jamais vu de torpille, explique-t-il, et j'étais censé en être responsable ! »

Pourtant, Wegner a rapidement constaté qu'il pouvait effectivement diriger cette équipe. Le seul ancien du groupe, un quartier maître expérimenté qui était dans la marine depuis vingt-sept ans, s'occupait des problèmes pratiques de la salle des torpilles. Wegner a donc pu se concentrer sur l'essentiel de sa mission : contribuer à donner à son commandant les moyens d'atteindre ses objectifs. Il a encouragé les hommes à améliorer leurs compétences, fêté les succès de l'équipe, géré les conflits avec les marins qui cherchaient à remettre en question le système en n'obéissant pas aux ordres. Enfin, il a manifesté son intérêt par un désir constant d'apprendre et d'écouter les problèmes de ses hommes, leur montrant ainsi l'exemple par un comportement dicté par des principes.

Vingt-cinq ans plus tard, Wegner était nommé Président de Pratt & Whitney dont les moteurs équipaient pratiquement 65 % des avions à réaction commerciaux du monde. Pourtant, l'entreprise semblait avoir perdu ses avantages concurrentiels et avait vraiment besoin d'un nouvel objectif et de grandes lignes de conduite.

Au fil des ans, Wegner a appris que la direction des 45 000 employés de Pratt & Whitney faisait en réalité appel au même type de compétences que celles dont il avait fait preuve à la tête d'un groupe de marins. Wegner devait traduire en actes ce que la plupart des dirigeants d'entreprises évoquent dans leurs discours : placer le client en premier ; mettre constamment en avant sa vision de l'organisation et servir d'exemple en incarnant les objectifs de l'entreprise.

Au moment où Wegner est devenu président de Pratt, l'entreprise traitait les problèmes du client avec indifférence. Pratt, la plus grande division du conglomérat United Technologies, était devenue de plus en plus arrogante. Un client qui téléphonait pour exposer un problème finissait par tomber sur un ingénieur talentueux mais absolument insensible qui se contentait de répondre par un commentaire du type : « Vous ne savez pas de quoi vous parlez. » Par ailleurs, il fallait parfois jusqu'à six mois pour fournir aux clients la moindre pièce de rechange, ne fusse qu'une simple durite.

Il va sans dire que les clients étaient exaspérés. Le gouvernement américain décida même de reprendre à Pratt un contrat d'une valeur annuelle d'un milliard de dollars pour la fourniture des moteurs qui équipaient les F.15 et les F.16, soit un quart du chiffre d'affaires de Pratt.

Les compagnies aériennes clientes étaient, elles aussi, mécontentes. Pratt avait continuellement battu General Electric depuis les années 60 mais, dans leur colère, les clients accueillaient avec joie les nouveaux moteurs de General Electric qui finit par leur vendre davantage de moteurs que Pratt [2].

Dans ce contexte, les premières années de Wegner à la tête de l'entreprise furent douloureuses.

Il y avait beaucoup de torts du côté de Pratt et Wegner devait non seulement passer son temps à apporter des changements mais encore à s'excuser en personne auprès de dizaines de clients. Ayant dirigé la division production de Pratt avant de devenir président de l'entreprise, Wegner avait déjà amorcé une transition pour transformer et améliorer son organisation, en particulier en obligeant le personnel de la fabrication et celui des bureaux d'études à renouer des liens. Il mit sur pied un programme spécial dans le cadre duquel les ingénieurs devaient passer six mois dans l'usine, en tant que contremaîtres, et y faire une expérience comparable à celle qu'il avait pu faire jadis, en tant que jeune sous-marinier.

« Vous pouvez interroger n'importe lequel des ingénieurs qui ont suivi ce programme, raconte Wegner aujourd'hui, ces six mois sont l'une des meilleures expériences qu'ils aient jamais faites. »

En tant que président, Wegner rétablit les compétences personnelles de « meneur d'hommes » et l'excellence technique comme principaux critères pouvant justifier les promotions. Par une répétition constante des principes à adopter et par son propre exemple, il aidait l'entreprise à se consacrer à ses clients.

Pratt mit en œuvre un vaste programme de formation, applicable à toute l'entreprise, pour aider le personnel à mieux servir tous ses clients internes et externes. Certains clients externes participaient aux cours organisés chez Pratt où ils avaient l'occasion d'exposer leurs griefs. Le personnel de Pratt devait alors se concerter sur place et proposer des mesures permettant de résoudre les problèmes exposés par les clients.

À l'époque, Wegner avait également entrepris de décentraliser la prise de décision. Il raconte : « Les activités les plus intéressantes, au sein d'une entreprise, consistent à résoudre les problèmes et à prendre des décisions. C'est ce que tout leader voudrait passer son temps à faire. Or, pour être efficace, le dirigeant doit précisément résister à cette tentation et dire aux personnes qui lui signalent un problème : "C'est un problème intéressant, lié de telle et telle façon à nos principaux objectifs. Je serais curieux de savoir comment vous allez le résoudre." »

C'est ainsi que Wegner a réagi lorsqu'il était enseigne de vaisseau dans la marine. La même approche a également été fructueuse pour mobiliser le personnel de Pratt & Whitney.

« Si j'essaie de prendre moi-même un grand nombre de décisions dans le but de réduire les coûts de 30 %, il est probable que je ne comprendrai pas très bien toutes les implications de ces mesures, explique Wegner. Mais si je demande à tous les membres du personnel de trouver le moyen de réduire leurs coûts de 30 %, l'efficacité obtenue sera beaucoup plus grande. »

Pratt a ainsi réussi à redresser la barre et à retourner la situation. Aujourd'hui, l'entreprise possède une part de marché équivalente à celle de General Electric et ses bénéfices ont connu une progression spectaculaire.

Wegner, et d'autres dirigeants de United Technologies, ont ainsi montré ce qu'est un vrai leadership et ce qu'il peut faire pour une entreprise.

Ces enseignements sont applicables partout. Forum Corporation a récemment effectué une étude portant sur l'action des dirigeants de vingt-trois entreprises qui, comme Pratt, ont fait des pas de géants pour devenir des entreprises pilotées par le client. Parmi cet échantillon figuraient des entreprises ayant mis en place certains des programmes qualité les plus performants de toute l'Amérique du Nord, en particulier des gagnants du prix Malcolm Baldrige de la qualité et un gagnant du *Gold Award For Quality* au Canada. Nous avons interrogé les dirigeants de chacune de ces entreprises pour comprendre les méthodes qui les caractérisent et qui les rendent efficaces [3].

Les résultats de cette étude indiquent que les meneurs d'hommes jouant un rôle clé dans ces organisations semblent avoir en commun sept comportements :

1. **Ils mettent personnellement le client à la première place.** Ils croient profondément aux valeurs fondamentales de la qualité orientée clients. Ils passent du temps avec les clients et se font les porte-voix de ces derniers dans l'entreprise.
2. **Ils mettent en avant la vision de l'entreprise.** Ceci ne se traduit pas simplement par des discours. Ils « vendent » cette vision, ils la défendent, ils persuadent les employés d'y apporter leur concours, devenant ainsi de véritables missionnaires, et ils mettent en place, dans l'entreprise, des systèmes permettant de fournir ce que cette vision promet aux clients.
3. **Ils deviennent des « étudiants à vie »**, reconnaissant en permanence qu'ils ne savent pas tout, recherchant toujours de nouvelles méthodes pour apprendre.
4. **Ils croient et investissent dans leur personnel**, en le formant, l'éduquant, le préparant à faire davantage qu'il ne peut faire aujourd'hui, en l'aidant à utiliser ce qu'il a appris pour transformer son travail.
5. **Ils rendent productif le travail en équipe**, en rassemblant des membres issus de tous les services de l'entreprise pour résoudre des problèmes, puis en leur donnant la formation dont ils ont besoin ; en utilisant leurs succès comme canaux de communication entre les différentes parties de l'organisation et en les encourageant à prendre des décisions qui bénéficieront au client.
6. **Ils maintiennent le cap**, en partant du principe qu'il faut du temps pour atteindre une qualité centrée sur le client et en encourageant les autres en permanence, même lorsque les résultats tardent à venir.
7. **Ils vivent les objectifs de l'entreprise**, montrant l'exemple, toujours prêts à mettre les mains dans le cambouis s'il le faut, et suscitant en permanence la

vocation de nouveaux meneurs d'hommes dans l'entreprise.

Les personnes qui se conduisent de cette façon peuvent diriger n'importe quelle entreprise, qu'il s'agisse d'un groupe de travail de deux personnes ou de l'une des plus grandes entreprises du monde. Dans ce chapitre, nous aborderons, un à un, chacun de ces sept comportements de « leaders ».

Faire passer le client en premier

Le titre figurant sur la carte professionnelle d'Anthony Harnett, directeur de Bread and Circus, une chaîne de magasins d'alimentation du Massachusetts, est le suivant : « directeur et représentant du service clients ».

Pas de fausse humilité, ici. Harnett passe vraiment une partie de son temps au rayon des légumes à servir les clients. Il trouve que cela fait partie de son travail et montre ainsi à la fois à ses employés et à ses clients ce qui est vraiment important dans son entreprise.

Harnett a un slogan : « Les aliments sont la vie », dit-il, « et la vie devrait être faite de passion ». Il pense vraiment faire de son mieux pour satisfaire ses clients. En passant du temps avec ces derniers, il connaît leurs passions et voit comment ils réagissent à la sienne, mieux qu'aucune étude ne pourrait le faire.

Forum Research a constaté que les entreprises qui progressent dans le service clients sont menées par des dirigeants pour qui le client est vraiment la priorité absolue et qui le montrent. Mieux, ils croient profondément à la nécessité de donner au client ce qu'il veut.

Ces dirigeants ont franchi une étape importante appelée par l'un d'entre eux : « le grand saut de la foi » : ils n'ont pas calculé dans quelle proportion la qualité permettrait d'accroître les bénéfices puis décidé d'améliorer la qualité. Au contraire, ils sont arrivés à reconnaître, profondément et intuitivement, que la rentabilité est un indicateur très tardif de la préoccupation pour le client. Ils sont convaincus que, s'ils peuvent satisfaire les clients, les bénéfices suivront.

Le président de Westinghouse, John C. Marous, exprime la passion des meilleurs dirigeants, lorsqu'il déclare : « La qualité totale, c'est tout et tout le monde. Il s'agit pratiquement d'une religion. Pour atteindre la qualité totale, vous allez devoir revoir votre culture. Or, vous ne pouvez pas modifier cette dernière sans prendre les choses très à cœur. » [4]

Mettre en avant la vision de l'entreprise

« Les bons dirigeants, dit Jack Welch, président de General Electric, créent une vision, l'organisent, y tiennent comme à la prunelle de leurs yeux et travaillent avec acharnement à sa mise en œuvre. » [5]

Les meilleurs dirigeants n'ont jamais fini de « vendre » leur vision, leurs objectifs et leur stratégie au personnel. Art Wegner, de Pratt & Whitney affirme : « Vous devez prendre le temps de vous asseoir pour définir un certain nombre d'attitudes et d'objectifs souhaitables pour votre entreprise. Vous devez ensuite les lui soumettre inlassablement. Utilisez tous les supports de communication dont vous pouvez disposer. Cette tâche sera obligatoirement répétitive, d'ailleurs elle n'a pas de fin. Elle demande beaucoup de temps mais c'est le seul moyen de parvenir à vos objectifs. En fin de compte, le public dira de vous : "Cet homme pense vraiment ce qu'il dit. Il y croit et il sait de quoi il parle !" »

Les leaders les plus efficaces se répètent sans cesse, non pas que leur public ne soit pas suffisamment intelligent pour saisir leur pensée du premier coup, mais parce que seule la répétition permet de faire comprendre toute la puissance d'une vision. Elle est une preuve de sérieux et de constance.

Dans le chapitre 2, nous avons vu toute la force qu'une vision orientée clients peut conférer à une entreprise, lorsqu'elle devient une préoccupation constante de ses employés.

Les dirigeants les plus habiles établissent des programmes ambitieux pour faire connaître leur vision, les convictions fondamentales de l'entreprise, l'intérêt du travail en équipe et les points sur lesquels l'entreprise doit changer. Ils consacrent une part importante de leur temps à l'observation et à la promotion de la vision. Ils apportent des modifications structurelles radicales, pour servir toujours mieux les clients.

Ils s'assurent que les employés accordent aux programmes mis en place, le temps et les ressources nécessaires pour les faire aboutir. La croisade de l'encadrement de British Airways s'appelait « Le client avant tout » (*Putting People First*). Imperial Chemical Industries a, de son côté, parrainé une opération baptisée « Occupons-nous de nos propres affaires » (*Minding Our Own Business*), consacrée à identifier les activités principales d'ICI puis à aider le personnel à se concentrer sur ces activités.

Toutefois, même s'ils sont nécessaires, les affiches et les discours sont insuffisants. Les meilleurs leaders ne sont pas de simples spectateurs. Ils sont également des participants actifs. Observez le dirigeant d'une entreprise ou d'un groupe de travail lorsqu'il met en place un programme permettant de familiariser les membres de son groupe avec l'un des principes présentés dans ce livre et vous en découvrirez long sur l'avenir de son organisation.

Mon équipe et moi avons récemment animé un séminaire chez Corning. Le président de l'entreprise, Jamie Houghton, a assisté aux deux premières journées de stage sans interruption. Il a également assisté à la première présentation de chacun des principaux programmes de qualité menés par le service qualité de Corning. « Cela nous a fait particulièrement plaisir, raconte Joel Ramich, sous-directeur chargé de la qualité. Nous voulions présenter ces programmes à l'ensemble de l'usine, mais le directeur de l'usine nous avait fait savoir qu'il était trop occupé pour y assister lui-même. »

De nombreux leaders ne comprennent pas pourquoi ils ont besoin d'assister à une réunion où sera présentée une vision qu'ils connaissent parfaitement. Pourtant, si vous considérez vraiment le problème comme important pour votre vision, n'est-il pas logique d'y porter attention ? C'est en outre la seule façon de contrôler que la vision ainsi transmise est vraiment la vôtre. De plus, écouter les présentations vous met sur la même longueur d'onde que vos employés. Vous partagerez alors les principes, idées et anecdotes qu'ils entendent. Finalement, en écoutant attentivement, vous montrez l'exemple au reste du personnel et vous indiquez par là que vous considérez ce qui est dit comme essentiel.

Pour fixer de grandes directives à votre organisation ou groupe de travail, le plus important est sans doute de leur accorder du temps. Presque toutes les activités de prise de décision et de recueil d'informations peuvent être déléguées. En revanche les tâches suivantes le peuvent difficilement :

- création d'une vision,
- longues et fastidieuses heures passées à comprendre vos collaborateurs et à leur communiquer votre vision,
- journées passées en réunion avec les clients pour écouter leurs problèmes.

Il ne suffit pas de communiquer votre vision, encore faut-il l'expliquer. L'un de mes collègues, John Humphrey, président de Forum Corporation, a été nommé président du Boston Ball et Company, une salle de concerts qui enregistrait des déficits importants. Lors de la plupart des représentations, de nombreux sièges étaient vides. Pour comprendre ce qui se passait, il est monté au plus haut des balcons pour se rendre compte de ce que les clients pouvaient voir et entendre. Il s'est aperçu que, pour accéder à leurs places, les spectateurs les plus haut placés devaient se frayer un chemin à travers un dédale de vieux décors. Sur la scène, des marquages destinés à aider les danseurs à bien se placer, étaient réalisés avec un affreux papier collant, peu discret. Il apparaissait ainsi que les créateurs du ballet avaient conçu les productions sans grande considération pour les habitués des balcons. Il n'y avait pas de foyer, donc pas de possibilité de prendre un rafraîchissement et surtout, au moment du rappel, la troupe saluait tous les spectateurs, sauf ceux des sièges les plus haut placés.

Après avoir fait part des problèmes aux responsables, sans aucun succès, Humphrey invita alors l'un de ces directeurs à assister à un spectacle avec lui, au balcon. En l'espace d'une semaine, les vieux décors avaient disparu et les marquages au sol avaient été remplacés par des petites croix beaucoup plus discrètes. Le client était à nouveau pris en considération.

Promouvoir une vision ne consiste pas simplement à la « vendre ». Encore faut-il imposer les changements nécessaires dans des structures souvent dépassées, inefficaces, qui sont devenues un simple confort pour de nombreux employés. Sarah Nolan, président de Amex Life Assurance Company raconte : « Nous n'avions ni décomposé, ni examiné en détail les aspects essentiels de notre entreprise depuis bien longtemps. C'est pourquoi nous avons constitué un “groupe modèle” que nous avons fait sortir des bureaux. Il s'agissait d'un groupe de personnes de l'encadrement. Il y avait une personne du marketing, un représentant du service clients, un responsable des systèmes et une personne responsable des nouvelles activités... Je leur ai dit : “Tout ce que j'attends de vous, c'est que vous repensiez entièrement les activités de l'assurance. Remettez en question jusqu'aux aspects fondamentaux. Les seules règles à respecter sont les suivantes : tout d'abord, ne prenez pas pour référence ce que nous faisons dans l'immeuble Amex, vous risqueriez de perdre votre temps puisque vous savez que notre organisation est dépassée. Deuxièmement : concevez la nouvelle organisation en vous plaçant du point de vue du client. Troisièmement : ne reprenez aucun système en place chez Amex. Quatrièmement : concevez le travail comme si vous deviez l'exécuter vous-mêmes. »

Ces cadres ont donc reconçu les activités de la compagnie en partant de leur groupe de travail. L'organigramme hiérarchique était remplacé par un simple cercle auquel le client était intégré. L'ensemble des tâches était organisé en « équipes ».

Il est à la portée de n'importe qui de devenir « leader », pas seulement d'un groupe de travail mais, quelquefois, de l'organisation tout entière. Lorsque Nissan Motors a traversé des périodes difficiles, au milieu des années 80, les chefs de section, le niveau le plus bas de l'encadrement, ont mis en place des comités informels chargés de promouvoir des relations plus étroites avec le client et une plus grande créativité. Les comités ont ainsi mis sur pied des programmes très variés. Certains employés, comptant parmi les plus remarquables, ont été envoyés aux États-Unis pour tenter de rapprocher l'entreprise du client. Nissan Motors a également permis à certains clients de devenir plus proches, en autorisant le public à utiliser son circuit d'essai automobile pendant les week-ends. Enfin, ces comités ont publié un bulletin dans lequel ils critiquaient les méthodes souvent bureaucratiques de l'entreprise. À la fin des années 80, le président Yutaka Kume a reconnu le rôle majeur que ces comités avaient joué dans le retournement de Nissan [6].

Être des « étudiants à vie »

Je demande souvent aux cadres que je rencontre de penser aux meilleurs dirigeants qu'ils ont personnellement connus et de leur attribuer une note sur dix pour leur charisme. Le charisme moyen, attribué aux meilleurs leaders, est aux alentours de 6. En d'autres termes, les meilleurs dirigeants ne font pas mieux que la plupart des gens.

Comment cela peut-il s'expliquer ? Le charisme, ce magnétisme extraordinaire, n'est-il pas précisément un élément majeur du « leadership » ?

Apparemment, non. En réalité, les meilleurs dirigeants sont plutôt caractérisés par une autre tendance qui fait souvent défaut aux personnalités charismatiques : l'ouverture à la nouveauté et une faim insatiable d'idées contribuant à la réalisation des objectifs.

Les dirigeants qui réussissent la transformation de l'entreprise sont des « étudiants à vie ». Lorsqu'ils entendent une aberration, au lieu de se sentir menacés, ils ont tendance à la prendre comme elle vient pour en tirer une nouvelle opportunité.

Ils sont heureux de passer du temps à apprendre, en particulier au contact des clients et sont prêts à investir pour les inciter à se plaindre lorsqu'ils ne sont pas satisfaits. Lorsque vous interviewez ces grands leaders, ils deviennent souvent un peu nerveux. Du fait de leur curiosité d'esprit, ils n'aiment guère parler d'eux-mêmes : cette activité ne leur apprend rien !

Au début du XXe siècle, Alfred Sloan, l'homme qui a conçu le système de gestion de General Motors, a été l'un de ces « étudiants à vie ». Il refusait de prendre toute décision importante s'il avait le sentiment qu'il ne connaissait pas bien toutes les informations nécessaires que les membres de son organisation étaient en mesure de lui fournir. Il est, un jour, revenu sur une décision collective devant avoir des répercussions majeures, et qui avait été prise un peu trop rapidement à son goût, en faisant le commentaire suivant : « Messieurs, je pars du principe que nous sommes tous en parfait accord avec cette décision. C'est pourquoi je propose de remettre les débats sur ce sujet à l'ordre du jour de la prochaine réunion. Nous aurons ainsi le temps de trouver des contre-arguments, et peut-être de mieux comprendre toutes les implications de notre résolution. » [7]

Sloan se refusait, en réalité, à accepter une décision pour laquelle ses conseillers lui forçaient un peu la main, avant d'avoir entendu les arguments pour et contre.

Il se démarquait ainsi de certains leaders importants, au comportement stéréotypé, qui expriment généralement des opinions très arrêtées et se décident rapidement. Au lieu de manifester un désir insatiable d'apprendre, ces décideurs prennent donc le risque de passer à côté de toute la richesse des idées et du savoir-faire de leurs collaborateurs.

Gérard Mulliez. Si le chef d'entreprise et, dans les grands groupes, les cadres dirigeants ne se renouvellent pas constamment dans leur manière de voir, s'ils n'étudient pas en permanence, s'ils ne lisent pas régulièrement, ils ne peuvent plus rien apporter. Ils se sclérosent. C'est une certitude absolue.

À titre personnel, je ne travaille pas dans le présent mais dans la réflexion sur le futur. À partir de conversations, d'observations sur le terrain, de sessions de formation que je suis... Mon travail en tant que président d'un groupe consiste à contribuer à la mise en place des équipes de direction, et des conseils de surveillance qui vont dialoguer avec elles afin de les faire progresser mois après mois.

Croire et investir dans le personnel

« L'engagement doit être mutuel » explique Charles E. Horne, vice-président d'Amica Mutual Insurance

Company, une entreprise qui obtient régulièrement d'excellentes évaluations de ses clients en ce qui concerne son service. Nous voulons toujours que nos partenaires s'engagent envers nous, mais nous oublions que nous nous trouvons engagés envers eux de la même façon.

A l'instar des meilleurs dirigeants d'entreprise qui font le « grand saut de la foi », en pensant que les bénéfices suivront la satisfaction des clients, ils ont également décidé de croire et d'investir dans leur personnel. Après cet acte de foi, ils ont finalement pu constater que le travail était de meilleure qualité et la rentabilité accrue. Parlant de la gestion du personnel chez Miliken, une entreprise de textile à laquelle a été attribué le prix Malcolm Baldige en 1989, Malone, son directeur, a avoué que l'aspect le plus difficile de la transformation de l'entreprise était : « de croire vraiment que les employés ont compris comment améliorer les procédés de fabrication et tout ce que nous pensions souvent faire mieux que quiconque ; de leur déléguer des responsabilités afin qu'ils puissent développer les solutions et les mettre en œuvre ; et de nous comporter exactement de la même façon dans nos relations avec les clients, en les écoutant et en mettant au point des solutions en réelle collaboration avec eux. »

J'ai mentionné dans le chapitre 5 que la plupart des entreprises occidentales dépensent, dans la formation de leurs employés, seulement 25 % du temps et du budget de formation des entreprises japonaises. Nous avons constaté, lors de différentes études, que les dirigeants qui se veulent les moteurs de la transformation de l'entreprise, font évoluer les choses à cet égard.

Ils investissent dans la formation pour soutenir la vision de l'entreprise et faire acquérir au personnel les compétences qui lui permettront de réaliser cette vision. « Si cette acquisition de formation et de compétences n'est pas soigneusement recentrée pour rester cohérente avec la vision, c'est de l'argent jeté par les fenêtres » explique Joseph R. Bransky, directeur de la qualité et de la fiabilité chez General Motors.

Michael C. Vanderzwan, directeur de la gestion de la qualité chez Merck Pharmaceutical Manufacturing, explique quant à lui : « Vous faites confiance à votre personnel en le formant. C'est la principale responsabilité des managers que de former les employés qui travaillent pour eux. Une fois que vous avez donné, à tous, la formation nécessaire, vous devez alors croire qu'ils vont bien faire le travail et vous devez leur déléguer les responsabilités nécessaires pour cela. Ne craignez pas qu'ils deviennent meilleurs que vous à leur poste. C'est au contraire ce qu'il faut souhaiter. Le président de l'une de nos divisions utilise un vaste éventail de philosophies du management dont l'une d'elles consiste à dire que vous devriez toujours avoir, à votre service, plusieurs personnes plus qualifiées que vous. »

De nombreux dirigeants de valeur insistent pour que les managers donnent eux-mêmes des cours ou des conférences. David Kearns, chez Xerox, ne s'est pas contenté d'accroître les investissements en matière de formation. Il a également organisé la formation dans son organisation de façon séquentielle, niveau par niveau. Xerox a ainsi décidé de familiariser ses employés avec certaines compétences de management et de qualité, telles que celles dont il a déjà été question dans cet ouvrage et celles qui sont rassemblées dans la partie « outils » (pages 280 à 334). Kearns et les employés qui dépendaient directement de lui ont suivi le stage en premier. Ils ont ensuite consacré un peu de temps à l'utilisation des compétences et des techniques qui leur avaient été enseignées. Finalement, ces responsables, tous cadres supérieurs d'une entreprise réalisant un chiffre d'affaires annuel de 17 milliards de dollars, ont eux-mêmes formé leurs propres collaborateurs. Ils ont, certes, travaillé avec des spécialistes de la formation, mais les managers devaient impérativement animer eux-mêmes la première partie des cours.

Par la suite, le niveau hiérarchique suivant a enseigné ces techniques au niveau du dessous, et ainsi de suite.

Cette façon de procéder a rendu les employés beaucoup plus attentifs. Il est en effet difficile de considérer la formation comme quelque chose de peu important lorsque le formateur n'est autre que votre supérieur hiérarchique direct et, surtout, lorsque vous savez que vous allez devoir, à votre tour, enseigner le cours à vos propres subordonnés.

Rendre productif le travail en équipe

Peu de techniques de management ont causé plus d'agitation, ces dix dernières années, que la création d'équipes chargées de définir de grandes directions, de diffuser des informations, et de résoudre les problèmes. Il y a quelques années de cela, les livres sur le management indiquaient comment diriger une hiérarchie, déléguer le travail et gérer ses collaborateurs. Bien que ces sujets soient toujours à l'ordre du jour, notre recherche indique que les managers d'aujourd'hui réussissent en déployant et en utilisant efficacement des équipes qui possèdent une liberté considérable dans la réalisation de l'excellence pour les clients.

Dans ces organisations, les groupes de travail fonctionnent comme des équipes « égalitaires », dans lesquelles les idées des employés les plus modestes de la hiérarchie comptent autant que celles de l'encadrement supérieur. Les cercles de qualité, les comités qualité et les groupes pluridisciplinaires se battent en permanence pour résoudre les problèmes des clients et, en procédant de la sorte, ils aident tous les membres de l'organisation à comprendre les besoins du reste de l'entreprise.

Dans le même temps, l'une des tâches les plus difficiles auxquelles se trouve confronté le dirigeant, consiste à rendre ses équipes efficaces. Trop souvent, les employés victimes des efforts déployés par les managers pour la mise en place de ces équipes n'en gardent qu'un souvenir d'ennui et de frustration. Rappelez-vous cette plaisanterie selon laquelle un chameau n'est rien d'autre qu'un cheval conçu et dessiné par un comité ! De nombreuses réunions censées motiver les employés sur un objectif commun, leur transmettre d'importantes recommandations ou aboutir à des décisions stratégiques sont trop souvent perçues comme une pure perte de temps.

Pourquoi certains leaders parviennent-ils à créer des équipes productives, alors que les réunions organisées par d'autres, au sein d'entreprises et de groupes de travail, sont une source de terreur pour les employés ?

Gérard Mulliez. Comment faire entrer dans la tête des salariés l'idée qu'ils sont payés pour faire plaisir au client, non à leur supérieur hiérarchique ? Problème de fond. Comment organiser les réunions pour aborder cette question ? Difficulté majeure.

Par principe, une réunion n'est intéressante que si vous avez l'occasion de vous exprimer. Si vous devez écouter passivement, l'expérience devient vite fastidieuse.

Il faut donc faire parler tout le monde. Ce qui implique que chaque participant ait quelque chose à dire sur le sujet.

L'exercice exige de respecter une discipline de fer et de ne pas traiter trop de sujets à la fois. Question de formation et de méthode. L'enjeu est d'envergure : la motivation repose en grande partie sur cette faculté de pouvoir s'exprimer, non sur l'obligation de subir le discours ininterrompu d'autrui. La reconnaissance qu'attendent les salariés passe par l'expression de leurs idées. Soit oralement, soit dans l'action.

Il y a quelques années, Forum a procédé à une étude sur le problème suivant : « Comment un membre d'une entreprise peut-il acquérir de l'influence ? L'efficacité consiste à produire des résultats tangibles pour le client, en travaillant avec d'autres, sur lesquels il n'a pas d'autorité. »

Nous nous sommes intéressés à des gens capables d'exercer une influence, et à ceux qui étaient en dessous de la moyenne dans ce domaine. Notre objectif était de nous faire une image claire de ce qui les caractérisait dans l'entreprise. Nous avons effectué nos premiers travaux de recherche sur cette question il y a plus de dix ans et, depuis lors, nous avons envoyé des questionnaires à plus de 4 000 managers [8].

En étudiant la personnalité des gens qui avaient de l'influence au sein d'une équipe, nous avons fait certaines découvertes frappantes : cette influence s'acquiert au terme d'un procédé séquentiel. Ceux qui la détiennent commencent par asseoir leur pouvoir, en devenant un leader ou un membre d'équipe efficace. Alors, et seulement alors, ils utilisent leur influence en réseau, afin de parvenir à la prise de décisions créatives, de haute qualité. Puis, ils se servent de techniques spécifiques pour maintenir leur influence, établissant ainsi une base pour étendre leur emprise en faisant preuve d'ouverture d'esprit et en réalisant un consensus.

Les personnes influentes apprécient, en particulier, de devoir soutenir et aider les autres, de partager le pouvoir, et d'instaurer la confiance. Il est probable que ces attitudes font précisément défaut dans les organisations où le travail en équipe n'est pas efficace.

Le test d'autoévaluation proposé un peu plus loin est fondé sur les résultats de notre recherche. En comprenant comment vous géreriez les situations ou les relations décrites dans les huit courts scénarios qui suivent, vous pouvez commencer à comprendre quelle peut être votre efficacité en tant que leader ou membre d'une équipe, et en quoi vous pouvez vous améliorer.

Lisez attentivement les questions du test avant de répondre. Votre score devra être calculé en fonction de la grille que vous trouverez page 258. Comme vous serez le seul à en connaître les résultats, vous pouvez vous permettre d'être honnête avec vous-même. Choisissez vos réponses, non pas en fonction de ce que vous pensez être « les bonnes réponses », mais parce qu'elles vous semblent les plus proches de ce que vous feriez ou diriez vraiment.

Test d'influence (grille de score page 258)

1. Vous êtes un chef de groupe efficace, dynamique et influent. Le groupe que vous dirigez est constitué d'hommes et de femmes de valeur. Que se passerait-il si vous abandonniez votre rôle de leader sans prévenir ? Quelle serait, à votre avis, la réaction la plus probable de votre groupe ?

A. Le groupe serait frappé de paralysie et passerait un temps infini à mettre au point de nouvelles procédures et règles.
B. Le groupe prendrait des initiatives et établirait des règles fondamentales, à la fois réalistes et flexibles, dès le départ.
C. Le groupe franchirait avec confiance la ligne de départ, mais se perdrait en route et éprouverait le besoin constant de se recentrer pour maintenir le bon cap.

2. Vous vous trouvez confronté à un problème que vous ne pouvez pas résoudre sans l'aide et la coopération de vos collègues. Comment vont-ils répondre à vos demandes d'assistance ? Bien entendu vous connaissez la réponse à cette première question, mais si la situation était inversée, et si nous demandions à vos collègues comment vous répondriez à leurs demandes d'aide, que diraient-ils ?

A. Que je suis généralement disposé à faire deux kilomètres de plus pour aller chercher les informations dont ils ont besoin et les leur fournir à temps.

B. Que je m'efforce d'aider les autres mais que je suis tellement occupé que j'ai peu de temps pour discuter. Cela prend à mon équipe trop de temps pour fournir les informations nécessaires.
C. Que j'ai une multitude de responsabilités et que je suis réticent à prendre du temps pour aider qui que ce soit.

3. Vous assistez, avec vos pairs, à une réunion où il règne un désordre indescriptible.

La dernière heure a sonné et, après des mois de travail, le problème n'a toujours pas été résolu. Les accusations volent. La situation est confuse et des décisions doivent être prises sur le champ, sinon la réunion va se solder par un désastre. Que faites-vous, en tant que membre particulier mais « ordinaire » de la réunion ?

A. Vous agissez comme vous le feriez sur un champ de bataille : vous prenez le contrôle de la réunion en restaurant l'ordre et vous prenez la décision.
B. Vous suggérez un ordre du jour et vous obtenez le consentement de toutes les personnes présentes.
C. Vous participez en prenant des décisions efficaces et bien informées, sans essayer d'altérer la forme de la réunion.

4. Vous travaillez depuis des mois à préparer votre part d'un projet pour la présenter au reste du groupe. Au moment précis où vous êtes prêt à présenter votre travail, un autre membre du groupe vous demande d'apporter certaines modifications majeures à vos informations. Le travail supplémentaire va être considérable pour vous. Que faites-vous ?

A. Vous essayez de stopper l'autre personne et vous vous adressez à une autorité supérieure pour obtenir des conseils, des lignes de conduite, et éventuellement une médiation.

B. Vous demandez des précisions sur les modifications que vous êtes censé apporter et vous déterminez dans quelle mesure le changement affectera le projet global.
C. Vous convoquez le groupe et vous demandez à vos coéquipiers si les changements de dernière minute (et les demandes de modifications) leur paraissent vraiment nécessaires.

5. Vous êtes occupé à organiser une réunion lorsque, soudain, surgit une suggestion mal à propos, qui a peu ou pas de valeur et qui contredit toutes les décisions précédentes du groupe. Il y a des mouvements de surprise autour de vous. Vous avez l'impression que tout le monde a les yeux braqués sur vous. Comment gérez-vous la situation ?

A. Vous ignorez ce déchaînement et vous poursuivez la réunion, en passant à un autre sujet.
B. Vous regardez votre interlocuteur droit dans les yeux, durement mais poliment, et vous lui dites : « Nous avons déjà discuté de ce point, Georges. »
C. Vous lancez la balle dans le camp du fauteur de trouble, en lui demandant de tester sa suggestion sur le groupe.

6. Vous devez prendre une décision critique et vous devez le faire vite. La proposition que X vous soumet semble raisonnable et directe, même si elle est un peu conservatrice, elle peut convenir. La proposition de Y est bizarre : il a proposé une solution radicale, pimentée d'idées intéressantes qui pourraient rendre l'ensemble acceptable si elles étaient seulement un peu étoffées. Il faut prendre une décision. Que faites-vous ?

A. Le temps est court. Vous optez pour la solution de X parce qu'elle est une valeur sûre. Son idée est bonne. En outre, un conflit de personnes doit absolument être évité.

B. Vous mettez les considérations personnelles de côté et vous vous basez uniquement sur les idées et les témoignages. L'idée de Y est sans doute la meilleure. Il va devoir travailler vite et vous devrez travailler avec lui.
C. Vous soumettez le projet de Y à X en lui demandant d'intégrer les meilleures idées de ce projet dans son propre plan.

7. Dans l'environnement d'influence idéal, celui qui influence n'a jamais l'impression d'être seul ; il n'a jamais de mal à obtenir que les autres prennent des risques et mettent en œuvre des décisions ; il n'a jamais à résoudre tous les problèmes lui-même parce qu'il peut toujours persuader les autres de l'aider. Lequel des choix suivants décrit le mieux votre propre environnement d'influence ?

A. Nous sommes en train de gagner une bataille, et même la guerre. Le groupe réalise qu'il prend des responsabilités, des risques, et accepte du travail supplémentaire pour obtenir des résultats.
B. Nous survivons, mais la situation pourrait être meilleure. Les membres de l'équipe ont encore quelques découvertes à faire dans le domaine du travail en équipe.
C. La bureaucratie provoque des goulots d'étranglement. Le travail est rarement bien fait au départ.

8. Votre progression jusqu'au sommet ne s'est pas faite en un jour. Tout ce que vous avez appris pour conserver le pouvoir, comme par exemple l'art d'influencer les autres afin d'atteindre vos objectifs, n'a pas été acquis d'un coup. D'après votre expérience, quelles caractéristiques doit posséder une personne pour exceller dans l'exercice de l'influence ?

A. La pratique, l'observation et l'expérience pure. Une foi profonde dans l'acquisition et le maintien de la confiance des autres. Diriger sans aliéner et partager le pouvoir.

B. L'influence ne nécessite aucune caractéristique particulière. Il suffit d'appuyer sur les bons boutons.

C. La capacité de diriger et d'influencer est innée. La plupart des leaders possèdent cette capacité avant même d'être entrés dans le monde des affaires.

Résultats du questionnaire sur l'influence

Question 1 : A = 0 points B = 10 points C = 6 points	Question 5 : A = 0 points B = 2 points C = 10 points
Question 2 : A = 10 points B = 6 points C = 0 points	Question 6 : A = 5 points B = 10 points C = 5 points
Question 3 : A = 0 points B = 10 points C = 6 points	Question 7 : A = 10 points B = 6 points C = 3 points
Question 4 : A = 0 points B = 8 points C = 10 points	Question 8 : A = 10 points B = 0 points C = 0 points

Si vous avez atteint 80 points, bravo. Cela indique que vous travaillez bien en équipe. Vous avez su gagner la confiance des autres. Vous pouvez diriger ou devenir membre du groupe sans aliéner les autres. Vous êtes capable d'inciter vos collaborateurs à prendre des risques. Vous êtes prêt à partager le pouvoir et à déléguer.

Si vous obtenez entre 50 et 79 points vous savez influencer mieux que la moyenne. Vous savez assez bien obtenir des résultats de personnes sur lesquelles vous n'avez pas d'autorité hiérarchique. Cependant, vous avez encore du mal à obtenir le concours de certains collègues particulièrement obstinés. Peut-être trouvez-vous difficile de déléguer certaines responsabilités qui vous ralentissent.

Si vous obtenez 49 points ou moins, vous êtes dans la moyenne. Vous vous trouvez dans la même situation que la majorité de vos pairs. Vous travaillez probablement suivant l'ancienne méthode d'exécution « en chaîne » où le patron dit au chef ce qu'il doit dire à l'opérateur. Vous semblez avoir du mal à travailler efficacement avec les gens sur lesquels vous n'avez pas d'autorité hiérarchique. Vous avez sans doute encore besoin d'être convaincu que l'influence, lorsqu'elle est exercée avec talent, peut être un outil puissant.

Si votre score est inférieur à 80, prenez le temps de revoir vos réponses. Que peuvent vous apprendre les réponses auxquelles nous avons accordé le plus de points ? Qu'indiquent les réponses que vous avez sélectionnées du point de vue de votre pouvoir de conviction et des domaines sur lesquels vous pourriez vous améliorer ?

Maintenir le cap

Les programmes de transformation de l'entreprise suivent souvent la tendance illustrée à la figure 1 p. 260.

Le programme s'ouvre généralement en fanfare, au milieu de l'excitation générale. Les attentes des clients augmentent alors rapidement et continuent souvent à croître. Les employés deviennent très motivés à l'idée d'améliorer leur travail.

Toutefois, il n'en résulte pas immédiatement des bénéfices accrus. Votre programme coûte cher et il faut du temps avant que les principales initiatives commencent à avoir des répercussions visibles par les clients.

Même si les clients ont une meilleure perception du service qui leur est fourni, le montant de leurs commandes ne se met pas à croître du jour au lendemain.

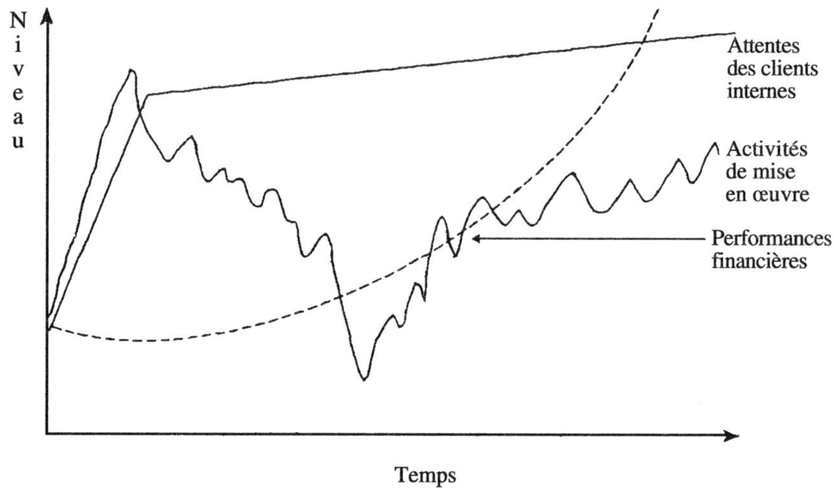

Figure 1. Maintenir le cap

En outre, après cette poussée initiale, le programme se heurte à de premières difficultés. Une grande partie du travail est réalisée. Les efforts des participants commencent à baisser mais, généralement, l'entreprise n'a pas encore appris à coordonner les actions des différentes fonctions, de sorte que les efforts réalisés par un groupe d'employés de l'usine, par exemple, peuvent être voués à l'échec pour l'unique raison que certains cadres de la comptabilité ou du bureau d'études ne leur apportent pas le soutien nécessaire. Le travail semble alors excessif et les employés recherchent de nouvelles façons de réduire le temps qu'ils consacrent aux activités d'amélioration. Le programme entier ralentit. Les participants se sentent frustrés et deviennent parfois cyniques.

C'est durant ces moments difficiles que la plupart des entreprises et la plupart des managers font marche arrière. Les dirigeants continuent à parler de la qualité mais cela devient une pure formalité. Ils se mettent à la recherche d'autres moyens d'accroître les bénéfices.

C'est là que les dirigeants voués au succès se distinguent. Le « grand saut de la foi » est réel. S'ils doivent faire face à des pertes financières, ils choisissent de faire des économies dans des domaines qui n'affectent pas directement le client. Mais l'intérêt de devenir une entreprise pilotée par le client reste une priorité pour eux. Ils continuent à mettre en avant leur vision et à la promouvoir, à célébrer les succès auxquels ils sont parvenus et à les analyser pour comprendre pourquoi ces succès n'ont pas eu l'impact attendu. Les cadres qui réussiront continuent à se battre pour la vision, quitte à s'opposer pour cela à d'autres membres de l'organisation qui n'y croient plus. Les activités d'amélioration de l'entreprise reprennent alors progressivement. C'est seulement à ce moment-là, jusqu'à trois ans après le début des efforts, que les effets commencent à devenir perceptibles à la base de l'échelle hiérarchique.

Tom Malone de Miliken explique : « Il faut deux ou trois ans pour que la transformation devienne visible. Vous devez avoir mis en place les tableaux d'affichage des scores, puis l'environnement nécessaire pour féliciter les gens qui ont amélioré les caractéristiques mesurées sur ces tableaux. Vous pouvez chiffrer ces coûts à l'avance. Vous ne rentrerez dans vos frais que plus tard. »

Vivre les objectifs de l'entreprise

Toutes les entreprises pilotées par le client sont semblables. Observez seulement le comportement de leurs dirigeants et vous comprendrez les valeurs auxquelles ils tiennent et pourquoi ils ont réussi.

Vivre les objectifs de l'entreprise peut parfois demander de grands sacrifices. Allan C. Emery Jr., un négociant en laine de Boston, a fermé boutique dans les années 50, parce qu'il avait constaté que les synthétiques remplaçaient peu à peu la laine et que les filatures étrangères, à faibles coûts, remplaçaient les fileurs américains. Peu après, il signa un accord de joint venture avec une entreprise de nettoyage, ServiceMaster, basée dans le Middle West, pour créer une activité de nettoyage des hôpitaux de l'État de New England. Il lui fallait investir la plus grande partie de sa fortune dans ce projet qui allait être la première aventure de ServiceMaster en dehors de sa région.

Les méthodes de formation de ServiceMaster, imposées à chaque nouveau franchisé qui acceptait d'investir une petite fortune dans une nouvelle entreprise, étaient certainement adaptées au comportement que l'organisation attendait de ses cadres, mais elles restaient toutefois inhabituelles selon d'autres normes. Emery a raconté plus tard : « Ma première mission a consisté à travailler pendant quelques semaines comme garçon de salle dans un grand hôpital. Malgré la difficulté des conditions de travail, j'ai toujours respecté les plannings que l'on me fixait. Le plus choquant n'était pas le travail lui-même mais le rejet général de ma personne, à cause de mon uniforme vert et des tâches ingrates qui m'étaient confiées. A part mes collègues du service de nettoyage, personne ne me disait bonjour. Je n'avais jamais auparavant fait l'expérience de ce système de castes...

Au fil des jours, j'ai beaucoup appris sur moi-même et sur la nécessité, pour chaque individu, d'être reconnu. Mon séjour dans cet hôpital a duré en fait plusieurs mois. Il consistait à aider les femmes de ménage, vider les poubelles, trier et distribuer les draps, cirer les sols, lessiver les murs et servir de réceptionniste pour l'unité où j'étais affecté. Pendant cette période, je me suis fait d'excellents amis. J'ai alors commencé à comprendre le sens de la question que m'avait posée Ken (Ken Hansen, président de ServiceMaster) : "Allan, vous avez 45 ans. Vous avez l'âge d'une nouvelle carrière. Allez-vous investir votre vie dans des choses, des marchandises ou dans des gens ? » [9]

ServiceMaster et son agence de New England ont enregistré une augmentation de plus de 20 % du chiffre d'affaires et du bénéfice pendant plusieurs dizaines d'années et la maison mère a finalement racheté la société montée par Emery pour une somme largement supérieure à celle que celui-ci avait initialement investie. En imposant aux cadres supérieurs l'épreuve de plusieurs mois de « formation » en uniforme vert, ServiceMaster obligeait ces derniers à vivre leur engagement envers le service clients. Les résultats étaient probants : le magazine *Fortune* a plusieurs fois cité ServiceMaster comme étant, parmi les grandes entreprises, l'entreprise la plus rentable des États-Unis.

« L'homme situé au sommet de l'organisation doit lui-même accomplir certaines tâches que les autres détestent » explique Soichiro Honda, fondateur de Honda Motors [10]. L'épreuve initiatique des dirigeants n'est généralement ni aussi dure, ni aussi longue que ces mois de travail effectués par Emery en uniforme vert, mais il est vrai que tous les leaders, qu'il s'agisse de présidents ou de responsables d'équipe, dans des établissements de restauration rapide par exemple, doivent avoir une conduite exemplaire pour les employés. Ils doivent devenir le type de personnes dont l'entreprise a besoin pour réaliser sa vision.

Au cours de notre recherche, nous avons constamment entendu des gens nous dire au sujet des meilleurs dirigeants : « Ils *sont* ce qu'ils veulent que leur entreprise *devienne*. » Lorsque Ray Kroc a fait construire son premier restaurant McDonald's, des centaines d'autres établissements de restauration rapide existaient déjà à la périphérie des principales villes américaines. Toutefois, leurs propriétaires recherchaient essentiellement des bénéfices rapides. Vous ne les auriez pas trouvés derrière le comptoir ou en train de nettoyer les toilettes. Combien d'entre eux exercent encore leurs activités aujourd'hui ?

En revanche, les franchisés de McDonald's pouvaient s'attendre à tout moment à voir Kroc lui-même inspecter leur parking et y ramasser des emballages de hamburgers. Il vivait en permanence la vision de son entreprise, en s'efforçant de fournir « Qualité, Service, Propreté, Valeur » à chacun de ses clients.

Robert Galvin, ancien président de Motorola, a suivi un parcours similaire. Il a pris sa retraite en 1990, à l'âge de soixante-sept ans, mais continue à présider le conseil d'administration. En réalité, Galvin a servi de modèle non seulement à ses propres employés mais aussi à des hommes d'affaires de tous les pays. Au cours des années 1980, il a vu tripler la taille de son entreprise et il a assis le pouvoir de Motorola dans deux des secteurs les plus concurrentiels qui soient : les semiconducteurs et les communications mobiles.

L'histoire de Motorola a commencé en 1928, au moment où le père de Robert Galvin, Paul, a décidé de construire des radios susceptibles d'être montées à bord de véhicules. Le nom de Motorola est une sorte de mot-valise composé de « motor car » et de « Victrola » qui était, à l'époque, le synonyme de reproduction sonore [11].

En 1979, Motorola était numéro un, selon plusieurs critères, sur tous les marchés sur lesquels l'entreprise était présente. Elle enregistrait des bénéfices record et un excellent rythme de croissance.

Lors d'une réunion de responsables de la résolution de problèmes, Galvin fut interpellé par Arthur Sundry, cadre de la division communications de Motorola, qui lui dit : « Bob, nous n'abordons pas les vrais problèmes. Nos clients nous disent que notre qualité est mauvaise. »

Paul Noakes, vice président de Motorola chargé de la qualité externe, rappelle que les produits de Motorola étaient caractérisés à l'époque par une très importante « mortalité infantile ». Une proportion impressionnante de ces produits présentaient des défaillances dès qu'ils étaient sortis de leur boîte. En outre, Motorola commettait souvent de petites erreurs administratives ennuyeuses : elle fabriquait de bons produits puis les envoyait par négligence à la mauvaise adresse ou adressait des factures erronées.

Alors que la plupart des cadres n'auraient pas accordé à l'affirmation de Sundry plus de quelques minutes d'attention, Galvin se montra disposé à l'écouter. Constatant les bonnes dispositions de leur président, d'autres managers intervinrent pour faire part de leur propres préoccupations en matière de qualité.

Galvin déchira alors l'ordre du jour de la réunion et consacra de nombreuses heures aux problèmes de qualité.

Le plus important, c'est que Galvin avait décidé de rendre visite lui-même, chaque mois, à au moins un client de Motorola. Lorsqu'il le faisait, il n'allait pas voir la direction générale. Il rendait visite aux personnes qui utilisaient les produits de Motorola. Ensuite, il rédigeait pour le reste de l'entreprise des comptes-rendus aussi détaillés que peuvent l'être ceux d'un jeune cadre envoyé pour la première fois en mission.

« Je dois avouer, raconte un ancien directeur général de Motorola Communications au Canada, que j'ai été plus d'une fois embarrassé. Il y avait des moments où il en savait davantage que moi sur mon entreprise. J'ai ainsi réalisé que rendre visite aux clients est un excellent processus d'apprentissage. J'ai commencé à faire la même chose. Aujourd'hui, tous les cadres supérieurs font de même. Ils se rendent une fois par mois chez un utilisateur de nos produits. »

Galvin n'était pas ingénieur. Il avait quitté l'université dans les années 40 pour entrer dans l'entreprise de son père. Mais il a rapidement réalisé que les techniques de contrôle des processus de production étaient trop importantes pour pouvoir être déléguées et il les a étudiées avec les autres « non-ingénieurs » de son équipe.

Galvin a modifié les ordres du jour des réunions de production de Motorola pour y placer en tête de liste les questions de qualité et de durée de cycle (c'est-à-dire la capacité de chaque service de l'entreprise à livrer rapidement ce dont le client a besoin), au lieu de les faire apparaître au troisième rang, après les questions relatives aux finances et à la production.

De façon plus spectaculaire encore, Galvin avait pris une nouvelle habitude. Après avoir questionné en détail les employés sur la qualité et la durée de cycle pendant la première partie des réunions de production, il quittait la salle. Il laissait ses collaborateurs discuter des problèmes financiers entre eux. Quel message !

Motorola est une entreprise industrielle. Aujourd'hui encore, la qualité de services peut ne pas être tout à fait à la hauteur de la qualité de produits. Certains aspects tels que par exemple l'empathie dont doit faire preuve le personnel de service après-vente notamment sont négligés au profit de la fiabilité du matériel.

Toujours est-il que Galvin a été un vrai leader. L'habitude des visites rendues aux plus modestes des clients internes de l'entreprise a ouvert l'organisation aux besoins de l'utilisateur ordinaire.

« Il nous fait prêcher comme si nous étions en chaire, explique un dirigeant de Motorola. Si nous nous occupons du client, si nous avons un bon niveau de qualité et une durée de cycle réduit et que nous satisfaisons nos clients, nous n'avons pas vraiment de souci à nous faire pour l'avenir de l'entreprise. »

Signes précurseurs indiquant qu'une entreprise qui tente de se transformer risque d'échouer

De nombreuses entreprises – et peut-être la plupart – essayant de se transformer en entreprises pilotées par le client échouent dans cette tâche. Au cours des dernières années, j'ai constaté qu'une réponse négative à n'importe laquelle des cinq questions énumérées ci-après est un indicateur clair d'échec potentiel.

1. La personne chargée de votre programme qualité orienté clients est-elle une personne respectée dans l'organisation, considérée comme capable de fournir des résultats ? Si elle est un manager de talent, auquel les employés peuvent faire confiance, vos efforts ont de bonnes chances d'aboutir. Si elle est un ancien de l'entreprise, sur le point de prendre sa retraite, ou au contraire un jeune diplômé disposant de peu de crédibilité, vous êtes en difficulté.

2. Le P-DG consacre-t-il le temps nécessaire à l'orientation de ces efforts ? Sinon, vous devez faire évoluer votre P-DG avant de pouvoir transformer l'entreprise.

3. Les équipes pluridisciplinaires travaillent-elles efficacement ? Il est en effet important que les différents groupes collaborent pour livrer des produits et des services de qualité. C'est essentiel. Malheureusement, trop souvent, les efforts de qualité sont contrariés par des manœuvres politiques et par la concurrence entre les services.

4. L'entreprise respecte-t-elle ses promesses initiales et fait-elle appel à un programme systématique de formation et d'autres activités favorables au changement ? Le lancement des nouveaux programmes est important mais, faute d'un suivi correct, ces derniers finiront par laisser l'entreprise frustrée et démotivée. Vous avez besoin d'un programme bien conçu qui explicite la vision de la société, fait évoluer et récompense le personnel, transforme les procédés et mesures internes et favorise les résultats.

5. L'entreprise maintient-elle ses initiatives en matière de qualité lorsque les effets de la dépression économique se font sentir ? De nombreuses entreprises bien engagées sur la voie du succès traversent des crises. Elles peuvent avoir à réduire certaines dépenses, liées à des programmes qualité orientés sur le client, ou à ré-échelonner leurs programmes sur une période plus longue. Toutefois, les firmes les plus habiles n'abandonnent pas leurs programmes pour économiser de l'argent et elles ne manquent pas à leurs engagements. Elles préfèrent utiliser leur vision et leur préoccupation du client pour transformer les crises en opportunités, afin de renforcer leurs objectifs auprès des employés.

PLAN D'ACTION

- Pour devenir un leader efficace, quel que soit votre titre officiel dans l'entreprise, commencez par déterminer les valeurs auxquelles vous croyez. Quelle est la place occupée par le client dans votre hiérarchie d'idéaux ? Pour connaître votre échelle de valeurs, analysez votre propre comportement. À quoi occupez-vous votre temps ? Avec qui ? Qu'est-ce qui vous met en colère ? Lorsque votre budget est limité, quelles dépenses réduisez-vous en premier ? Si quelqu'un devait vous suivre pendant un mois, que dirait cette personne des valeurs auxquelles vous tenez ?
  Les valeurs auxquelles vous tenez sont-elles en accord avec la vision de l'organisation ? Si ce n'est pas le cas, elles doivent être harmonisées. Vous devez modifier soit la vision, soit les transformations auxquelles vous tenez.
- Passez du temps avec les clients. Tenez-vous à une fréquence moyenne d'un jour par semaine. Soyez le représentant du client dans votre entreprise, lors de toutes les réunions.
- Rappelez-vous qu'il est essentiel de « vendre » la vision de l'entreprise à vos employés pour réussir. Cette tâche nécessaire prend du temps. Répétez inlassablement votre message. Considérez chaque événement, chaque réunion, chaque communiqué comme l'occasion de le transmettre.
- Évaluez la répartition de votre temps. Pouvez-vous déléguer davantage le recueil d'informations et la prise de décision ? Vous avez besoin de temps pour communiquer votre vision, comprendre vos clients et vous consacrer aux employés des « premières lignes ».

- Étudiez les structures organisationnelles de votre entreprise ou groupe de travail. Comment pourraient-elles être modifiées pour mieux servir le client ? Les structures utilisées par le passé ne sont pas forcément pertinentes. En les modifiant, vous pouvez non seulement fournir de meilleures prestations au client, mais également indiquer par là que rien ne peut s'opposer à la satisfaction de ce dernier.
- Évaluez les interactions avec vos employés, en fonction de ce que vous pouvez apprendre de chacun, et de ce qu'ils doivent apprendre de vous.
- Souvenez-vous à chaque instant que vos employés possèdent les connaissances de base qui leur permettent d'améliorer les procédures de votre entreprise mieux que quiconque. Donnez-leur l'occasion d'utiliser ces connaissances. Investissez en eux pour qu'ils acquièrent les compétences nécessaires et transforment les connaissances en résultats.
- Agissez en conformité avec la vision que vous avez créée. Faites en sorte que ce comportement soit clair et évident afin que tous le remarquent et suivent votre exemple.

NOTES

1. *Fortune*, 26 mars 1990, p. 26.
2. Un bon résumé des problèmes et des progrès de United Technologies est fait par Todd Vogel dans : « Where 1990s-Style Management Is Already Hard at Work », *Business Week* (23 octobre 1989), pp. 92-100.
3. Cette recherche est également résumée dans *Leading the Customer-Focused Quality Company : Lessons Learned from Listening to the Voices of Leaders*, The Forum Corporation, à paraître.
4. « Westinghouse Gets Respect at Last », *Fortune* (3 juillet 1989), p. 98.
5. *Harvard Business Review*, septembre-octobre 1989.
6. Yu Inaba, « Nissan's Management Revolution », *Tokyo Business Today* (octobre 1989), pp. 38-40.
7. J. Esward Russo et Paul J.H. Schoemaker, *Decision Traps* (New York : Doubleday, 1989), p. 145.
8. « Developing a Model of Influence Behavior : A Research Report », Research and Development Group, The Forum Corporation, 1983.
9. Allan C. Emery, Jr., *Turtle on a Fencepost* (Waco, Texas : Word, 1979) pp. 95, sq. ServiceMaster est membre actif de *Evangelical Christian Company* et Emery est aujourd'hui président de *Billy Graham Evangelistic Association*.

10. Tetsuo Sakiya, Honda Motors : *The Men, The Management, The Machines* (Tokyo : Kodansha International, 1982), p. 70. Honda a fait ce commentaire en rappelant un incident survenu aux premiers jours de fonctionnement de son entreprise. Un visiteur des États-Unis avait accidentellement fait tomber son dentier dans les toilettes. Honda n'avait pas hésité à y plonger la main pour le lui rapporter.

11. Lois Therrien, « The Rival Japan Respects », *Business Week* (13 novembre 1989).

CONCLUSION

D'UNE SOCIÉTÉ DE CONSOMMATION À UNE SOCIÉTÉ DE SERVICE

Gérard Mulliez. En quoi finalement la dynamique du client est-elle une révolution des services dans notre pays ? En quoi est-elle d'une actualité cruciale, au moment où la société a tant de mal à digérer les soubresauts de notre économie d'abondance ?

Elle accompagne tout d'abord une nouvelle forme de concurrence pour des entreprises ou des prestataires de services jusqu'à présent calfeutrés dans leur situation de monopoles. Avec la fin des chasses gardées entraînée par l'Union européenne, d'immenses institutions de notre économie doivent inventer d'autres modes de relations avec leurs clients, faute de quoi ces derniers les délaisseront. Aujourd'hui les banques, les compagnies d'assurances, l'Éducation nationale même. Demain France Telecom. Un jour ou l'autre EDF-GDF, la Sécurité sociale...

Elle annonce aussi une nouvelle forme de concurrence dans le secteur privé. Un moment viendra sans doute où les promotions traditionnelles, les guerres de prix, les batailles de tracts publicitaires déboucheront sur une sorte d'essoufflement. Car le client veut tout : le plus grand choix au meilleur prix bien sûr, mais aussi moins d'anonymat et plus de considération. Est-il pour autant prêt à payer davantage pour ce supplément de service ? C'est la grande inconnue. Toutes les entreprises sérieuses y réfléchissent, mais aucune ne semble à ce jour prête à prendre le risque de faire seule, la première, l'éducation du client en répercutant le renchérissement d'un supplément de service.

Comme le fond, la forme a un coût. L'enjeu consiste à l'évaluer, à le doser au plus près. Les entreprises leaders de demain seront pourtant celles qui, avant toutes les autres, renverseront leurs schémas de pensée et considéreront que la rentabilité ne se joue plus seulement en amont, dans les négociations avec les fournisseurs, mais aussi en aval, dans l'exploitation de cette mine de créativité que sont les clients.

Quoi qu'il en soit, l'évolution décrite dans ce livre est, me semble-t-il, irréversible. Les Français voyagent de plus en plus. Mais pas seulement eux. Les étrangers qui alimentent notre balance du tourisme également. Combien de temps pourrons-nous rester l'un des premiers pays touristiques du monde en continuant à bougonner, sans chercher à comprendre leurs particularités ? Combien de temps mettrons-nous, de notre côté, à nous apercevoir que d'un pays à un autre, les services offerts par les différents opérateurs téléphoniques ou proposés par les banques peuvent varier du simple au triple ?

Quand bien même les courants d'air de la concurrence internationale ne viendraient-ils pas bousculer nos chères petites habitudes ou notre confortable résignation, l'évolution de nos modes de vie s'en chargerait. Plus d'un foyer sur deux à Paris est le fait d'une personne seule. Rares deviennent les adultes qui finissent leur vie à l'endroit qui les a vus naître. Plus la vie déracine, ballotte et malmène les existences, plus la famille éclate, plus nous recherchons, instinctivement, un contenu affectif dans la relation de travail ou la relation professionnelle qui nous rapproche de nos congénères. Vus sous cet angle, la recette de cuisine glissée de l'autre côté de l'étal du poissonnier, l'explication orale patiemment détaillée pour compléter ce que les modes d'emploi de certains appareils ont de trop hermétique, le service de conseil en nutrition obligeamment mis à la disposition des jeunes mères de famille sont sans prix. C'est tout simplement de l'amour du client.

Dans cette perspective, je ne crois pas à ce que l'on a appelé la « déconsommation ». Sans doute, notre société connaît-elle une certaine panne de désir, saturée qu'elle est de gadgets électroménagers, d'accessoires hi-fi, de mode qui rallonge une année pour raccourcir la suivante. Mais cette panne s'applique, me semble-t-il, surtout à des objets, à de l'avoir. Qu'en est-il de cette soif de qualité de vie, de qualité de temps que la consommation traditionnelle ne saurait étancher ? Dans ce domaine tout reste encore à faire. Pour les mères qui travaillent, les adultes qui vieillissent seuls, les jeunes gavés de sollicitations mais en mal de situation.

Tout est encore à inventer dans le service du client, parce que tout est encore à inventer en matière de mieux-être, et non plus, cette fois, d'avoir. Cette ère à venir s'appellera peut-être alors d'un nom moins matérialiste que celui de « société de consommation ». Et ce sera tant mieux. Tant mieux si la dynamique du client permet de passer d'une société de consommation ou de consommateurs à une société tournée vers l'épanouissement de l'être. Tant mieux, parce que cela sera créateur d'emplois sur le court terme, en même temps que facteur de grandissement et de paix sur le long terme. ◥

POSTFACE

LES ENTREPRISES VONT DEVOIR SE TRANSFORMER

L'apparition d'entreprises vouées à la satisfaction du client n'est sans doute pas une révolution, mais la prise en compte systématique et constante des intérêts du client est aujourd'hui un paramètre tellement important de réussite que les entreprises vont devoir se transformer dans des proportions considérables. Elles vont devoir entièrement revoir leurs comportements, leurs attitudes, leurs structures, leurs systèmes de rémunération, leurs valeurs.

Il ne suffit pas de prendre à part vos employés et de leur demander de sourire aux clients. Si vous voulez vraiment être l'un des acteurs principaux du marché, les transformations doivent être systématiques et organisées. Le changement n'est pas « incrémental », ou progressif, il est transformationnel. Il s'agit, en réalité, de passer d'un type d'organisations à un autre, complètement différent.

Pour illustrer nos propos, nous avons dressé un tableau des aspects perceptibles de la transformation. Pour devenir une entreprise pilotée par le client, il faut passer des systèmes figurant dans la colonne de gauche à ceux de la colonne de droite :

Motivation fondée sur la peur du bâton et la fidélité	⟶	Motivation fondée sur une vision commune
Se démettre de ses responsabilités face aux problèmes	⟶	Responsabilité de tout problème affectant le client
« Nous avons toujours procédé de la sorte »	⟶	Amélioration continue des façons de faire
Décisions basées sur les hypothèses et le jugement	⟶	Décisions basées sur les données et sur les faits réels
Tout commence et se termine par le management	⟶	Tout commence et se termine par le client
Chaque service prend ses décisions en fonction de ses propres critères	⟶	Coopération transfonctionnelle
Excellence dans la gestion des crises et les actions correctives	⟶	Qualité dès la conception
Recours à l'hyperactivité de certains collaborateurs	⟶	Élimination des fluctuations
Choix entre le management participatif et le management scientifique	⟶	Management participatif et scientifique

Les entreprises qui réussissent à naviguer avec succès à travers les récifs de cette transformation se caractérisent par deux attitudes fondamentales.

Tout d'abord, elles commencent par dire : « ceci est significatif, ceci est important, cela en vaut la peine ».

Deuxièmement, les personnes dirigeant une transformation de cette envergure apprécient tout à fait l'énormité de la tâche, les défis qu'elle représente pour chaque unité, et même pour chaque membre de l'organisation. Ces responsables abordent le changement avec un mélange d'engagement et de grâce. Les membres de l'organisation qui sont les vrais leaders du changement, à tous les niveaux, sont clairs quant à leurs objectifs et se montrent persévérants dans leur poursuite de ces objectifs. Mais ils savent également qu'il faudra un certain temps aux autres pour appréhender le changement aussi complètement qu'ils l'ont appréhendé eux-mêmes.

En général, les hommes ne changent pas facilement ou naturellement. Il leur faut du temps et il leur faut de l'aide. Un dirigeant réceptif sait cela et y répond en donnant aux employés la marge de manœuvre nécessaire pour se battre et même pour échouer. Il ou elle sait que tout échec est représentatif d'efforts et que ces efforts ne sont que des étapes sur la route du succès.

Notre intention dans ce livre a été de nous pencher sur la façon dont les entreprises peuvent, systématiquement, satisfaire le client et j'espère que vous avez pu repérer des idées qui, une fois mises en œuvre dans votre environnement de travail, pourront rendre vos clients plus heureux et fidèles.

En résumé, comme le disait Stanley Marcus, « Deux choses seulement importent : les clients et le produit. Si vous vous occupez de vos clients, ils reviendront. Et si vous vous occupez de votre produit, il ne reviendra pas. C'est aussi simple et aussi compliqué que cela. »

ANNEXES

LES RECHERCHES DE FORUM CORPORATION

Forum Corporation a conduit des recherches extrêmement variées afin d'identifier les pratiques spécifiques des entreprises obsédées par la satisfaction des clients. Dans le cadre d'études distinctes, nous avons notamment étudié :

- d'une part la relation entre les pratiques du management et les attitudes des employés, et d'autre part l'appréciation de la qualité par le client.
- Les pratiques caractérisant la vente orientée clients.
- Comment les managers utilisent l'influence pour le plus grand avantage du client.
- L'action des dirigeants, dans l'instauration de l'approche clients.
- Les caractéristiques des organisations qui réussissent à concentrer toutes leurs ressources au service du client.

Une étude intitulée « Évaluation de l'attention portée aux clients par les cadres », effectuée en 1989, a été particulièrement utile pour ce livre. Un questionnaire d'étude avait été envoyé à 563 cadres supérieurs travaillant au sein de 44 entreprises. Le groupe chargé de la recherche a dressé une liste de 84 caractéristiques de l'entreprise, généralement attribuées aux organisations orientées clients, à savoir des pratiques définies par des affirmations telles que : « Nous donnons l'occasion à des employés de différents niveaux et de différentes fonctions de rencontrer le client » ou « Les cadres démontrent par leurs actes que la satisfaction du client est importante ».

Ces caractéristiques avaient été choisies en fonction des résultats d'une recherche précédente de Forum Corporation et après consultation attentive d'ouvrages sur la qualité et le service clients.

Les cadres répondant au questionnaire devaient :

1. Évaluer leur propre entreprise, en fonction des résultats orientés clients, par exemple en précisant si elle dépasse généralement les attentes du client, si elle crée une valeur ajoutée pour le client, et si elle réussit à le fidéliser.
2. Fournir certaines données financières essentielles pour leur entreprise, par exemple les retours sur investissements et le taux d'accroissement annuel du chiffre d'affaires.
3. Indiquer dans quelle mesure leur organisation possède chacune des quatre-vingt-quatre caractéristiques.

Les estimations des cadres ont été comparées aux données financières et une forte corrélation a été constatée. Les entreprises dont les cadres ont indiqué qu'elles étaient parvenues à des résultats orientés clients satisfaisants, ont en effet enregistré des résultats financiers exceptionnels.

Dans le même temps, une échelle de classement des 84 caractéristiques a été mise au point.

Chaque fois qu'une caractéristique d'une entreprise était corrélée avec l'un des résultats orientés clients, elle s'élevait dans le classement.

D'autres analyses ont permis d'identifier les quarante caractéristiques qui étaient, dans l'ensemble, les plus fortement liées aux bons résultats, pour le client. Celles-ci ont été regroupées en sept catégories [1] en utilisant une technique appelée analyse des facteurs.

Une liste de ces quarante caractéristiques est donnée à la page 280, dans le cadre d'un test de diagnostic qui constitue la première partie de la partie « outils ». Les listes de caractéristiques sont une méthode de vérification utile pour toute entreprise tentant de se focaliser davantage sur le client. Elles sont une occasion de vous tester et de déterminer les points forts et les points faibles de votre entreprise.

Parmi les quarante caractéristiques de l'entreprise qui n'étaient pas clairement liées à des résultats favorables pour le client, citons :

- La rétribution des employés en fonction de leur orientation clients.
- L'utilisation de méthodes et structures de travail non traditionnelles, en particulier cercles de qualité et équipes autogérées, pour améliorer les résultats.
- Des objectifs spécifiques pour l'amélioration de la qualité.

Le fait que ces caractéristiques ne semblent pas fortement liées à des résultats favorables pour le client, ne signifie pas pour autant qu'elles sont sans importance. Il est possible, par exemple, que certaines entreprises de l'échantillon utilisent brillamment des structures de travail non traditionnelles et se forgent ainsi un avantage concurrentiel, tandis que d'autres les utilisent mal. Il n'en résulte pas moins, globalement, une faible corrélation entre l'utilisation des structures non traditionnelles et certains résultats favorables pour le client.

Lorsque de fortes corrélations sont évidentes, il faut en conclure que les entreprises qui cherchent à s'améliorer doivent s'efforcer de créer les caractéristiques correspondantes.

Les corrélations ne coïncident pas exactement avec les sept impératifs présentés dans le présent ouvrage, puisqu'il en manque un : « mesurer, encore et toujours mesurer ». Toutefois, nous sommes convaincus que si notre analyse n'a pas permis de faire ressortir de relation entre l'utilisation de la mesure et les résultats favorables au client, c'est que la plupart des entreprises ne prennent pas en considération les bons aspects du produit ou service, ou ne le mesurent pas de façon adéquate.

NOTE

1. Du point de vue statistique, les sept catégories sont décrites comme étant orthogonales l'une à l'autre. Les caractéristiques de chaque catégorie semblent, d'après les techniques statistiques, être corrélées entre elles. Ainsi, les entreprises qui possèdent l'une des caractéristiques de chaque groupe possèdent très vraisemblablement les autres. En revanche, il y a peu ou pas de corrélation entre les groupes.

LES OUTILS DE LA DYNAMIQUE DU CLIENT

Dans cette section, vous trouverez trente-trois outils pour l'amélioration des résultats perceptibles par le client. Chaque outil est applicable dans le plus grand nombre de cas depuis les usines de production, jusqu'aux services marketing et au bureau du directeur financier. Les outils ont été divisés en trois sections :

1. Les caractéristiques d'une entreprise pilotée par le client : test de diagnostic.
2. Les outils permettant de développer une vision.
3. Les outils permettant d'éliminer les obstacles à la qualité.

Section I – Les caractéristiques d'une entreprise pilotée par le client : test de diagnostic

L'étude « Évaluation de l'attention portée aux clients par les cadres » de Forum Corporation (voir page 277) a démontré que quarante caractéristiques sont fortement corrélées au succès des entreprises dans leur réponse aux besoins des clients ce qui a permis de les classer en sept groupes. Les caractéristiques d'un même groupe étant statistiquement liées entre elles, les entreprises qui présentent l'une des caractéristiques d'un groupe ont toutes les chances de présenter également les autres.

La liste ci-après reprend les caractéristiques de chacun des groupes. Vous pouvez l'utiliser comme test de diagnostic pour déterminer, d'une part, les points sur lesquels l'amélioration doit être la plus considérable et, d'autre part, vos points forts. À la fin du test, un tableau vous indiquera dans quels chapitres sont abordés les problèmes qui peuvent être considérés comme majeurs pour votre entreprise.

Pour chacune des caractéristiques de la liste, indiquez dans quelle mesure l'affirmation est vraie pour votre entreprise, en utilisant l'échelle suivante :

- Pas du tout = 1 point
- Dans une faible mesure = 2 points
- Moyennement = 3 points

– Dans une large mesure = 4 points
– Dans une très large mesure = 5 points

Il suffit, ensuite, d'additionner les scores, pour chaque groupe, sur la ligne en regard de « Votre score ». Vous obtiendrez votre pourcentage de réussite en divisant votre score par le score le plus élevé possible.

Vision, engagement et environnement

1. Notre entreprise est complètement tournée vers la satisfaction du client .... ______
2. Plutôt que d'avoir à réparer des erreurs, nous nous efforçons de produire la qualité dès la conception ...... ______
3. Les cadres démontrent par leurs actes que la satisfaction du client est importante .... ______
4. Notre objectif est de dépasser les attentes du client, dans les domaines qui sont les plus importants pour lui .... ______
5. Le fait de se soucier du client est l'un des principaux critères déterminant les promotions dans notre entreprise .... ______
6. Notre entreprise est totalement tournée vers l'idée de la qualité .... ______
7. Répondre aux besoins du client l'emporte sur la satisfaction de nos besoins internes .... ______

Votre score = ______
Divisez votre score par 35 pour l'obtenir en % = ____%

Adaptation au client

1. Dans le cadre de la vente, nous jouons un rôle de conseil ou de partenaire pour le client .... ______
2. Dans nos supports publicitaires et promotionnels, nous évitons de promettre plus que nous ne pouvons donner .... ______
3. Nous savons quels attributs du produit ou service ont le plus de valeur pour nos clients .... ______
4. Les retours d'information des clients sont utilisés pour la conception de nos produits et services .... ______
5. Nous nous efforçons d'être un leader du secteur ..... ______

Votre score = ______
Divisez votre score par 25 pour l'obtenir en % = ____%

Capacités d'identification et d'élimination des problèmes du client

1. Nous assurons un suivi des réclamations des clients. ______
2. Nous demandons régulièrement à nos clients de nous fournir un retour d'informations sur nos performances .... ______
3. Les plaintes des clients sont régulièrement analysées pour identifier les problèmes de qualité .... ______
4. Nous cherchons le moyen d'éliminer les procédures internes et les systèmes qui ne créent pas de valeur ajoutée pour le client .... ______

Votre score = ______
Divisez votre score par 20 pour l'obtenir en % = ____%

Utilisation et diffusion des informations du client

1. Nous savons comment nos clients définissent la qualité .... ______
2. Nous donnons l'occasion à des employés de différents niveaux et occupant des fonctions différentes de rencontrer le client .... ______
3. Nous comprenons clairement ce que nos clients attendent de notre entreprise .... ______
4. Nous donnons régulièrement à nos clients des informations leur permettant de formuler des attentes réalistes .... ______
5. Nos principaux dirigeants comprennent clairement les exigences du client .... ______
6. Au sein de l'entreprise, chacun sait qui est son client réel .... ______
7. Nos cadres sont régulièrement en contact avec les clients .... ______

Votre score = ______
Divisez votre score par 35 pour l'obtenir en % = ____%

Tendre la main aux clients

1. Nous faisons en sorte qu'il soit facile pour nos clients de traiter avec nous .... ______
2. Les employés sont encouragés à aller toujours plus loin pour bien servir les clients .... ______

3. Nous essayons de trouver des solutions à chaque réclamation d'un client .... ______
4. Nous invitons nos clients à se plaindre lorsqu'ils ne sont pas satisfaits .... ______

Votre score = ______
Divisez votre score par 20 pour l'obtenir en % = ____%

Compétences, capacités et délégation de pouvoirs

1. Nous traitons nos clients avec respect .... ______
2. Les employés issus de tous les niveaux ont une bonne connaissance de nos produits et services ...... ______
3. Les employés qui ont des contacts avec les clients disposent de ressources suffisantes pour faire leur travail dans les meilleures conditions .... ______
4. Même aux plus bas niveaux de notre entreprise, les employés ont des responsabilités leur permettant de prendre des initiatives lorsqu'il est nécessaire d'agir rapidement pour satisfaire le client .... ______
5. Les employés sont partie prenante d'une entreprise motivante .... ______
6. Les employés, à tous les niveaux de la hiérarchie, sont impliqués dans la prise de décision concernant certains aspects de leur travail .... ______
7. Les employés sont formés en dehors de leur spécialité, de façon à pouvoir se remplacer si nécessaires. ______

Votre score = ______
Divisez votre score par 35 pour l'obtenir en % = ____%

Amélioration continue des procédés et des produits

1. Au lieu de se faire concurrence, les groupes fonctionnels coopèrent entre eux pour atteindre des objectifs communs .... ______
2. Nous étudions les meilleures pratiques d'autres entreprises et nous nous en inspirons pour nous améliorer
3. Nous nous efforçons d'améliorer en permanence nos produits et services .... ______
4. Nous essayons systématiquement de réduire nos temps de cycle de recherche et développement .... ______
5. Lorsque des problèmes qualité sont identifiés, nous prenons rapidement des mesures pour les résoudre. ______

6. Nous investissons dans le développement d'idées innovatrices .... ______

Votre score = ______

Divisez votre score par 20 pour l'obtenir en % = ____%

Analyse de votre organisation ou groupe de travail et résolution de problèmes

Après avoir calculé votre pourcentage pour chaque groupe, repérez vos points forts et vos points faibles. Voici quelques suggestions qui vous permettront de vous améliorer :

Si vous êtes faible en...	**Reportez-vous aux possibilités d'amélioration dans le chapitre...**
Vision, engagement et environnement	Chapitre 2 « Créer une vision en accord avec celle du client »
Adaptation au client	Chapitre 2 « Créer une vision en accord avec celle du client » et Chapitre 3 « Faire entendre la voix du client dans l'entreprise »
Disposition à identifier et à éliminer les problèmes du client et utilisation et diffusion des informations du client	Chapitre 3 « Faire entendre la voix du client dans l'entreprise »
Tendre la main au client	Chapitre 3 « Faire entendre la voix du client dans l'entreprise » et Chapitre 6 « Abattre les barrières empêchant l'approche clients d'être performante »
Compétences, capacités et délégation de pouvoirs	Chapitre 5 « Libérer les champions du service clients »
Amélioration continue des procédés et des produits	Chapitre 4 « Prendre exemple sur les gagnants » et Chapitre 6 « Abattre les barrières empêchant l'approche clients d'être performante »

Le chapitre 7 « Mesurer, encore et toujours mesurer » permet de contrôler que vous parvenez vraiment aux résultats que vous pensiez obtenir.

Le chapitre 8 « Montrer l'exemple » est essentiel pour toute personne chargée de mobiliser les collaborateurs de l'entreprise afin de fournir aux clients la plus haute qualité.

Section II – Les outils permettant de créer une vision

Toute entreprise, toute équipe de travail, a besoin d'une vision à la fois claire et motivante de ce qu'elle cherche à devenir. En outre, la plupart des collaborateurs peuvent fortement améliorer leurs propres performances et leur bien-être s'ils ont l'occasion d'élaborer leur propre vision.

L'objectif de la vision est de synthétiser une image idéale de l'avenir dans une formule concise et imagée. Elle peut être lapidaire comme la vision de Ray Kroc, fondateur de McDonald's était : « Qualité, Service, Propreté, Valeur ».

Pour la concevoir vous devez :

1. Constituer un groupe chargé d'élaborer cette vision.
2. Utiliser les outils de la présente section pour vous aider à concevoir votre vision.
3. Élaborer une première vision en groupe.
4. Demander à tous les membres du groupe d'en parler autour d'eux pour connaître son impact.
5. Adapter la vision en fonction des réactions.
6. Reprendre les étapes 4 et 5 autant que nécessaire.
7. Faire connaître la vision finale à travers toute l'entreprise.

Les six outils décrits ci-après sont utiles à l'élaboration de la vision inspiratrice d'une entreprise, d'un groupe de travail ou d'un individu. Tous ne vous seront pas forcément nécessaires mais il est bon d'essayer d'en utiliser au moins deux ou trois.

1. *Science-fiction.* Vous écrivez un article destiné au journal interne de l'entreprise. Faites un récit vivant, décrivant les succès que vous et votre groupe de travail aurez accompli à un moment donné du futur : dans deux, cinq ou même dix ans...

2. *Vos valeurs.* Pensez aux valeurs que vous et votre groupe de travail considérez comme les plus importantes. Imaginez ensuite

cinq suites possibles à la phrase suivante : « Dans mon groupe de travail, nous sommes vraiment préoccupés par... »

3. *Les exigences du client.* Écrivez un paragraphe pour complétez la phrase : « Si j'étais le client de mon propre service (ou de ma propre entreprise), j'exigerais... »

4. *Image.* Sur une page blanche, représentez votre groupe de travail, tel que vous voudriez qu'il soit à l'avenir.

5. *Analogies.* Essayez de donner forme à votre vision au moyen d'analogies. Le responsable d'une équipe de vente a dit un jour : « Pour moi, cette équipe est comme une voiture de formule un : bien astiquée, bien réglée et prête pour une nouvelle course. » Voici neuf catégories destinées à susciter chez vous des analogies pour décrire votre groupe de travail. Pour chaque catégorie, écrivez l'image qui vous vient à l'esprit lorsque vous dites « Si je devais décrire mon groupe de travail en termes de :

- couleurs,
- saisons,
- sports,
- lieux géographiques,
- chansons ou musiques,
- films,
- machines,
- émotions,
- plats ou boissons,
  je dirais que c'est... »

6. *Les cinq « pourquoi ? ».* Pensez à un problème professionnel très important pour vous. Posez-vous cinq fois de suite la question « pourquoi ? » afin d'en déduire les valeurs qui vous tiennent vraiment à cœur, par exemple : Le réseau informatique n'est pas fiable.

1. Pourquoi est-ce si important ?
   Le personnel est frustré lorsque le réseau ne fonctionne pas.
2. Pourquoi est-ce si important ?
   Je dois consacrer du temps à la résolution de ce problème.
3. Pourquoi est-ce si important ?
   Les projets ne pourront pas être terminés à temps.
4. Pourquoi est-ce si important ?
   Nous ne pourrons pas tenir nos engagements envers le client.
5. Pourquoi est-ce si important ?
   La satisfaction du client est la priorité numéro un.

Section III – Les outils permettant d'éliminer les obstacles à la qualité

Les outils de cette section peuvent vous aider, à gérer des faits et des données et à abattre les barrières empêchant les employés de satisfaire systématiquement le client. Ils sont particulièrement utiles dans le cadre de la procédure en six étapes décrite au chapitre 5 (pages 119 à 153).

Pour choisir l'outil le plus adapté à chaque problème vous devez tenir compte du savoir-faire et de l'expérience de votre équipe dans l'utilisation de chacun.

Dans les pages qui suivent, vous trouverez la liste des différents outils avec, pour chacun, des recommandations d'utilisation et l'indication des étapes où cet outil est le plus utile.

Ce tableau indique également le degré de difficulté d'utilisation de chaque outil, à l'aide de la signalisation suivante :

● : l'apprentissage de cet outil est facile. En général, vous pouvez commencer à utiliser ces outils immédiatement.

■ : cet outil est plus difficile à mettre en application. Vous pouvez utiliser ces outils sans faire appel aux conseils d'un professionnel mais, avant de vous lancer, il serait prudent de consulter la liste des livres figurant dans la rubrique « Pour davantage d'informations ».

◆ : cet outil est difficile à maîtriser. Faites appel à un expert ou obtenez une formation spécifique avant de tenter de l'utiliser.

À partir de la page 292, chacun de ces outils fait l'objet d'une présentation complète.

Guide de sélection des outils

Légende ● facile ■ relativement difficile ◆ difficile	**Utilisez cet outil lorsque...**	Étape 1 Recueil d'informations	Étape 2 Conversion en mesures	Étape 3 Processus d'analyse	Étape 4 Conception d'un procédé amélioré	Étape 5 Établissement de normes	Étape 6 Gestion des résultats	Page
Analyse du champ de forces	Vous voulez comprendre les obstacles au changement et les actions motrices qui le favorisent. À partir de ces informations, vous pourrez analyser le procédé actuel et concevoir un procédé amélioré.			■	■		■	292
Benchmarking (évaluation comparative)	Vous voulez savoir comment votre entreprise s'en sort, par rapport à d'autres, afin de pouvoir sans cesse égaler ou dépasser les méthodes de travail de vos concurrents les plus redoutables. Ces informations sont très utiles pour vous fixer des objectifs.	■	■		■			293
Brainstorming	Vous voulez utiliser une technique inspiratrice d'idées qui implique une contribution spontanée, de tous les membres d'un groupe. Cette méthode est utile chaque fois que vous souhaitez explorer des options de façon créative.		●	●	●	●		295
Carte de contrôle	Vous souhaitez déterminer statistiquement si un procédé est maîtrisé ou non.			◆	◆		◆	296

Courbe de tendance	Vous voulez déceler les goulots d'étranglement du procédé actuel.		■	■			■	298
Coûts/bénéfices	Vous souhaitez calculer les coûts et bénéfices potentiels de l'amélioration d'un procédé pour déterminer si le jeu en vaut la chandelle.				◆			300
Diagramme causes-effets	Vous souhaitez analyser le procédé tel qu'il est, en évaluant les interactions entre deux variables.			■				301
Diagramme de dispersion	Vous voulez voir comment évolue une une variable en fonction d'une autre.	■			■			304
Diagramme de Pareto	Vous devez définir et hiérarchiser les problèmes importants susceptibles d'exister dans le procédé actuel.			■	■			306
Échantillonnage	Vous devez déterminer l'ampleur de la population à mesurer pour que les résultats soient valides. Cet outil vous permet également de sélectionner l'échantillon réel de la population que vous souhaitez étudier.	◆						308
Enquête	Vous souhaitez recueillir des informations d'un grand nombre de clients ou autres correspondants.	◆						310
Graphiques	Vous devez présenter les données recueillies sous forme visuelle, percutante et facile à comprendre.			■	■		■	311

Guide de sélection des outils *(suite)*

Légende ● facile ■ relativement difficile ◆ difficile	**Utilisez cet outil lorsque...**	Étape 1 Recueil d'informations	Étape 2 Conversion en mesures	Étape 3 Processus d'analyse	Étape 4 Conception d'un procédé amélioré	Étape 5 Établissement de normes	Étape 6 Gestion des résultats	Page
Groupe cible	Vous souhaitez recueillir des données de vos clients pour savoir quels sont les aspects de votre entreprise dont l'amélioration est la plus urgente ; obtenir des suggestions d'amélioration sur les produits, services ou information existants ; ou encore l'opinion du client sur de nouveaux produits, services ou informations.	◆						315
Groupe nominal	Vous voulez solliciter de nombreuses-idées d'un groupe afin de convertir les informations du client en mesures pour établir un objectif initial. Cette technique peut également être utilisée pour susciter des informations en vue de concevoir un procédé amélioré.	●	●	●	●			316
Histogramme	Vous voulez présenter des données par ordre hiérarchique pour identifier les tendances		◆	◆				318
Interview	Vous voulez recueillir des informations de vos clients : leurs attentes, perceptions, idées de changement ou réponses à vos idées.	●						321

Liste de contrôle	Vous voulez enregistrer le nombre de fois où certains événements spécifiques se produisent pour pouvoir analyser le procédé actuel.	■					■	323
Matrice des normes	Vous devez établir des normes pour les différents acteurs de chacune des étapes du procédé.					●		324
Paramétrage des attentes	Vous voulez convertir les attentes, formulées dans le langage de vos clients, en dimensions spécifiques, mesurables de façon homogène.	●	●					326
Représentation du procédé et évaluation	Vous voulez examiner le flux des activités dans un procédé ainsi que les mesures correspondantes. Cette technique peut également être utilisée pour concevoir un nouveau procédé.			■	■			327
Se mettre à la place du client	Vous cherchez à obtenir des informations sur votre entreprise et sur la qualité que vous livrez aux clients sous forme de produits, services et informations.	●	●		●	●	●	332
Stratification	Vous voulez découvrir des tendances cachées et les causes potentielles de problèmes en classant les données en catégories significatives.			◆				333

ANALYSE DU CHAMP DE FORCES

Niveau : ■ relativement difficile.

Principe : technique permettant de faire le bilan des forces qui s'opposent dans l'entreprise. Les forces motrices favorisent le changement tandis que les forces modératrices s'opposent au changement. Si ces dernières sont plus puissantes, les changements n'interviendront pas.

Quand : utilisez l'analyse du champ de forces pour :

- étudier le fonctionnement du procédé actuel (étape 3).
- concevoir un procédé amélioré (étape 4).
- établir des normes obligeant l'entreprise à surmonter certaines forces modératrices.
- mettre au point de nouveaux programmes de récompense et de reconnaissance qui risquent de rencontrer une certaine résistance (étape 6).
- encourager le changement en identifiant les facteurs moteurs et modérateurs des évolutions souhaitées à l'intérieur de l'entreprise.

Qui : cadres et coordinateurs, avec des groupes d'employés.

Comment : pour conduire une analyse du champ de forces :

- commencez par définir le problème actuel (peut-être à l'aide d'un diagramme causes-effets) et le changement ou objectif souhaité.
- identifiez les procédés qui sont moteurs ou modérateurs pour la réalisation de cet objectif et enregistrez-les sur une feuille divisée en deux colonnes avec les forces motrices à gauche et les forces modératrices à droite (voir figure 1). Le brainstorming et les techniques de réunions de groupe peuvent être utilisées pour identifier les forces qui s'opposent et leurs points forts et points faibles relatifs.
- demandez à un groupe de se pencher sur l'analyse du ou des problèmes et de parvenir à un consensus. Il est, par exemple, possible de se mettre d'accord sur les principales forces modératrices, afin de pouvoir commencer à s'y attaquer.

Résultats : l'analyse du champ de forces est :

- un cadre visuel, permettant d'examiner les forces en présence.
- un point de départ pour la planification et la mise en place efficace de changements. Il est généralement plus efficace et moins

alarmant d'éliminer ou d'atténuer les forces modératrices que d'accroître les forces motrices.

Déménagement de l'entreprise

Forces motrices		Forces modératrices
Espace limité	→│←	Proximité des fournisseurs du service
Places de parking insuffisantes	→│←	Présence de nombreux restaurants aux alentours
Insuffisance des transports publics	→│←	Système réseau installé récemment
Mauvaise régulation de la climatisation	→│←	Les employés ont déménagé pour se rapprocher du bureau central
Accès difficile pour les véhicules de livraison	→│←	Beau panorama de la ville
Accroissement de 20 % du personnel	→│←	Proximité de l'aéroport
Loyer élevé	→│←	Espace extensible

Figure 1. Analyse du champ de forces :
L'entreprise doit-elle déménager ?

Pour davantage d'informations : H. James Harrington, *The Improvement Process : How America's Leading Companies Improve Quality* (New York : McGraw-Hill, 1987).

Mary Walton, *The Deming Management Method* (New York : Putnam Press, 1986).

BENCHMARKING

Niveau : ■ relativement difficile.

Principe : la visite ou l'étude d'autres entreprises peut être extrêmement utile pour éliminer certains obstacles.

Quand : à utiliser pour :

- identifier les différences spécifiques entre les attentes des clients et les prestations fournies (étape 1).
- fixer des objectifs initiaux (étape 2).
- concevoir un procédé amélioré (étape 4).

Qui : les dirigeants, éventuellement assistés de responsables marketing, les personnes en contact avec des entreprises extérieures, ou les employés spécialisés dans telle technique.

Comment : pour effectuer l'évaluation comparative :

- reportez-vous aux données obtenues du client et déterminez les attentes auxquelles vous ne répondez pas. Déduisez-en les attentes spécifiques sur lesquelles doit porter votre étude comparative.
- si vous évaluez vos concurrents directs, identifiez l'entreprise ayant la réputation d'être « la meilleure du secteur ». Si vous vous comparez à des non-concurrents, identifiez ceux qui ont une réputation remarquable dans les domaines que vous évaluez. Prenez en compte les similitudes des procédures et des produits, la nature du travail et la taille de l'entreprise.
- recueillez les informations et les données dans le cadre de contacts directs (face à face, entretiens téléphoniques, questionnaires et enquêtes) avec les entreprises que vous étudiez, chaque fois que possible. En plus des contacts directs, utilisez les contacts professionnels, le recours aux consultants, la presse spécialisée, les publications officielles, les annonces publicitaires, les rapports annuels ou les entretiens avec les clients. Si vous traitez en direct avec l'entreprise, proposez-lui des échanges d'informations.
- étudiez les informations et les données pour déterminer le niveau de réussite de vos concurrents et non-concurrents, puis déterminez parmi ces derniers quels sont les plus performants de vos concurrents et non-concurrents pour chaque point de l'étude comparative. La technique du benchmarking est expliquée en détail dans le chapitre 4.

Résultats : le benchmarking permet :

- de savoir si les prestations de vos concurrents répondent aux attentes de vos clients ou les dépassent. Vos performances doivent être au moins aussi bonnes que celles du meilleur de vos concurrents directs.
- de connaître les performances des non-concurrents, pour chacun des points de l'étude comparative afin de les égaler, en améliorant vos procédures, dans la satisfaction du client.

Pour davantage d'informations : *Process Quality Management and Improvement* (Indianapolis, Ind. : American Telephone & Telegraph, 1989).

Beating the Competition : A practical Guide to Benchmarking (Vienna, Va. : Kaiser Associates, 1988).

Leadership Through Quality : Implementing Competitive Benchmarking, Employee Involvement and Recognition (Stamford, Conn., Xerox Corporation, 1987).

Robert C. Camp, *Le Benchmarking : pour atteindre l'excellence et dépasser vos concurrents.* Éditions d'Organisation, 1992.

BRAINSTORMING

Niveau : ● facile.

Principes : technique permettant de susciter au sein d'un groupe d'employés des idées originales, dans une atmosphère détendue. Les sessions de brainstorming sont l'occasion pour tous les membres du groupe de contribuer activement aux activités de résolution de problèmes.

Quand : utilisez le brainstorming pour :

- convertir les attentes et perceptions des clients en unités de mesure (étape 2).
- analyser et évaluer les procédés actuels (étape 3).
- représenter les flux d'activités et les mesures du procédé actuel (étape 3).
- concevoir un procédé amélioré (étape 4).
- établir des normes (étape 5).

Qui : cadres et employés

Comment : pour utiliser le brainstorming :

Phase 1

a. Inscrivez au tableau un exposé du problème ou le sujet de la discussion.
b. Désignez une personne chargée de solliciter et de noter les idées.
c. Résumez chaque idée en quelques mots et vérifiez avec son auteur, que vous n'avez pas déformé ses propos.

d. Encouragez les notions nouvelles, même celles qui peuvent paraître les plus saugrenues. Les membres du groupe de brainstorming ne doivent jamais ni critiquer, ni juger les idées et les suggestions qui sont faites.

Phase 2

Relisez la liste pour vous assurez que tous les membres du groupe la comprennent bien.

Phase 3

Procédez à une deuxième lecture pour éliminer les redondances, et les problèmes non importants, sur lesquels vous aurez obtenu un consensus ainsi que les propositions absolument irréalisables.

Rendez les sessions dynamiques en les maintenant courtes. Cinq à quinze minutes sont une excellente durée.

Résultats : le brainstorming permet d'obtenir :

- des listes d'idées susceptibles d'être critiquées et adaptées, hiérarchisées et classifiées, par exemple du plus important au moins important.
- des solutions nouvelles, reposant sur des idées collectives.

CARTE DE CONTRÔLE

Niveau : ◆ difficile.

Principe : méthode statistique permettant de comprendre le fonctionnement d'une procédure et de suivre les variations de cette dernière. Plus spécifiquement, les cartes de contrôle permettent de déterminer statistiquement si une procédure est maîtrisée ou non. Elles comportent des limites supérieure et inférieure de contrôle qui peuvent être calculées en fonction de formules pré-établies. Différents repères (moyenne des mesures, écart-type et limites de contrôle) peuvent être ajoutés sur le diagramme pour déterminer si les données se trouvent en dessous ou au-dessus d'un intervalle spécifié ou d'une moyenne. La présence de points de données sous la limite inférieure de contrôle, ou au-dessus de la limite supérieure, est indicatrice de « causes spéciales ».

Remarque : les cartes de contrôle permettent uniquement de détecter des changements ou des variations dans une procédure. Elles ne permettent pas de déterminer la cause de cette variation. La carte de contrôle peut vous aider à déterminer si la procédure est « hors contrôle » de façon à prendre, si nécessaire, des mesures correctives.

Quand : utilisez les cartes de contrôle pour :

- analyser et évaluer la variation d'une procédure actuelle (étape 3).
- concevoir un procédé amélioré (étape 4).

Qui : personne responsable de la procédure suivie, généralement assistée d'un expert en études statistiques.

Comment : pour interpréter les cartes de contrôle :

- vérifiez que tous les points de l'échantillon se trouvent à l'intérieur de l'intervalle de contrôle et essayez de voir si ces points présentent une allure normale ou une morphologie connue.

Si tous les points se trouvent à l'intérieur des limites de contrôle et si aucune forme caractéristique n'apparaît, alors le procédé est maîtrisé et toute amélioration permettra de réduire davantage la variation.
En revanche, si la procédure n'est pas maîtrisée, les causes doivent être recherchées et la variation du procédé réduite pour ramener ce dernier à l'intérieur de l'intervalle de contrôle.
Si des déformations apparaissent à l'intérieur des limites de contrôle, comme par exemple des groupes de points situés en dessous ou au-dessus de la ligne centrale, une forme discernable de « pointe et creux », ou autre typologie, c'est peut-être l'indication d'une anomalie qui mérite d'être étudiée.

Résultats : la carte de contrôle peut être utilisée pour :

- prendre des décisions en s'appuyant sur des données.
- servir de point de départ à une action sur une procédure, en vue de son amélioration.
- savoir si une procédure est maîtrisée ou non, indiquant ainsi à l'utilisateur s'il doit entreprendre des actions, par exemple pour la recherche et l'élimination des causes et la poursuite du suivi de la procédure.

Pour davantage d'informations : H. James Harrington, *The Improvement Process : How America's Leading Companies Improve Quality* (New York : McGraw-Hill, 1987).
Kaoru Ishikawa, *La gestion de la qualité, Outils et applications pratiques*, Dunod Entreprise, 1990.
William Scherkenbach, *The Deming Route to Quality and Productivity* (Washington, D.C. : CEEP, 1988).

COURBE DE TENDANCE

Niveau : ■ relativement difficile.

Principe : également appelé diagramme d'évolution, utilisé pour détecter les variations importantes par rapport à la moyenne des données recueillies pendant une période spécifique.

Quand : utilisez les courbes de tendance pour :

- identifier certaines tendances, en fonction de l'alignement des points de données.
- évaluer les tendances dans les performances du procédé :
  - Quelle est la tendance ?
  - Quels sont les points de rupture ?
  - Quel peut être l'objectif d'amélioration initial ?
- représenter visuellement les données pour déterminer les tendances des performances.
- convertir les données en mesures (étape 6).
- analyser le procédé (étape 3).
- gérer les performances (étape 6).

Attention : la courbe de tendance indique toute les variations comme potentiellement importantes. Une fois le diagramme terminé, vous devez identifier les tendances ou évolutions importantes de la moyenne.

Qui : cadres et employés.

Comment : pour construire une courbe de tendance :

- tracez l'axe vertical du graphique qui représente la mesure d'une variable.
- tracez l'axe horizontal du graphique qui représente généralement le temps ou l'enchaînement.
- tracez les données sur le graphe.
- liez les points de données entre eux pour simplifier l'utilisation et l'interprétation du graphique.
- marquez clairement l'intervalle de temps, l'intervalle de mesures et les unités de mesure.

Les données recueillies doivent être conservées dans l'ordre dans lequel elles ont été obtenues. La caractéristique étant suivie sur une période de temps précise, l'ordre des points de données est très important.

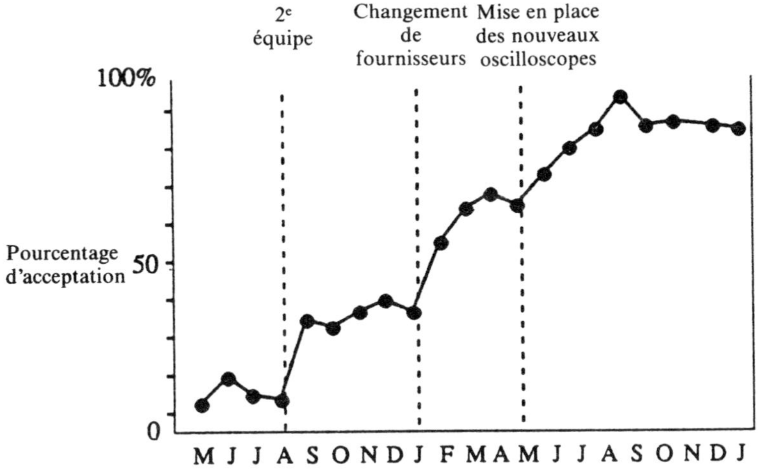

Figure 2. Courbe de tendance
Pourcentage d'acceptation des cartes de circuits imprimés à l'issue du premier test.

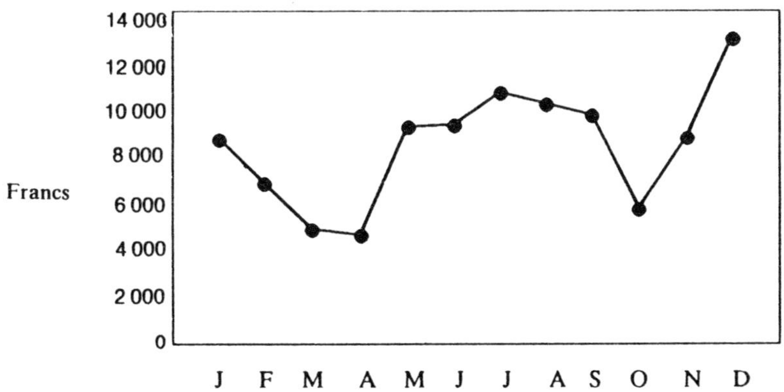

Figure 3. Courbe de tendance
Dépenses mensuelles du ménage

Résultats : la courbe de tendance permet :

- des résultats susceptibles d'être utilisés pour surveiller un procédé qui devrait comporter un nombre quasiment égal de points

de données au-dessus et en dessous de la moyenne. Si ce n'est pas le cas, faites des recherches pour déterminer la cause de la variation.
- des informations sur les décalages positifs de l'activité, vous permettant d'apporter des améliorations permanentes au procédé.
- des informations sur les décalages (ou dérives) néfastes de l'activité, vous permettant d'apporter les corrections nécessaires au procédé (voir figures 2 et 3).

Pour davantage d'informations : Kaoru Ishikawa, *La gestion de la qualité, Outils et applications pratiques,* Dunod Entreprise, 1990.

COÛTS/BÉNÉFICES (ANALYSE)

Niveaux : ◆ difficile.

Principe : analyse consistant à comparer les dépenses prévisionnelles d'un programme d'amélioration envisagé, aux économies et avantages potentiels (en termes de chiffre d'affaires et autres) qui peuvent en découler. Cette analyse permet de répondre à des questions telles que : « Quel sera le coût de cette opération d'amélioration ? » et « Quel sera le retour sur investissement ? »

Quand : utilisez l'analyse « coûts/bénéfices » pour :

- choisir entre plusieurs améliorations possibles du procédé.
- déterminer la valeur d'un investissement envisagé.
- identifier tous les avantages d'une solution proposée (même les moins évidents).

Qui : cadres et employés.

Comment : déroulement de l'analyse « coûts/bénéfices » :

- calculez les coûts connus de l'amélioration proposée. Prenez le temps de réfléchir aux coûts supplémentaires que vous pouvez avoir oubliés.
- calculez les avantages potentiels de l'amélioration envisagée. Ces avantages peuvent être un accroissement de la productivité, l'élimination des rebuts, une progression des bénéfices, une réduction des coûts en termes d'heures/hommes, et des intangibles, comme par exemple : une plus grande satisfaction du client et de meilleures conditions de travail.

- défalquez les coûts des bénéfices. Le résultat obtenu est l'objectif de l'analyse.

Il est parfois nécessaire de projeter les données sur plusieurs années, à partir de la date d'implémentation de l'amélioration, pour amortir l'investissement dans la catégorie des coûts. Ainsi, une équipe d'amélioration peut recommander l'achat d'un nouvel équipement de test afin de réduire les rebuts. Admettons que le coût de l'équipement soit de 10 000 francs, câblage, installation et formation compris, et que l'équipe évalue les avantages comme étant de 50 000 francs pour la première année, et 30 000 francs pour chacune des trois années suivantes. Une analyse « coûts/bénéfices » simplifiée permet de calculer simplement l'avantage net après quatre ans (40 000 francs).
Une analyse « coûts/bénéfices » plus sophistiquée consisterait à tenir compte de la dépréciation des avantages qui doivent se concrétiser dans les années futures en leur appliquant un taux d'amortissement approprié. En utilisant un taux de dépréciation annuelle de 10 %, par exemple, l'avantage des 50 000 francs de la première année ne change pas mais celui de 30 000 francs n'est plus que de 27 000 francs la deuxième année, de 24 300 francs la troisième année ; et de 21 870 francs la quatrième année. Le cumul des avantages sur quatre ans se monte ainsi à 123 170 francs (soit 50 000 + 27 000 + 24 300 + 21 870). Le bénéfice net de l'amélioration est donc de 23 170 francs.

Résultats : l'analyse « coûts/bénéfices » permet de :

- justifier des dépenses liées à des améliorations envisagées et à une amélioration continue et rentable du procédé.
- définir des critères pour l'exploitation concrète de suggestions d'amélioration.

Pour davantage d'informations : David A. Garvin, *Managing Quality* (New York : Free Press, 1988).

DIAGRAMME CAUSES-EFFETS

Niveau : ■ difficile.

Principe : aussi appelé schéma en arêtes de poisson ou diagramme d'Ishikawa, ce diagramme ressemble effectivement à un squelette de poisson, le problème étant représenté par la tête du poisson. Ce diagramme permet d'identifier les causes probables d'un problème.

Quand : utilisez le diagramme causes-effets pour :

- identifier les causes probables, en les classant et en les représentant.
- analyser le procédé actuel (étape 3) en revoyant systématiquement tous les facteurs susceptibles de causer un problème là où les défaillances sont constatées.
- identifier les causes probables et essentielles d'un problème (étape 3).

Qui : cadres, en collaboration avec les employés.

Comment : pour réaliser un diagramme causes-effets :
1. Résumez le problème en quelques mots, dans la case située à droite du diagramme (voir figures 4 et 5, p. 303).
2. Écrivez les quatre principaux facteurs susceptibles de causer le problème dans les cadres situés à chaque extrémité des principales arêtes.
   Dans la plupart des entreprises industrielles, ces facteurs sont, le plus souvent : Main-d'œuvre, Machines, Méthodes et Matériaux, tandis que dans les services administratifs et les sociétés de services, il s'agira plutôt de Politiques, Procédures, Personnel et Équipements.
3. Identifiez les causes probables de chaque facteur principal, en faisant appel au brainstorming (voir page 295). Résumez aussi brièvement que possible chacune des causes sur les branches horizontales formant une intersection avec les arêtes de poisson. Veillez à inscrire les causes et non les symptômes.
4. Continuez à explorer la chaîne des causes en vous demandant « Pourquoi... Pourquoi... Pourquoi ? » jusqu'à avoir déterminé la cause principale ou, tout au moins, une cause probable.
5. Cerclez les causes les plus probables (et non les symptômes !) sur le diagramme terminé.

Résultats : le diagramme causes-effets :

- permet de représenter toutes les causes d'un problème.
- contribue à la détermination de la cause réelle d'un problème et non de ses manifestations.
- illustre les liens entre les causes
- donne l'occasion d'aller plus loin et d'analyser les informations relatives aux causes à l'aide d'outils tels que les interviews (page 321), le diagramme de dispersion (voir page 304) ou la représentation du procédé (page 327).

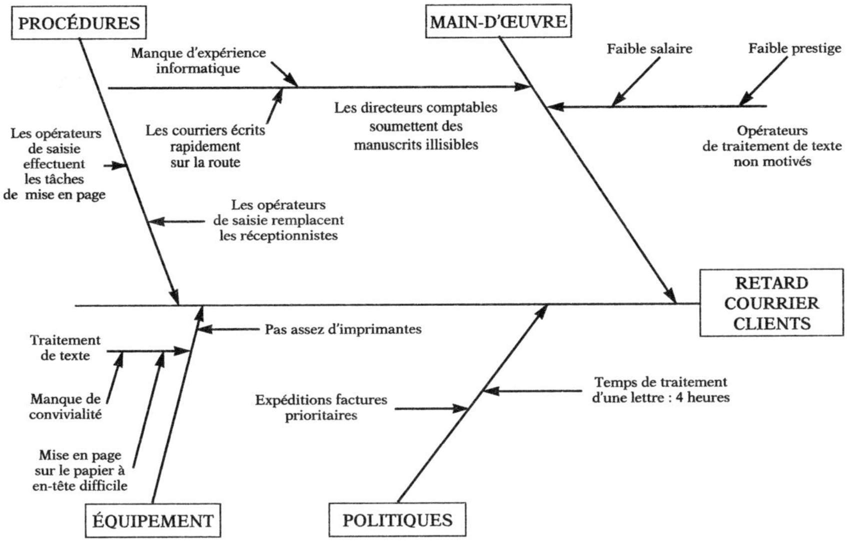

Figure 4. Diagramme causes-effets : courrier en retard

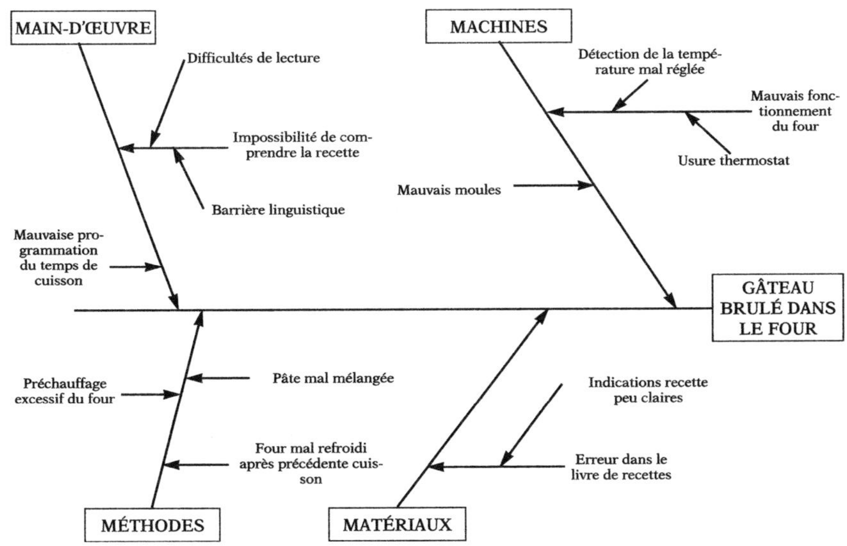

Figure 5. Diagramme causes-effets : le gâteau brûlé

Pour davantage d'informations : Kaoru Ishikawa, *La gestion de la qualité, Outils et applications pratiques.* Dunod Entreprise, 1990.
Process Quality Management and Improvement (Indianapolis, Ind. : AT&T, 1989).

DIAGRAMME DE DISPERSION

Niveau : ■ relativement difficile.

Principe : représentation graphique illustrant l'évolution d'une variable ou un procédé lorsqu'une autre variable ou un autre procédé sont modifiés. Les diagrammes de dispersion sont également utilisés pour tester les relations possibles de cause à effet.

Quand : utilisez les diagrammes de dispersion pour :

- étudier les relations possibles entre deux variables.
- représenter l'évolution d'une variable en fonction d'une autre.
- recueillir des informations (étape 1).
- créer de nouvelles mesures pour la représentation du procédé amélioré (étape 4).

Qui : cadres et employés, ces derniers identifiant souvent les variables et fournissant la meilleure source possible d'échantillons de données.

Comment : pour construire le diagramme de dispersion :

- recueillez entre 50 et 100 paires de données que vous souhaitez tester et enregistrez-les. Enregistrez, par exemple, le pourcentage d'élasticité et le pourcentage d'humidité.
- tracez les axes horizontal et vertical d'un graphe en leur attribuant la même longueur.
- affectez des libellés à la variable dont vous pensez qu'elle est la cause (pourcentage d'humidité) sur l'axe horizontal et la variable dont vous pensez qu'elle est l'effet (pourcentage d'élasticité) sur l'axe vertical.
- tracez les données sur le graphique.
- recherchez des relations positives, négatives ou l'absence de relation (voir figure 6).

Résultats : le diagramme de dispersion permet :

- une analyse de vos procédés actuels, une fois que vous avez converti les informations en mesures.
- un affichage de l'effet des améliorations sur un produit ou procédé (Quel est l'effet sur X lorsque Y est modifié ?).
- une aide dans la découverte de problèmes réels lorsque ce type de diagrammes est utilisé en conjonction avec des diagrammes causes-effets (voir page 301). Remarque : notez que la relation entre deux variables n'est pas forcément une relation de cause à effet.

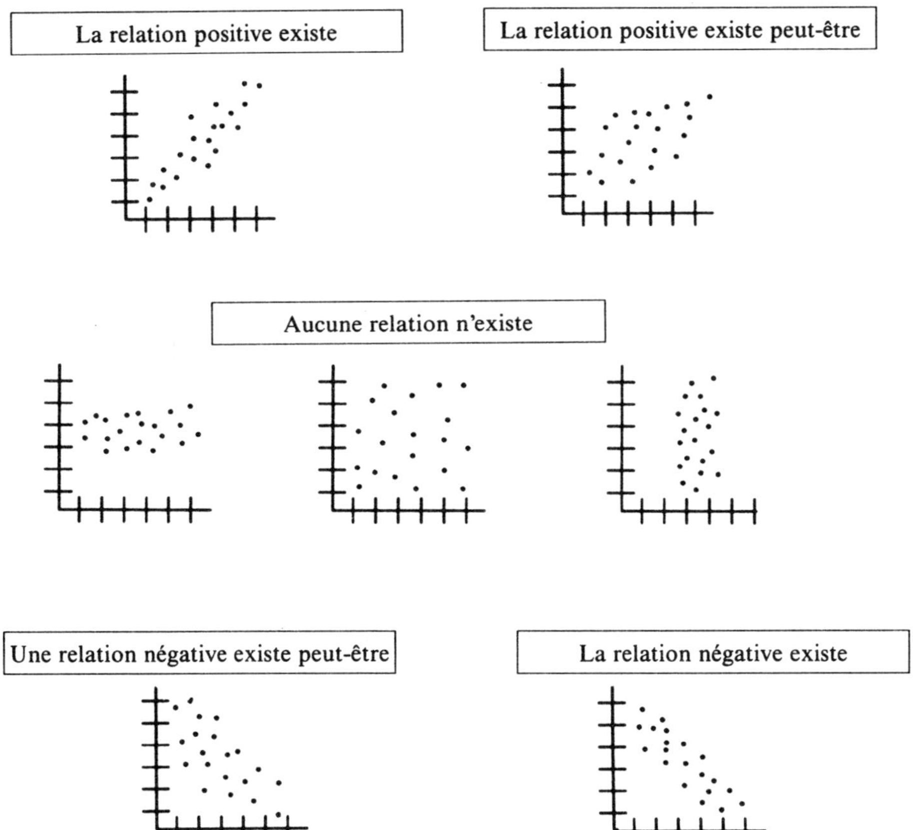

Figure 6. Diagrammes de dispersion

Pour davantage d'informations : Kaoru Ishikawa, *La gestion de la qualité, Outils et applications pratiques,* Dunod Entreprise, 1990.
William Scherkenbach, *The Deming Route to Quality and Productivity* (Washington, D.C. : CEEP, 1988).

DIAGRAMME DE PARETO

Niveau : ■ relativement difficile.

Principe : diagramme à barres verticales constituant une aide pour l'identification des problèmes, en fonction de la fréquence de leurs occurrences dans un procédé. Sous sa forme graphique, le diagramme de Pareto attire l'attention sur les effets à corriger, et démontre efficacement comment des causes apparemment peu importantes peuvent entraîner des problèmes relativement graves. Les barres les plus hautes représentent les problèmes les plus fréquents et les barres les plus courtes les problèmes les moins fréquents.

Quand : utilisez les diagrammes de Pareto pour :

- classifier les données et identifier les occasions d'amélioration (étape 3).
- définir les priorités d'action et se fixer des objectifs (étape 3).
- montrer l'importance relative des problèmes (étape 4).
- évaluer la conformité aux exigences du client.
- améliorer la qualité du procédé.

Qui : les cadres, souvent en collaboration avec les employés ou utilisant les informations de ces derniers.

Comment : pour construire un diagramme de Pareto :

- sélectionnez les problèmes à comparer et à classer par ordre d'importance, en utilisant la méthode du groupe nominal (voir page 316) ou en examinant les données existantes (notamment l'historique qualité).
- sélectionnez l'unité de mesure appropriée pour quantifier les problèmes à évaluer.
- déterminez le temps nécessaire au recueil des données.
- tracez les axes sur une feuille de papier millimétré (voir figure 7), et sur la gauche de l'axe vertical, les valeurs mesurées, selon une graduation régulière.

- tracez les barres. La hauteur de chaque barre est déterminée par la valeur correspondante sur l'axe vertical. Toutes les barres doivent avoir la même largeur et elles se touchent.
- indiquez le libellé de chaque barre sous l'axe horizontal, en fonction du problème qu'elle représente.
- réorganisez les barres de gauche à droite, par ordre décroissant de fréquence ou de coût.

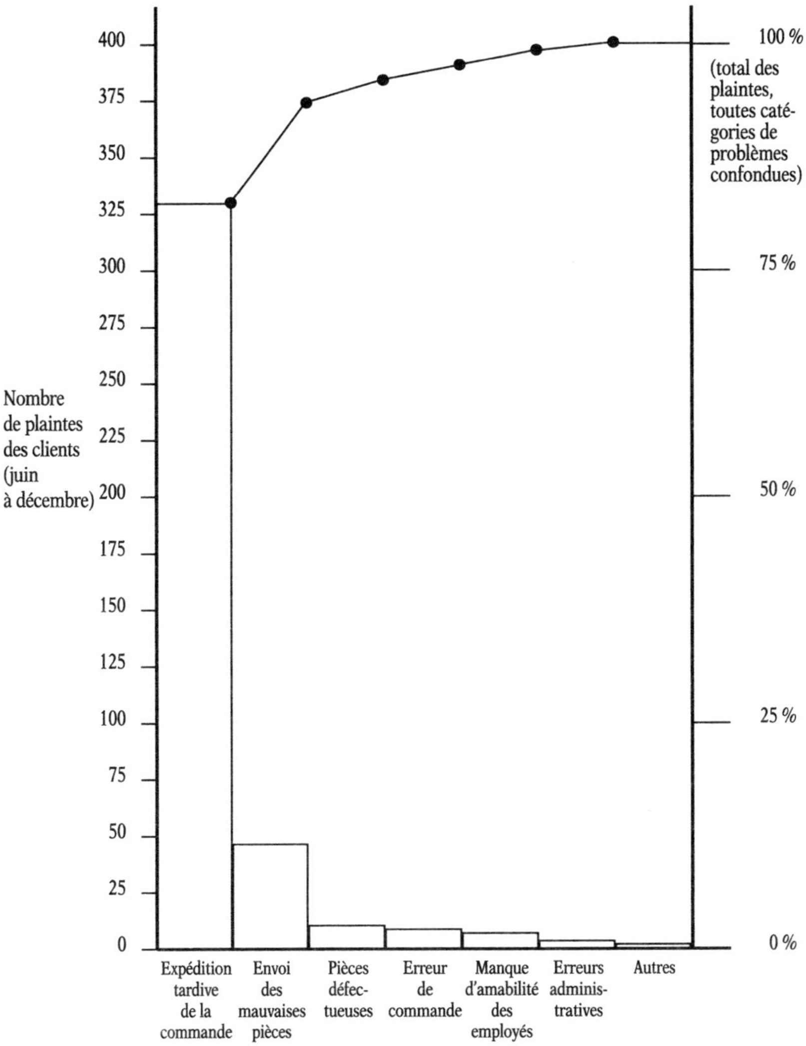

Figure 7. Diagramme de Pareto :
Plaintes des clients

- tracez la courbe correspondant aux pourcentages cumulés des différentes catégories de problème. Cette courbe doit partir de 0 % (à son origine) pour aboutir à 100 % (à droite du diagramme).
- indiquez le titre du graphique et indiquez la source des données ayant servi de base au graphique. Dans le cadre du contrôle qualité, la source des données doit être parfaitement claire. Indiquez également les faits pertinents qui permettront de définir les paramètres d'observation.
- comparez la fréquence ou le coût de chaque catégorie de problèmes en fonction des autres.

Résultats : le diagramme de Pareto permet :

- une analyse de la façon dont un faible pourcentage (généralement 20 %) de problèmes entraîne un pourcentage important de défauts ou de coûts (généralement 80 %).
- une démonstration graphique de la façon dont des préjudices importants peuvent résulter de quelques erreurs vitales et de l'ampleur possible des améliorations si ces quelques erreurs vitales pouvaient être éliminées.
- une première étape dans l'amélioration.

Remarque : il est plus efficace de s'attaquer en premier lieu au problème (ou à la cause) représenté par la barre la plus haute du diagramme de Pareto. Toutefois, n'oubliez pas que les problèmes les plus fréquents ne sont pas toujours les plus coûteux.

Pour davantage d'informations : Kaoru Ishikawa, *La gestion de la qualité, Outils et applications pratiques*, Dunod Entreprise, 1990.
William Scherkenbach, *The Deming Route to Quality and Productivity* (Washington, D.C. : CEEP, 1988).

ÉCHANTILLONNAGE

Niveau : ◆ difficile.

Principe : technique permettant de déterminer combien ou quel pourcentage de membres d'une population donnée doivent être testés ou mesurés pour obtenir des informations valides dans le cadre d'une étude. L'échantillonnage se réfère également à la sélection proprement dite du groupe représentatif.

Quand : L'échantillonnage est utilisé pour obtenir des informations précises sur un groupe important dont les membres sont suffisamment similaires pour qu'il ne soit pas nécessaire de procéder à des tests individuels systématiques. À utiliser pour :

- recueillir des données auprès des clients (étape 1).
- déterminer le nombre de personnes à inclure dans un groupe cible sur lequel doit porter l'interview, l'enquête (étape 1).
- déterminer le nombre d'observations à faire figurer sur une courbe de tendance ou dans un diagramme en nuages de points.

Qui : toute personne chargée du recueil de données et ayant besoin de savoir comment déterminer l'ampleur de l'échantillon et comment choisir un groupe représentatif.

Comment : pour constituer l'échantillonnage :

1. Identifiez la population à étudier.
2. Choisissez une taille d'échantillon suffisamment étendue pour représenter de façon précise l'ensemble de la population. Une personne connaissant bien les statistiques pourra être de bon conseil.
3. Déterminez le type d'échantillonnages le plus approprié, en fonction de l'uniformité de la population. Les différents types d'échantillonnages sont :
   – échantillonnage au hasard : décidez quels sont les membres de la population à inclure dans l'échantillon en utilisant une table de suites aléatoires (disponible dans tous les ouvrages de statistiques).
   – échantillonnage stratifié : examinez la population pour identifier les variations en fonction de certains critères puis choisissez un échantillon reflétant cette distribution. Par exemple, si une population de véhicules se compose à 50 % de véhicules bleus, à 30 % de véhicules rouges et à 20 % de véhicules jaunes, un échantillon de 10 voitures devrait permettre de refléter cette répartition de couleurs c'est-à-dire se composer de 5 véhicules bleus, 3 rouges et 2 jaunes.
   – échantillonnage aléatoire stratifié : combinez les deux techniques. Commencez par stratifier les données puis prenez un échantillon au hasard, dans chacune des sous-populations. Cette solution peut être plus efficace lorsque les données proviennent d'un grand nombre de sources distinctes.

Résultats : l'échantillonnage est une méthode efficace pour obtenir des données sur une population sans devoir évaluer chaque membre en particulier.

Pour davantage d'informations **:** Kaoru Ishikawa, *La gestion de la qualité, Outils et applications pratiques*, Dunod Entreprise, 1990.

ENQUÊTE

Niveau : ◆ difficile.

Principe : questionnaire écrit appelant une réponse. Les questionnaires peuvent être remplis par les personnes qui les reçoivent ou remplis par une personne qui pose les questions et écrit les réponses.

Quand : utilisez les enquêtes pour :

- recueillir des informations émanant des clients (étape 1).
- apprendre de la bouche des clients quels résultats ou prestations de votre unité de travail nécessitent le plus d'améliorations.
- identifier les attentes et perceptions spécifiques des clients (étape 1).
- évaluer et quantifier la conformité aux attentes des clients.

Qui : cadres et employés. En général, les dirigeants conçoivent l'enquête en collaboration avec les employés.

Comment : pour mener l'enquête :

- décidez du nombre de personnes à qui l'enquête sera envoyée.
- formulez les questions et testez-les sur plusieurs de vos collègues ou clients.

  – Les questions ouvertes permettent de recevoir de nombreuses informations et des réponses détaillées, par exemple : « Si vous étiez chef de service, quelle serait votre priorité absolue en matière d'amélioration de la qualité ? »

  – Les questions fermées appellent une réponse par oui ou par non, par exemple : « Procédez-vous régulièrement à des réunions de votre personnel ? »

  [ ] oui [ ] non (cochez la réponse qui convient)

  Si oui, à quelle fréquence ?

  – Les questions fermées peuvent demander au destinataire de faire un choix, par exemple : comment évaluez-vous la rapidité de réaction de nos agents ?

1	2	3	4	5
Insatisfaisante	À améliorer	Acceptable	Bonne	Excellente

Remarque : les questions ouvertes permettent d'obtenir des données de qualité mais elles sont difficiles à interpréter ou à utiliser pour repérer des tendances. Les questions fermées permettent d'obtenir des données quantifiables mais elles ne peuvent pas véritablement refléter les sentiments de la personne qui remplit le questionnaire. Il convient donc d'utiliser les deux autant que possible.

- choisissez une méthode de livraison (envoi par la poste, enquête téléphonique, enquête jointe avec des produits, services ou informations).
- encouragez les réponses par des relances téléphoniques et autres formes de rappel en sachant que le pourcentage moyen de réponses est de 50 %.
- analysez les résultats en termes de moyennes numériques ou de catégories de réponses. Recherchez des occasions d'utiliser de tels outils, comme par exemple les listes de contrôle (voir page 323), les diagrammes de dispersion (voir page 304) et les histogrammes (voir page 318).

Résultats : l'enquête permet :

- de déterminer les besoins d'un groupe important de clients.
- de repérer des tendances dans des réponses ouvertes qui peuvent être utiles pour identifier les problèmes nécessitant une attention particulière.
- d'établir des scores pour chaque élément évalué afin de tirer à travers le calcul des moyennes, des conclusions sur des clients en tant que groupe.
- une détermination des éléments de votre unité de travail qui nécessitent le plus de changements ou d'améliorations ou les deux. Si vous utilisez une échelle de notation dont le chiffre le plus élevé correspond à l'excellence, les notes les plus basses seront vos priorités.

Pour davantage d'informations : *Process Quality Management and Improvement* (Indianapolis, Ind. : AT&T, 1989).

Seymour Sudman et Norman Bradburn, *Asking Questions : A Practical Guide to Questionnaire Design* (San Francisco : Jossey-Bass, 1983).

GRAPHIQUES

Niveau : ■ relativement difficile.

Principe : plusieurs types de diagrammes et graphiques peuvent être utiles pour synthétiser, organiser et représenter les données.

Citons notamment la courbe, le diagramme à barres, le camembert et le pictogramme.

Quand : utilisez les diagrammes et graphiques pour :

- synthétiser les résultats de vos efforts de recueil de données.
- présenter vos données sous forme compréhensible et percutante.
- illustrer les résultats des exercices de recueil de données.
- analyser le procédé actuel (étape 3).
- concevoir un procédé amélioré (étape 4).
- suivre les performances (étape 6).

Qui : cadres et toute personne chargée du recueil et de la présentation des données.

Comment : pour tirer le meilleur parti des diagrammes et graphiques :

- attribuez au diagramme un titre significatif, représentatif du contenu.
- intitulez chaque axe en fonction de ce qu'il représente et ajoutez des unités de mesure.
- choisissez une échelle appropriée pour chacun des axes. L'échelle produit un effet visuel certain et peut être choisie librement, selon que l'on souhaite maximiser les différences (en choisissant une petite échelle) ou les minimiser (en choisissant une plus grande échelle).

Pour savoir quel type de diagrammes ou de graphiques est le plus approprié, commencez par identifier vos objectifs.

Les courbes permettent de représenter des informations point par point et de suivre une évolution. Représentez sur chaque axe une

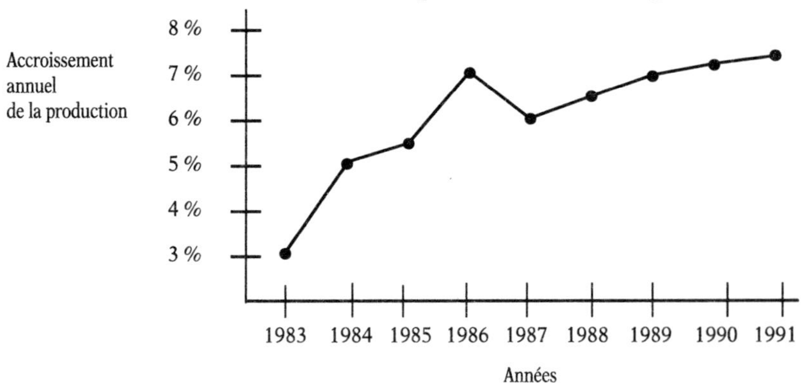

Figure 8. Courbe d'accroissement de la production (en pourcentages)

variable différente, pour afficher des couples de données liées entre elles, par exemple le temps et le pourcentage d'augmentation de la production. Dessinez chacun des points reflétant la relation entre les deux variables. Les données de plusieurs situations peuvent être affichées sur un même diagramme ou graphique à des fins de comparaisons. Cette représentation permet de visualiser les tendances.

Les diagrammes à barres visualisent les quantités d'une valeur donnée et indiquent les relations entre ces quantités. Ils amplifient ou minimisent les différences, en fonction de l'échelle de l'axe vertical. Affectez aux axes deux variables puis enregistrez la quantité de chaque variable en fonction de l'autre.

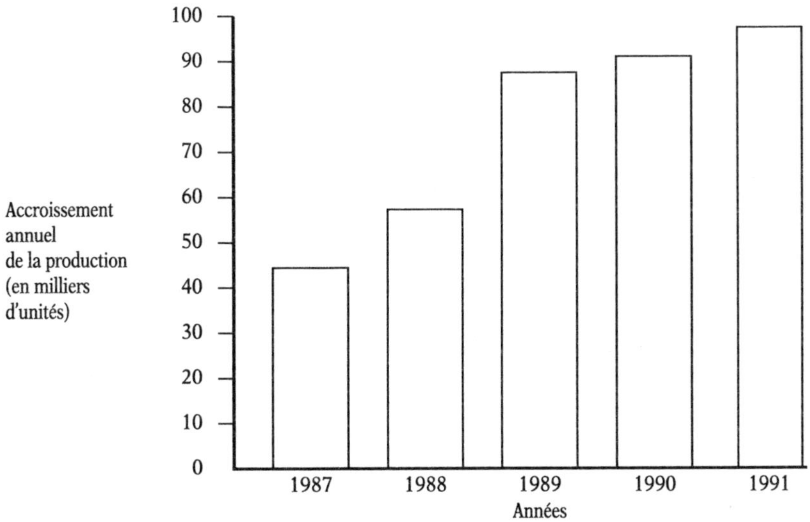

Figure 9. Diagramme à barres d'accroissement de la production en fonction du temps (en milliers d'unités)

Les camemberts sont utilisés pour représenter les relations d'une partie à un tout. Si l'on considère que le camembert complet équivaut à 100 %, il suffit d'y découper des segments correspondant chacun à une valeur en pourcentage de l'ensemble.

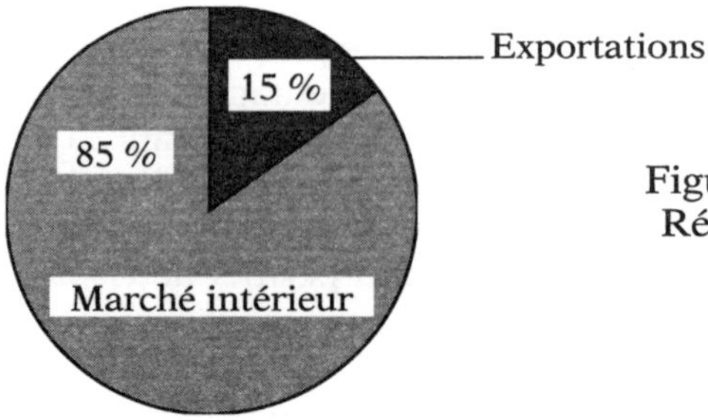

Figure 10. Camembert : Répartition du chiffre d'affaires 1990

Les pictogrammes sont utilisés pour représenter, à intervalle fixe, les quantités d'une variable sous forme symbolique. Ils fonctionnent comme des histogrammes, à cette exception près que des images ou symboles sont utilisés pour remplir l'espace correspondant à la quantité ou à la valeur mesurée. N'oubliez pas d'indiquer la nature et la quantité de la variable représentée par le symbole choisi.

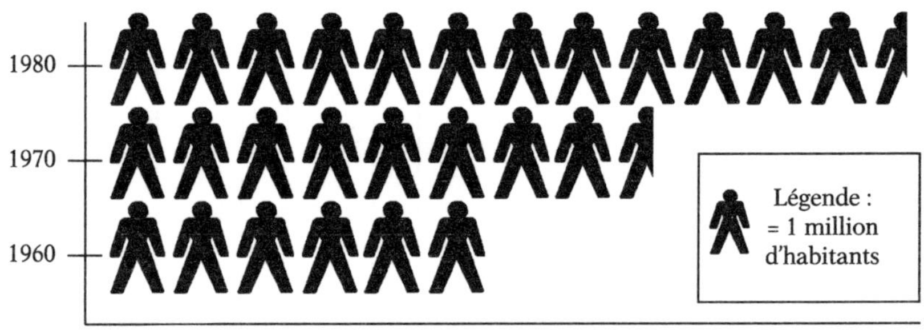

Figure 11. Pictogramme : Concentration de la population urbaine

Résultats : les diagrammes et graphiques apportent :

- le moyen de représenter les données sous une forme qui peut être communiquée à un large public.
- davantage d'informations et une plus grande efficacité que des mots ou des chiffres.

Remarque : vos diagrammes ou graphiques doivent toujours être placés à côté du texte auquel ils se rapportent ou, lors de présentations, associés à des commentaires.

Pour davantage d'informations : Kaoru Ishikawa, *La gestion de la qualité, Outils et applications pratiques.* Dunod Entreprise, 1990.

William Scherkenbach, *The Deming Route to Quality and Productivity* (Washington, D.C. : CEEP, 1988).

GROUPE CIBLE

Niveau : ◆ difficile.

Principe : un groupe pouvant compter jusqu'à douze clients internes ou externes, animé par un modérateur. Les groupes cibles sont l'occasion de discussions, d'échanges d'idées et de retours d'information. Les discussions peuvent éventuellement être enregistrées (avec l'autorisation des membres) par un(e) secrétaire ou sur cassette audio/vidéo.

Quand : utilisez les groupes cibles pour :

- recueillir auprès des clients des informations sur leurs attentes et leurs perceptions de ce qui leur est fourni, et des suggestions pour l'amélioration (étape 1).
- obtenir des clients qu'ils disent quels sont les résultats ou produits de votre travail qui nécessitent, à leur avis, le plus d'améliorations (étape 1).
- comprendre le raisonnement du client.
- recevoir des critiques constructives.

Qui : le groupe cible doit être animé par des cadres spécialement formés à cet effet ou autres coordinateurs compétents.

Comment : pour organiser un groupe cible, avec l'aide d'un modérateur ou d'un coordinateur :
1. Préparez les questions ou le guide de la discussion et diffusez-le à l'avance aux personnes qui participent au groupe cible (apportez avec vous des exemplaires supplémentaires, le jour de la réunion).
2. Déterminez combien de clients vous allez inviter et lesquels, en fonction du groupe de clients total, de façon à vous assurer que ce groupe sera relativement représentatif (voir les principes de l'échantillonnage, page 308)
3. Concevez un plan d'analyse des résultats.
4. Assemblez le groupe, menez les débats, organisez les informations obtenues et rendez compte des résultats.

Résultats : le groupe cible permet :

- la possibilité de découvrir un éventail relativement large de perceptions de clients.
- des renseignements détaillés et crédibles de la part des clients.
- des informations susceptibles d'être utilisées pour démontrer la nécessité d'une amélioration.

Pour davantage d'informations : David L. Morgan, *Focus Groups as Qualitative Research* (Newbury Park, Calif. : Sage Publications, 1988).

GROUPE NOMINAL

Niveau : ● facile.

Principe : technique dans laquelle les différents membres du groupe contribuent, selon un principe de parité, à la profusion d'idées. Il s'agit d'une forme hautement structurée de brainstorming.

Quand : Utilisez la technique du groupe nominal pour :

- recueillir les informations (étape 1).
- convertir les informations du client en mesures (étape 2).
- évaluer le procédé en identifiant les goulots d'étranglement ou les points de rupture (étape 3).
- concevoir un procédé amélioré (étape 4).

Qui : cadres, employés et coordinateur compétent.

Comment : fonctionnement du groupe nominal :

1. Identifiez clairement, par écrit, le sujet de réflexion du groupe qui sera, de préférence, exprimé sous la forme d'une question.
2. Demandez à tous les membres de l'équipe d'y répondre en notant les idées dont ils pensent qu'elles sont les plus importantes.
3. Faites le tour du groupe, selon une progression séquentielle, et sollicitez une idée à la fois. Inscrivez ces idées sur un tableau, pour que tous les participants puissent les voir. Faites en sorte

que tous s'expriment. Faute d'idée, un membre du groupe peut « passer son tour ». Pour vous assurer que les idées ne sont ni jugées, ni évaluées, cette procédure doit être suivie de près par le coordinateur.

4. Assurez-vous que chaque idée apparaît une seule fois sur le tableau. Si un membre de l'équipe se contente de redire une idée déjà exprimée dans d'autres termes, faites fusionner les deux versions.
5. Demandez à chacun des membres de l'équipe de recopier la liste d'idées sur une feuille de papier, en classant les idées par ordre alphabétique.
6. Demandez aux participants de hiérarchiser les idées par ordre d'importance, en leur affectant des numéros de priorité décroissants. S'il y a six idées, numérotées entre 1 à 6, l'idée numéro 6 sera la plus importante et l'idée numéro 1 la moins importante. Ainsi, par exemple, si un participant pense que la sécurité est le point le plus important des six, son classement sera le suivant :

A : Sécurité du poste : 5
B : Sécurité de l'environnement de travail : 6
C : Propreté de l'environnement de travail : 3
D : Qualité des produits : 2
E : Salaires : 1
F : Occasions de promotion : 4

7. Demandez aux différents participants de vous indiquer leur classement.
8. Additionnez les numéros d'ordre attribués à chaque idée. L'idée possédant le score total le plus élevé est la plus importante pour l'équipe. Dans l'exemple précédent, la sécurité du poste peut obtenir le score le plus élevé de la part de tous les participants :

A : Sécurité du poste : 5, 5, 6, 4, 1, 2 = 23
B : Sécurité de l'environnement de travail : 6,6,4,5,5,5 = 31
C : Propreté de l'environnement de travail : 3,1,3,6,6,4 = 23
D. Qualité des produits : 2,2,1,1,4,6 = 16
E : Salaires : 1,4,5,3,3,3 = 19
F : Occasions de promotion : 4,3,2,2,2,1 = 14

Résultats : la technique du groupe nominal permet :

- une hiérarchisation des idées.
- une procédure par laquelle chaque membre du groupe a l'occasion de donner son avis sur les priorités du groupe entier.

Pour davantage d'informations : *Process Quality Management and Improvement* (Indianapolis, Ind. : AT&T, 1989).

H. James Harrington, *The Improvement Process : How America's Leading Companies Improve Quality* (New York : McGraw-Hill, 1987).

HISTOGRAMME

Niveau : ◆ difficile.

Principe : l'histogramme affiche des informations numériques sur l'évolution de données permanentes.

Quand : utilisez les histogrammes lorsque vous avez besoin de :

- convertir des informations du client en mesures (étape 2).
- analyser le procédé (étape 3).
- afficher les données par ordre croissant d'importance.
- comprendre la répartition des données.

Qui : cadres et employés.

Comment : pour créer un histogramme :

- recueillez des données numériques portant sur le nombre d'occurrences, d'erreurs, ou autres phénomènes observés en lien avec le problème que vous essayez d'évaluer puis comptez-les. Par exemple, dans le tableau 1 (page 320) et dans la figure 12 (page 320), le nombre d'employés ayant pris une journée ou plus de congé maladie était de 38.
- déterminez ensuite l'étendue de votre groupe de données. Dans notre exemple, l'étendue est la différence entre le point de données le plus faible (le plus petit nombre de jours) et le point de données le plus important (le plus grand nombre de jours). Décidez ensuite du nombre de colonnes (barres) de votre histogramme (généralement entre 6 et 12) puis divisez l'étendue par le nombre de barres afin de déterminer l'intervalle de chaque barre. À la figure 12, la première barre, qui correspond à un intervalle de 1 à 3 jours de congé maladie, inclut trois employés.
- choisissez l'échelle de l'axe vertical. À la figure 12, la hauteur de cet axe correspond à la valeur la plus importante (19 à 21 jours

de congé pris par 8 personnes) et la graduation est faite par unité pour obtenir une bonne lisibilité du graphique. L'échelle et la graduation devront être choisies en fonction de ce qui paraît le plus logique et le plus approprié.

- tracez chacune des barres.
- calculez la tendance centrale. Lorsque le nombre de données est suffisant, la répartition est généralement symétrique par rapport à la valeur centrale. Les trois mesures de la tendance centrale sont :

  – la moyenne, qui est la somme des données mesurées ou dénombrées, divisée par le nombre de points de données. Dans le tableau 1, le nombre total de jours de congé maladie (538), est divisé par le nombre d'employés (38), ce qui donne une moyenne de 14,16 jours de congé maladie par employé, parmi les employés prenant au moins un jour de congé maladie par an.

  – Le mode est la valeur, la classe, l'intervalle, le groupement ou le point de données le plus couramment observé. À la figure 12, le mode est l'intervalle de 19 à 21 jours de congé maladie pris par 8 employés.

  – la médiane est le point au-dessus et en dessous duquel se trouvent 50 % des données. Dans la table 1, la médiane est 15 parce que 50 % des données se trouvent au-dessus et 50 % en dessous de ce point central.

- ajoutez sur l'histogramme les marquages correspondant aux mesures de la tendance centrale (voir figure 12). Parmi ces mesures, utilisez celle(s) qui mettent le mieux en évidence ce que vous voulez démontrer. Remettez en question la validité de vos données si la barre la plus haute de votre histogramme se trouve à l'extrême gauche (dissymétrie positive, comme dans la figure 13) ou à l'extrême droite (dissymétrie négative, comme dans les figures 12 et 14).

Résultats : L'histogramme vous aide à :

- démontrer la nécessité d'une solution qui permettra de maîtriser à nouveau le procédé.
- déterminer dans quel ordre les problèmes doivent être traités.

Nombre de jours de congé maladie par employé et par an	Nombre d'employés	Nombre de jours de congé maladie par employé et par an	Nombre d'employés	Nombre de jours de congé maladie par employé et par an	Nombre d'employés
1	1	11	1	21	3
2	0	12	2	22	2
3	2	13	0	23	1
4	2	14	2	24	1
5	1	15	3	25	0
6	1	16	2	26	1
7	1	17	3	27	0
8	2	18	0	28	0
9	1	19	1	29	0
10	1	20	4	30	0

Tableau 1. Nombre de jours de congé maladie pris par le personnel

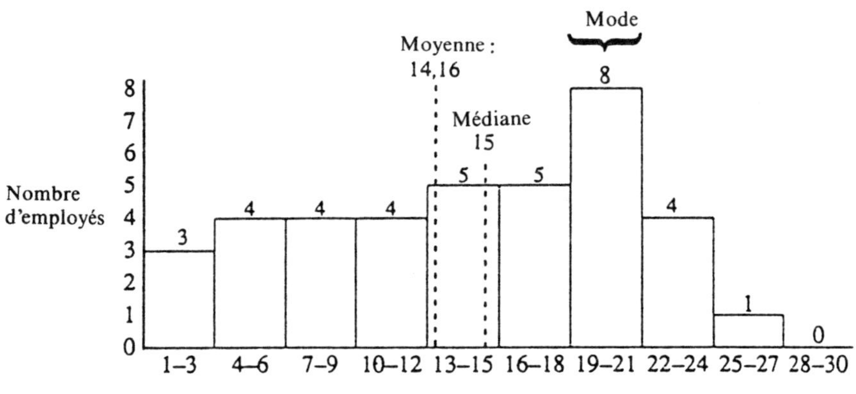

Figure 12. Histogramme : Nombre de jours de congé maladie par employé

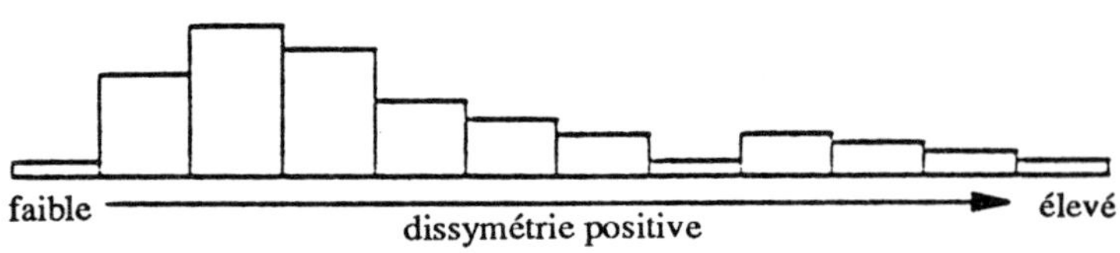

Figure 13. Histogramme à dissymétrie positive

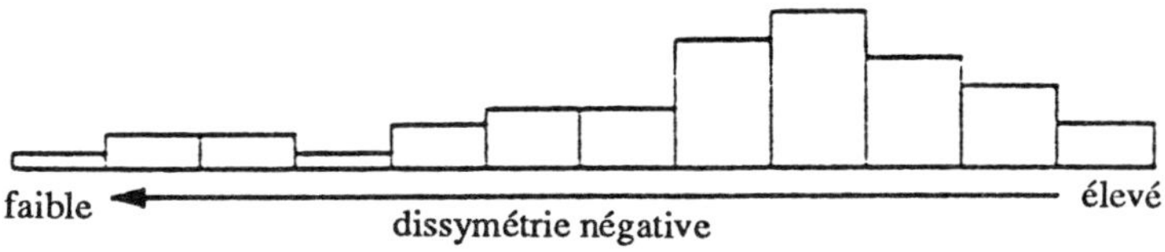

Figure 14. Histogramme à dissymétrie négative

Pour davantage d'informations : Kaoru Ishikawa, *La gestion de la qualité, Outils et applications pratiques*, Dunod Entreprise, 1990.
Mary Walton, *The Deming Management Method* (New York : Putnam Press, 1986).

INTERVIEW

Niveau : ● facile.

Principe : forme de communication en face à face, avec un client ou un acteur important d'un procédé. Une bonne interview demande à la fois des questions bien choisies et une écoute attentive des réponses.

Quand : à organisez des interviews pour :

- recueillir des informations auprès des clients (étape 1), en particulier des données qualitatives ou anecdotiques.
- apprendre des clients quels sont les produits ou résultats de votre travail qui nécessitent le plus d'amélioration (étape 1).
- identifier les attentes et perceptions spécifiques du client (étape 1).
- mieux comprendre les besoins du client et susciter des idées pour l'amélioration.
- tester le terrain lors de l'introduction de nouveaux produits, services ou changements qui affecteront le client.
- tester la formulation de questions ou le sujet d'une enquête en cours de préparation.

Qui : cadres et employés.

Comment : pour vous préparer à une interview ou à une série d'interviews :

- étudiez les informations fondamentales dont vous disposez sur le sujet et la personne qui va être interviewée.
- déterminez les domaines à aborder lors de l'interview.
- rédigez les questions. Les questions ouvertes demandant plus qu'une simple réponse par oui ou non, permettent d'obtenir davantage d'informations que les questions fermées.
- testez vos questions sur un collègue puis adaptez-les si nécessaire.
- pour un recueil homogène des données, respectez scrupuleusement le protocole ou le script préparé à l'avance lors de toutes les interviews.
- pour obtenir les meilleurs résultats, choisissez les clients à interviewer en fonction des règles d'échantillonnage présentées à la page 308.

pour conduire l'interview :

- définissez-en le but et indiquez l'avantage pour l'interviewé d'y consacrer du temps, par exemple : « Nous interviewons des clients dans le but de recueillir des informations sur la façon dont nous pourrions améliorer nos produits pour qu'il soit mieux adaptés à vos besoins. » Demandez ensuite au client de vous consacrer un peu de son temps.
- annoncez au client la durée de l'interview.
- posez les questions préparées à l'avance et écoutez attentivement le point de vue du client.
- en cas de réponses vagues, demandez des précisions.
- prenez des notes ou enregistrez les réponses du client.
- remerciez le client pour le temps qu'il vous a accordé et sa contribution.

Résultats : les résultats de l'interview sont :

- une meilleure compréhension des différentes perceptions d'un même problème.
- une liste d'idées permettant de créer de la valeur ajoutée pour le client ou de résoudre certains problèmes.
- une nouvelle vision des attentes et problèmes des clients.
- des points de repère pour améliorer la planification des livraisons aux clients.

LISTE DE CONTRÔLE

Niveau : ■ relativement difficile.

Principe : formulaire élaboré puis utilisé pour enregistrer la fréquence d'un événement.

Quand : utilisez les listes de contrôle pour :

- suivre physiquement le nombre d'occurrences d'un événement sur une certaine période de temps.
- comprendre les conséquences de la répétition d'un événement.
- recueillir des informations (étape 1).

Qui : cadres et employés.

Comment : pour utiliser une liste de contrôle :

1. Mettez-vous d'accord avec la personne qui recueillera les données sur ce qui est observé et quantifié. Pour garantir la précision, exercez-vous au recueil de données pour que tous les collecteurs de données et observateurs comprennent bien ce que recouvre chacune des catégories.
   Attention : Évitez d'utiliser une catégorie « Divers ».
2. Déterminez la période sur laquelle porteront les observations, par exemple le mois de mai, la prochaine période de surcharge de travail, le premier trimestre 1995, etc.

Plaintes clients	Octobre 1994				
	Semaine 1	Semaine 2	Semaine 3	Semaine 4	Total
Erreur dans le relevé	卌 卌 卌 卌 I	卌 卌 卌 卌 IIII	卌 卌 卌 卌 卌 I	卌 卌 卌 卌 I	92
Relevé non mis à jour	卌 卌	卌 I	卌	卌 II	28
Non fonctionnement du DAB	卌 卌 卌 卌 卌 卌 卌	卌 卌 卌	卌 卌 卌 卌 卌 卌 卌 II	卌 卌 卌 卌 卌 卌	117
Total	66	45	68	58	248

Figure 15. Liste de contrôle des plaintes des clients

3. Dressez une liste facile à comprendre et à utiliser. Les intitulés doivent être très lisibles (voir figure 15) et vous devez laisser suffisamment d'espace pour les pointages et marquages.
4. Recueillez les données de façon homogène.
5. Comptez les occurrences de l'événement observé pendant la période spécifiée.

Résultats : la liste de contrôle fournit des données qui peuvent être utilisées pour :

- suivre des défauts dans des produits ou procédés,
- détecter des allures et morphologies indicatrices de problèmes,
- identifier un point de départ logique pour le cycle de résolution des problèmes,
- construire des diagrammes de Pareto (voir page 306),
- construire des histogrammes (voir page 318).

Pour davantage d'informations : Kaoru Ishikawa, *La gestion de la qualité, Outils et applications pratiques*, Dunod Entreprise, 1990.

MATRICE DE NORMES

Niveau : ● facile.

Principe : mécanisme permettant d'associer des normes à chacune des étapes d'un procédé. La matrice aide le responsable à identifier les employés, équipes et domaines fonctionnels clés dans un procédé ainsi que les normes devant être établies pour chacun.

Quand : utilisez la matrice de normes pour :

- identifier les principales étapes d'un procédé afin que des normes orientées clients puissent être mises en place pour ces étapes.
- identifier des équipes ou domaines fonctionnels clés et les normes à respecter pour satisfaire les exigences des clients.
- favoriser un environnement dans lequel les normes font partie des exigences de travail.
- mettre l'accent sur la mesure et la qualité.
- établir des pratiques de normalisation (étape 5).

Qui : cadres et employés.

Comment : pour utiliser la matrice de normes :

- référez-vous à une représentation du procédé amélioré (étape 4).
- placez les principales étapes du procédé dans les différentes colonnes (voir figure 16) en utilisant, chaque fois, un ou deux mots pour les synthétiser.
- dans la colonne la plus à gauche, inscrivez les équipes ou domaines fonctionnels associés à ce procédé.
- dans les espaces qui conviennent, inscrivez les normes nécessaires au procédé pour chaque équipe ou chaque domaine et chaque étape du procédé. Ces normes doivent répondre aux exigences des clients et aux critères de mesurabilité, de faisabilité, de pertinence, de contrôle. Ils doivent stimuler des améliorations de la qualité à chaque étape.

Résultats : la matrice des normes apporte :

- une occasion pour le dirigeant, en collaboration avec les employés, d'assumer des responsabilités pour la mise en œuvre des normes (figurant dans la matrice) et de contrôler les performances du procédé en utilisant ces normes comme critères.

Exemple

Équipes Fonctions	**A. Réception et enregistrement**	**B Saisie du document**	**C. Photocopie**	**D. Contrôle budgétaire**
1. **Centre de traitement de texte**	Les performances sont en ligne avec les normes lorsque les documents sont enregistrés 15 mn après leur réception. Identification du livreur par son nom.	Document saisi sans erreur, format correct, dans les temps impartis.	Les performances sont dans les normes lorsque le centre avertit 4 h à l'avance pour les travaux de copie importants (plus de 500 p.).	Les performances sont dans les normes lorsque toutes les dépenses sont soumises le jour où elles sont intervenues et si elles sont dépourvues d'erreur.
2. Centre de copie			Le document est photocopié dans son intégralité et les pages sont fournies dans le bon ordre. La copie est effectuée en 2 h.	
3. Comptabilité				Les dépenses sont sans erreur et elles indiquent la source d'imputation avec une explication, 24 h après leur réception.
4.				

Figure 16. Matrice de normes

(adaptation de la matrice Rôles/Responsabilités, Copyright 1981, droits déposés par The Rummler Group. Reproduit avec l'autorisation du groupe Rummler-Bache).

PARAMÉTRAGES DES ATTENTES ET DES PERCEPTIONS DU CLIENT

Niveau : ● facile.

Principe : une liste permettant de classer les attentes et perceptions du client et qui fournit un cadre pour classer les informations de ce dernier.
Quand : utilisez les paramètres des attentes et perceptions des clients pour :

- identifier les attentes de vos clients dans les produits ou prestations fournis par votre groupe.
- identifier les décalages spécifiques entre les attentes et les perceptions des clients, afin de définir des priorités d'amélioration (étape 1).
- convertir les mesures (étape 2).
- vous mettre à la place du client (voir page 332).

Qui : cadres et employés.

Comment : pour utiliser les paramètres des attentes et perceptions du client, reprenez la liste ci-après [1] et sélectionnez les catégories qui s'appliquent à vos clients. Cette liste commence par les paramètres essentiels qui composent l'acronyme FAIRE : fiabilité, accueil, image, réactivité, empathie. Ajoutez-y tout paramètre important pour vos clients.
Remarque : tout au long de cette liste, le terme « résultats » est utilisé pour désigner vos produits, services ou informations.
La fiabilité est la capacité du résultat (et de la personne qui fournit ce résultat) à fonctionner comme prévu.
L'accueil : les compétences et l'amabilité des employés et leur capacité à susciter la confiance.
L'image : les aspects physiques du résultat de votre travail.
La réactivité : la bonne volonté et l'empressement des employés à aider les clients et à fournir un service rapide.
L'empathie : les manifestations de l'attention individuelle accordée à chaque client.
La performance est l'aptitude du résultat à produire les effets recherchés.
Les caractéristiques : les caractéristiques du résultat qui dépassent les fonctions de base.

La conformité : la mesure dans laquelle un résultat répond aux spécifications de conception et de fabrication.
La durabilité : la durée du résultat de votre travail.
La qualité perçue : la valeur relative du résultat, aux yeux du client.
La maintenabilité : la facilité pour vous ou votre client de réparer le produit en causant un minimum d'interruption et de coûts.
Le coût : la valeur que représente votre résultat par rapport à son prix.
Le choix : les options que vous proposez.
Résultats : le paramétrage des attentes et perceptions du client est :

- une liste de catégories qui permet d'organiser et de mesurer les informations provenant de vos clients ou relatives à ces derniers, pour vous donner une image claire de ce qui compte pour eux, du niveau auquel ils vous situent et des points à améliorer pour répondre véritablement à leurs attentes.
- un cadre que l'on doit garder à l'esprit lorsque l'on s'exerce à se mettre à la place du client pour comprendre son point de vue.

Pour davantage d'informations : David A. Garvin, *Managing Quality* (New York : Free Press, 1988).
A. Parasuraman, V.A. Zeithaml et L.L. Berry (Texas A&M), *SERV-QUAL : A Multiple-Item Scale for Measuring Consumer Perceptions of Service Quality* (Cambridge, Mass. : Marketing Sciences Institute, 1986).

REPRÉSENTATION DU PROCÉDÉ ET ÉVALUATION

Niveau : ■ relativement difficile.

a) **Représentation du procédé**

Principe : technique permettant d'évaluer un procédé pour déterminer à quel moment et pourquoi des ruptures importantes se produisent. La représentation est une première étape dans l'évaluation d'un procédé, avant son amélioration. Plus que d'illustrer le fonctionnement du procédé actuel, la représentation du procédé permet de mettre à jour des problèmes spécifiques et donc d'envisager leur correction. Une fois les problèmes compris, la représentation du procédé peut servir de point de départ à l'ébauche d'un procédé nouveau et amélioré.

Quand : utilisez la représentation du procédé pour :

- représenter les entrées, sorties, flux d'activité et mesures du procédé actuel (étape 3).
- évaluer le procédé actuel :
  - dans quelle mesure ce procédé est-il efficace ?
  - quelles sont les goulots d'étranglement ou points de rupture ?
  - quelles sont les causes probables de des derniers ?
- Quel peut être l'objectif d'amélioration initial (étape 3) ?
- concevoir un procédé amélioré (étape 4).

Qui : cadres issus des différentes fonctions, en collaboration avec des groupes d'employés impliqués dans le procédé lui-même.

Comment : pour créer une représentation du procédé :

1. Construisez un formulaire de représentation (voir figure 17).
2. Identifiez le « procédé clé » : en exploitant à cet effet les informations fournies par votre client. Il s'agit du procédé correspondant au décalage le plus important entre les attentes du client et sa perception de vos prestations.
3. Identifiez les principales unités de production contribuant au procédé et dressez-en la liste, à gauche du schéma. Six unités suffisent généralement pour une analyse détaillée.
4. Identifiez le point de départ et entrez-le, à l'extrémité gauche du dessin, sur la ligne correspondant à la fonction appropriée. Entrez successivement, de la gauche vers la droite, les différentes activités associées à chaque fonction. Ne donnez pas trop de détails. Le déroulement dans le temps est indiqué par le flux du procédé, de gauche à droite.
5. Liez les activités par une flèche partant du fournisseur et arrivant au client interne. Les flèches peuvent pointer dans les deux directions, indiquant dans ce cas une interaction entre deux fonctions liées à la même activité (un travail de retouche, par exemple). Les flèches peuvent également partir d'un fournisseur et aboutir à deux ou plusieurs clients internes, ou partir de deux fournisseurs ou plus, pour aboutir à un même client.
6. Une fois le procédé représenté, identifiez les mesures correspondant au contrôle de chaque sortie. Indiquez ces mesures en quelques mots, à côté de la flèche allant du fournisseur au client. Le diagramme final doit représenter le fonctionnement réel du

procédé, en son état actuel. Il est parfois nécessaire de procéder à plusieurs essais ou à des corrections, avant de parvenir à une représentation correcte (voir figure 17).
Attention : commencez par représenter le procédé tel qu'il est réellement et non tel que vous pensez qu'il est. Il est très important de se fonder sur la situation effective pour pouvoir procéder à des améliorations.

Résultats : la représentation du procédé fournit :

- une mise en évidence des connexions et relations entre les unités.
- une image de tous les transferts, activités, tâches, étapes et mesures d'un procédé.
- une compréhension de la façon dont les différentes activités sont liées entre elles, indiquant le cas échéant si ces liens sont une source de problèmes.

b) **Évaluation du procédé**

Principe : technique permettant de découvrir les causes probables de problèmes dans un procédé et de déterminer si ce dernier doit être modifié ou éliminé. Un problème dans un procédé se traduit par un décalage entre les performances souhaitées et les performances réelles.

Quand : utilisez l'évaluation du procédé pour :
- analyser le procédé tel qu'il se déroule actuellement (étape 3).
- apprécier le procédé :
  - Dans quelle mesure est-il efficace ?
  - Quels sont les points de rupture ou goulots d'étranglement ?
  - Quel peut être l'objectif initial d'amélioration (étape 3) ?

Qui : cadres des différentes fonctions, en collaboration avec des groupes d'employés participant au procédé étudié.

Comment : pour l'évaluation du procédé :

- élaborer une représentation schématique du procédé (voir figure 17).
- construire un tableau d'évaluation du procédé, comparable à celui de la figure 18, en reprenant les informations figurant sur les représentations existantes.
- sélectionnez les étapes du procédé les plus problématiques et enregistrez-les dans les cases de la première ligne : Etapes du procédé.

- entrez, sur la ligne Performances réelles, une courte description des performances actuelles de chacune des étapes identifiées.
- entrez, sur la ligne Performances souhaitées, une courte description de ce que vous voudriez voir réaliser à chacune des étapes.
- décrivez, sur la ligne Différences, les différences entre les performances réelles et les performances souhaitées. S'il existe des différences, ces dernières peuvent être mesurables ou perçues.
- enregistrez, sur la ligne Causes probables, les facteurs susceptibles de contribuer au problème. Assurez-vous de vous concentrer sur le problème lui-même et non sur ses symptômes. Demandez-vous pourquoi le problème existe, non pas une fois mais cinq fois, en utilisant la feuille des cinq « Pourquoi ? », de la page 286 ou construisez un diagramme causes-effets. Ces méthodes vous aideront à découvrir la cause probable.

Résultats : l'évaluation du procédé permet de découvrir les causes probables d'un problème dans un procédé, de façon à ce que les améliorations puissent être apportées par la suite.

EXEMPLE

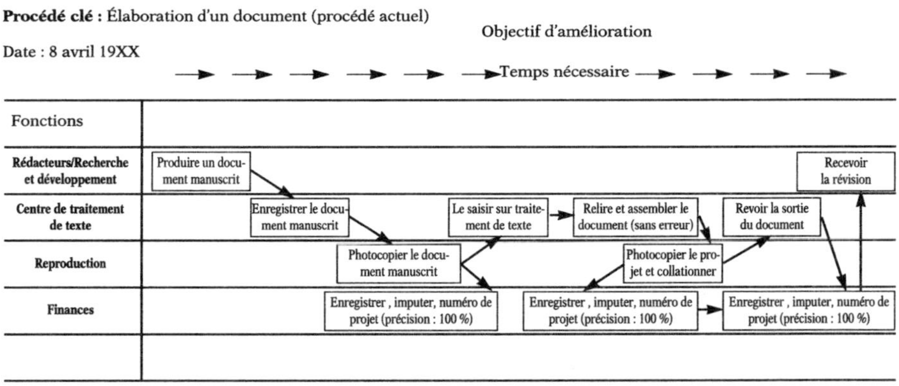

Figure 17. Représentation du procédé

EXEMPLE

Procédé clé : Élaboration d'un document (procédé actuel) Date : 8 avril 19XX
Pour les étapes les plus problématiques du procédé, remplissez l'évaluation suivante :

Facteurs d'évaluation	Photocopie du document manuscrit	Relecture et assemblage du document	Relecture du document sorti et assemblé	....	....
Performances réelles	4 heures	Du fait de la file d'attente, 6 heures	Le document est généralement en retard de 2 heures		
Performances souhaitées	1 heure	2 heures	Pas de temps perdu : 30 minutes maximum		
Différence	3 heures	4 heures	1 heure et demi		
Cause probable	Nécessité de copier chaque nouveau document	Le relecteur relit tous les documents	Pas de procédure en place pour l'instant		

Figure 18. Évaluation du procédé

SE METTRE À LA PLACE DU CLIENT

Niveau : ● facile.

Principe : prendre la place des clients, qu'ils soient internes ou externes, vous permet de voir votre propre organisation et ses efforts à travers les yeux du client.

Quand : utilisez cette technique pour :

- apprendre quels sont les résultats ou prestations de votre unité de travail qui ont la plus haute priorité d'amélioration (étape 1).
- identifier les décalages actuels entre les attentes et perceptions du client (étape 1).
- concevoir un procédé amélioré (étape 4).
- établir des normes (étape 5).
- gérer les performances (étape 6).
- convertir les informations en mesures (étape 2).

Qui : cadres et employés.

Comment : pour vous mettre à la place d'un client interne :

- visitez l'unité qui reçoit le résultat ou produit de votre travail, étudiez-la, observez les employés qui s'occupent de vos résultats ou produits et faites leur travail en utilisant les résultats de votre unité pendant un jour ou deux.

Pour vous mettre à la place d'un client externe :

- achetez les produits ou utilisez les services ou informations de votre propre unité, comme le font vos clients.

Résultats : le fait de se mettre à la place du client donne :

- l'occasion d'utiliser les produits, services ou informations en se plaçant du point de vue de l'utilisateur.
- l'occasion de transformer le point de vue du client en priorités sur lesquelles vous devrez agir dans votre unité.

STRATIFICATION

Niveau : ◆ difficile.

Principe : technique permettant de séparer des groupes de points de données pour en faire des catégories significatives afin de déterminer les causes des problèmes. Les données classées et stratifiées peuvent indiquer des problèmes, défauts, tendances ou relations importantes et des occasions d'amélioration que les données non stratifiées ne permettraient pas d'identifier.

Quand : utilisez la stratification pour :

- analyser des données afin de trouver des occasions d'amélioration.
- analyser le procédé en son état actuel (étape 3).

Qui : cadres et employés.

Comment : pour la stratification :

- recueillez des données sur une liste de contrôle (voir page 323) ou tracez les diagrammes de dispersion (voir page 304).
- déterminez si les données peuvent être décomposées en catégories, par exemple :
  – les retours peuvent être classés en fonction des motifs de retour.
  – les défauts peuvent être classés en fonction de la matière première, de l'opérateur, des erreurs du procédé, etc.
  – les matières premières peuvent être classées en fonction du fournisseur : A, B, C, etc.
- placez les données stratifiées sur une feuille blanche en faisant plusieurs catégories ou tracez les données sur un nouveau diagramme de dispersion.
- comparez les nouveaux diagrammes avec les anciens pour voir s'il y a des différences lorsque les données sont classées par catégories (voir figures 19 et 20).

Résultats : la stratification permet :

- de démontrer une relation là où aucune n'était censée exister.
- d'aider à découvrir la cause probable d'un problème.

Pour davantage d'informations : Kaoru Ishikawa, *La gestion de la qualité, Outils et applications pratiques*, Dunod Entreprise, 1990.
Statistical Quality Control Handbook (Indianapolis, Ind. : AT&T, 1985).

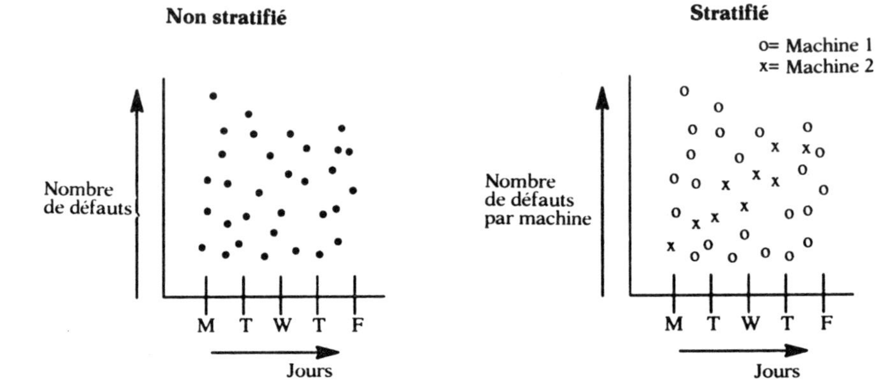

Figure 19. Contrôle d'étalonnage de la machine

Avant la stratification, aucune tendance significative n'apparaît. Après la stratification, une tendance peut être détectée sur la machine 2 qui est un sous-ensemble du groupe de données.

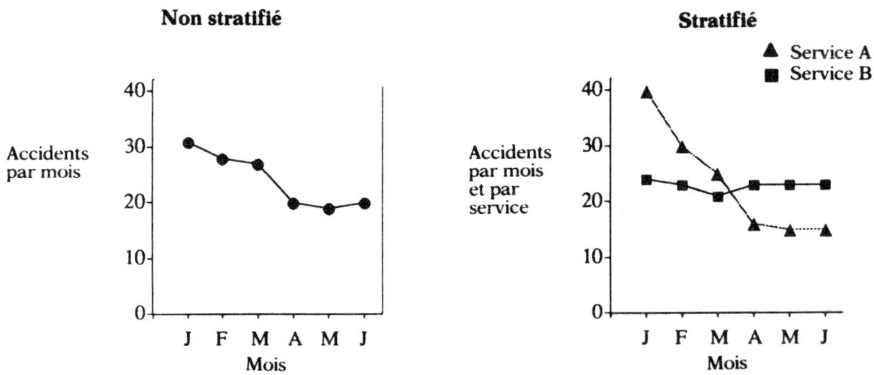

Figure 20. Principaux accidents

Avant la stratification, aucune tendance significative n'apparaît. Après la stratification, une tendance peut être détectée sur les sous-ensembles du groupe de données.

BIBLIOGRAPHIE

CHAPITRE 2

Karl Albrecht et Ron Zemke, *La Dimension service* (Éditions d'Organisation, Forum international du management, 1987).
Stan Davis, *Diriger au futur : la nouvelle donne pour l'an 2000* (Inter éditions, 1988).
Gary Hamel et C.K. Prahalad, « Strategic Intent », *Harvard Business Review* (Mai/Juin 1989), pp. 63-76.
Rosabeth Moss Kanter, *The Change Masters :* Corporate Entrepreneurs At Work (New York : Simon and Schuster, 1983).
John F. Love, *Sous les arches de McDonald's* (M. Lafon, 1989).
Carl Sewell et Paul B. Brown, *Customers for Life* (New York : Doubleday, 1990).
Benjamin Trego et John Zimmerman, *Vision in Action* (New York : Simon & Schuster, 1989).

CHAPITRE 3

Jan Carlzon, *Moments of Truth* (New York : Harper & Row, 1987).
Theodore Levitt, *L'inauguration au service du marketing* (Economica, 1985).
Milind M. Lele et Jagdish N. Sheth, *The Customer Is Key* (New-York : John Wiley, 1987).
Richard T. Pascale, « Perspectives on Strategy : The Real Story Behind Honda's Success », *California Management Review* (printemps 1984), pp. 47-71.
Tetsuo Sakiya, *Honda Motor : The Men, The Management, The Machines* (Tokyo : Kodansha International, 1982).
Valerie A. Zeithaml, A. Parasuraman et Leonard L. Berry, *Delivering Quality Service : Balancing Customers' Perceptions and Expectations* (New York : The Free Press, 1990).

CHAPITRE 4

Peter C. Reid, *Well Made in America : Lessons from Harley-Davidson on Being the Best* (New York : McGraw-Hill, 1990).
Robert C. Camp, *Le Benchmarking : pour atteindre l'excellence et dépasser vos concurrents* (Éditions d'Organisation, Hommes et Techniques, 1992).
Gary Jacobson and John Hillkirk, *Xerox : American Samurai* (New York : Collier, 1986).
Ira Magaziner and Mark Patinkin, *The Silent War* (New York : Random House, 1989).

CHAPITRE 5

Peter Block, *The Empowered Manager* (San Francisco, Jossey-Bass, 1987).
John Gardner, *Self Renewal* [New York, Norton, 1983 (1964)].
Rosabeth Moss Kanter, *L'entreprise en éveil. Maîtriser les stratégies du management postindustriel* (Paris : InterÉditions, 1992).

Harry Levinson, *The Exceptional Executive* (Cambridge, Mass. : Harvard University Press, 1968).
Tom Peters et Nancy Austin, *La Passion de l'Excellence* (InterÉditions, 1985).
Peter B. Vaill, *Managing as a Performing Art* (San Francisco : Jossey-Bass, 1989).
Robert H. Waterman, *Les champions du renouveau* (InterÉditions, 1988).

CHAPITRE 6

H. James Harrington, *The Improvement Process* (Milwaukee, Wis. : American Society for Quality Control/ Quality Press, 1987).
Masaaki Imai, *Kaizen* (New York : Random House Business Division, 1986).
Kaoru Ishikawa, *What Is Total Quality Control ? The Japanese Way* (Englewood Cliffs, N.J. : Prentice Hall, 1985).
Taiichi Ohno, *Toyota Production System : Beyond Large-Scale Production* (Cambridge, Mass. : Productivity Press, 1988) [édition japonaise publiée en 1978].
J.M. Juran, *Juran on Leadership for Quality* (New York : Free Press, 1989).

CHAPITRE 7

Arlene Fink et Jacqueline Kosecoff, *How to Conduct Surveys : A Step-by-Step Guide* (Newbury Park, Calif. : Sage, 1985).
William H. Fonvielle, *From Manager to Innovator : Using Information to Become an Idea Entrepreneur* (Trevose, Penn. : AMS Foundation, 1989).
Floyd J. Fowler Jr, *Survey Research Methods in Applied Research Methods Series*, Vol. 1 (Newbury Park, Calif. : Sage, 1988).
Robert W. Hull, H. Thomas Johnson et Peter B. Terney, *Measuring Up* (Homewood, Ill. : Richard D. Irwin, 1991).
Richard M. Jaeger, Statistics : *A Spectator Sport* (Newbury Park, Calif. : Sage, 1988).
Paul J. Lavrakas, *Telephone Survey Methods, Sampling, Selection and Supervision in Applied Social Science Research Methods*, Vol. 7 (Newbury Park, Calif. : Sage, 1987).

CHAPITRE 8

Warren G. Bennis, *On Becoming a Leader* (Reading, Mass. : Addison-Wesley, 1989).
James Mac, Gregor Burns, *Leadership* (New York : Harper & Row, 1978)
Max DePree, *Leadership is an Art* (New York : Doubleday, 1989)
Joseph M. Juran, *Managerial Breakthrough : A New Concept of the Manager's Job* (New York : McGraw-Hill, 1984).
A. Zaleznik, « Managers and Leaders : Are They Different ? » *Harvard Business Review*, 55, n° 3 (1977), pp. 67-78.

Achevé d'imprimer le 23 décembre 1994 dans les ateliers de Normandie Roto Impression s.a.
61250 Lonrai – N° d'imprimeur : I4-2494 – Dépôt légal : décembre 1994